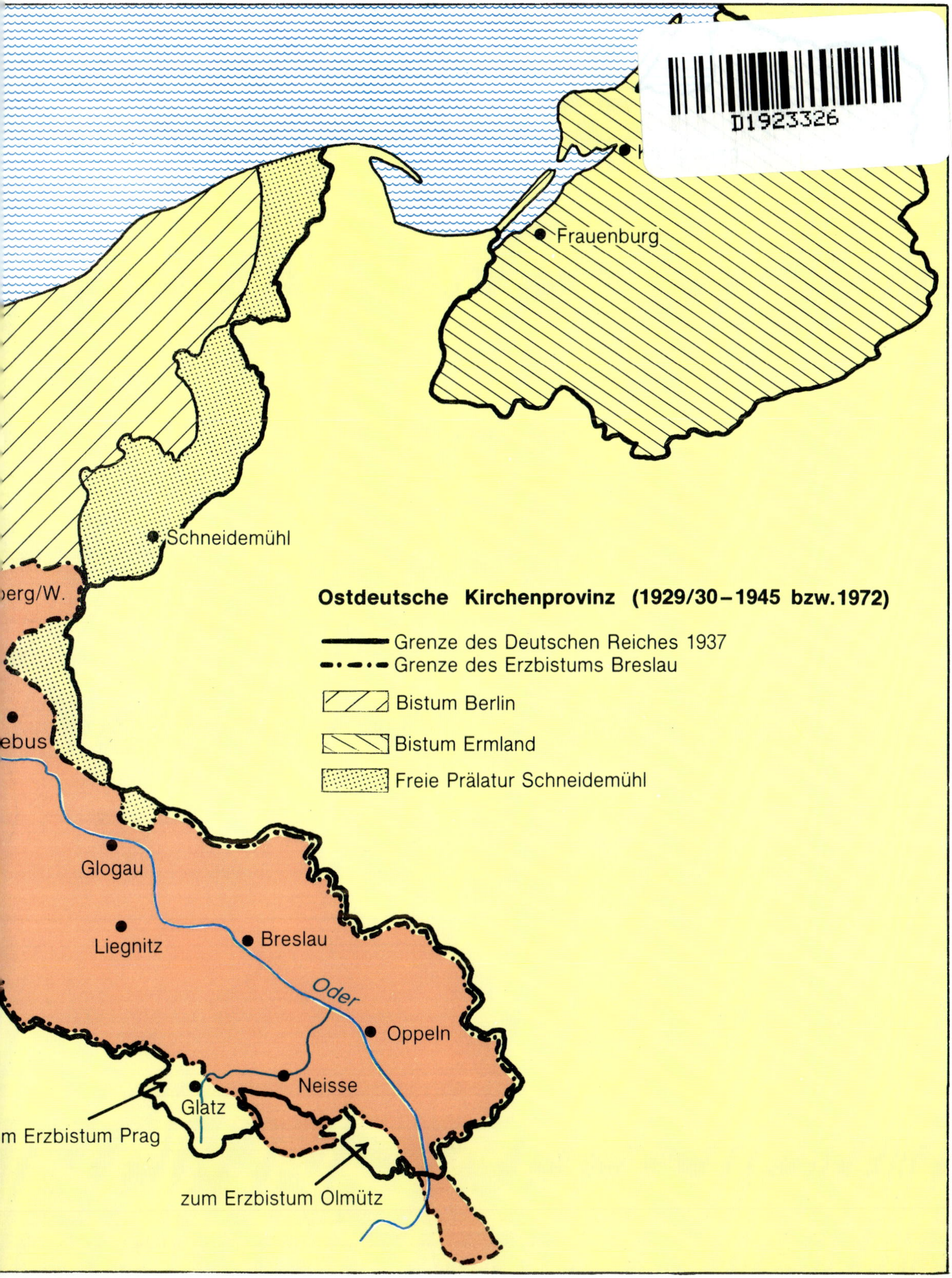
Ostdeutsche Kirchenprovinz (1929/30–1945 bzw.1972)
Grenze des Deutschen Reiches 1937
Grenze des Erzbistums Breslau
Bistum Berlin
Bistum Ermland
Freie Prälatur Schneidemühl
Frauenburg
Schneidemühl
Glogau
Liegnitz
Breslau
Oder
Oppeln
Neisse
Glatz
Erzbistum Prag
zum Erzbistum Olmütz

Marschall, Bistum Breslau

Werner Marschall

Geschichte des Bistums Breslau

Konrad Theiss Verlag Stuttgart

Imprimatur
Freiburg im Breisgau, den 19. Dezember 1979
Dr. Schlund, Generalvikar

CIP-Kurztitelaufnahme der Deutschen Bibliothek

Marschall, Werner:
Geschichte des Bistums Breslau / Werner Marschall.
– Stuttgart : Theiss, 1980.
ISBN 3-8062-0258-3

ISBN 3 8062 0258 3

Gesamtherstellung:
Grafische Betriebe Süddeutscher Zeitungsdienst, Aalen
Printed in Germany

Inhalt

Vorwort

Eine ausführliche wissenschaftliche Darstellung der Geschichte des Bistums Breslau fehlt bis heute; in früheren Jahren ist jedoch wiederholt der Versuch gemacht worden, kurze, zusammenfassende Grundrisse der Breslauer Bistumsgeschichte zu entwerfen.

1860 bis 1868 hat *Johann Heyne* seine dreibändige, sehr umfangreiche »Dokumentirte Geschichte des Bisthums und Hochstiftes Breslau« veröffentlicht, die bis zur Mitte des 17. Jahrhunderts führte. Für uns sind heute noch die in diesem Werk abgedruckten Quellen, deren Originale verloren sind, wertvoll; dagegen sind Heynes wenig kritische Darstellungsweise und seine historischen Urteile überholt.

1920 gab *Dr. Karl Kastner,* damals Religionslehrer, später Direktor des Breslauer Theologenkonvikts und Domkapitular, eine »Kirchengeschichte Schlesiens« (3. Auflage 1927) heraus, die in erster Linie für den Religionsunterricht bestimmt war. Wenige Jahre später konnte Universitätsprofessor und Domkapitular *Dr. Franz Xaver Seppelt* im »Realhandbuch des Bistums Breslau« von 1929 eine »Geschichte des Bistums Breslau« veröffentlichen, die auch in den folgenden Jahren als »die zur Zeit beste und zuverlässigste Zusammenfassung« (H. Jedin) angesehen wurde. Auf etwa 120 Seiten führte Seppelt die Breslauer Bistumsgeschichte bis zum Amtsantritt Adolf Bertrams als Fürstbischof (1914). Einen kurzen Auszug aus diesem Werk mit geringfügigen Zusätzen ließ Seppelt 1948 unter dem Titel »Das Bistum Breslau im Wandel der Jahrhunderte« erscheinen (41 Seiten). Im gleichen Jahr gab der Breslauer Konsistorialrat *Dr. Johannes Kaps* eine Schrift heraus »Aus der Geschichte des Erzbistums Breslau. Ausschnitte aus der Kirchengeschichte Schlesiens« (43 Seiten, als Manuskript gedruckt), die als Handreichung für die vertriebenen schlesischen Priester und Gläubigen gedacht war. Diese Darstellung fußt im wesentlichen auf den obengenannten Arbeiten von Seppelt und Kastner sowie auf dem Werk von Joseph Jungnitz »Die Breslauer Weihbischöfe« (Breslau 1914).

Inzwischen sind nun weitere 30 Jahre vergangen, in denen die schlesische Geschichts- und Kirchengeschichtsforschung keineswegs müßig gewesen ist. Neben einer Fülle von Einzeluntersuchungen in Form von Monographien und Zeitschriftenaufsätzen erschienen umfangreichere Studien über größere Zeitab-

schnitte der Breslauer Bistumsgeschichte[1]. Knappe, aber gute Zusammenfassungen unter jeweils eigenen Gesichtspunkten liegen aus der Hand des derzeitigen Dekans des Breslauer Konsistoriums, Prälat Prof. *Dr. Emil Brzoska,* vor[2], zum Teil sind es im Druck erschienene Vorträge (Anmerkungen s. S. 209).
Aus all dem wird ersichtlich, daß eine kurze, übersichtliche Gesamtdarstellung der Geschichte des Bistums Breslau als Zusammenfassung der bisherigen Forschungsergebnisse *möglich* ist. Ein solches Buch ist aber auch *nötig.* Den Priestern und interessierten katholischen Gläubigen aus dem Erzbistum Breslau sollte eine knappe Geschichte ihrer Heimatdiözese, die alles wesentliche von den Anfängen der Christianisierung Schlesiens bis zur Auflösung des Erzbistums im Jahre 1972 enthält, in die Hand gegeben werden. In der vorliegenden Arbeit wurde der Versuch gemacht, nicht nur der äußeren Entwicklung des Bistums und der inneren Entfaltung der katholischen Kirche in Schlesien nachzugehen, sondern darüber hinaus die vielfältige Verknüpfung der schlesischen Diözese mit der katholischen Kirche im übrigen Deutschland und der Gesamtkirche aufzuzeigen.
Ein solcher Überblick kann natürlich nicht jede Einzelheit der fast 1000jährigen Bistumsgeschichte behandeln. Der aufmerksame Leser dürfte zweifelsohne die eine oder andere Tatsache, diese oder jene Person vermissen; hier wird manche Ergänzung möglich sein. Es kam jedoch darauf an, die Hauptlinien der historischen Entwicklung sichtbar zu machen, daneben aber auch die Fülle der Details aufscheinen zu lassen. In den wörtlichen Zitaten kommen die bedeutendsten Autoren der schlesischen Kirchengeschichtsschreibung zu Wort. Das Literaturverzeichnis, das sich vornehmlich auf deutsche und neuere – also leichter zugängliche – Arbeiten beschränkt, will ins einzelne gehende Anmerkungen ersetzen, auf die für dieses Buch benutzten Werke hinweisen und dem interessierten Leser weiterführende Hilfen für die Beschäftigung mit Einzelfragen bereitstellen.
Für mancherlei Rat und viele Hinweise habe ich Herrn Prälat Dr. Dr. Joseph Gottschalk, Fulda, einem der besten Kenner der schlesischen Kirchengeschichte, zu danken; er hat sich außerdem der Mühe unterzogen, das Manuskript durchzusehen und das Bildmaterial auszuwählen. Mein Dank gilt auch dem Schlesischen Priesterwerk e. V. und seinem Vorsitzenden, Herrn Apostolischen Visitator Prälat Hubert Thienel, für die Bewilligung eines namhaften Druckkostenzuschusses.
Das Erzbistum Breslau besteht nicht mehr. Im Sturm des letzten großen Krieges ist es untergegangen, und dieser Untergang wurde durch die Entscheidung vom 28. Juni 1972 besiegelt. Noch aber leben Menschen, die ihre alte Heimatdiözese bewußt erfahren und mitgestaltet haben. Ihnen ist dieses Buch gewidmet.

Freiburg/Br., im Januar 1980 Werner Marschall

1. Kapitel

Vorgeschichte und Christianisierung Schlesiens (bis 1000)

Kein Volk – nicht das deutsche, nicht das französische noch das polnische oder ein anderes – wohnt »ursprünglich« in dem Land, in welchem es heute lebt. Zu irgendeiner Zeit hat es seinen Boden auf irgendeine Weise in Besitz genommen, sei es durch kriegerische Eroberung, sei es durch Verdrängung der Vorbewohner, sei es durch friedliche Einwanderung und Besiedlung und durch allmähliche Assimilierung der bereits ansässigen Bevölkerung. Die historischen Wissenschaften, besonders die archäologische Forschung, können heute schon über sehr frühe Zeiten Auskunft geben, aber auch sie stoßen in ihrer Erkenntnis an eine Grenze, jenseits derer mit den heutigen Methoden und wegen mangelnder Quellenfunde nichts Genaues mehr festgestellt werden kann. Und doch lebten auch in dieser dunklen Vorzeit bereits Menschen in den verschiedensten Gebieten der Erde. Dieses gilt auch für die frühe und früheste Besiedlung des schlesischen Landes.

Für die Ältere und Mittlere Steinzeit hat man als Bewohner Schlesiens *Jäger- und Sammlergruppen* festgestellt, auf die um 3500 v. Chr. *bäuerliche Siedler* folgten, die von der mittleren Donau her eingewandert sind. In den folgenden langen Zeiträumen wechseln Bewohner und Kulturen ab: um 2000 v. Chr. kommt aus dem Osten die höherstehende *Trichterbecher-Kultur,* im 15. Jahrhundert schließt sich die *Hügelgräber-Kultur* an (von Ungarn her), um 1300 die *Urnenfelder-Kultur,* im 12. Jahrhundert v. Chr. weitere Kulturformen, die ebenfalls aus dem später ungarischen Gebiet einwanderten. Bei der Betrachtung der Mittleren und Jüngeren Bronzezeit (1250–700 v. Chr.) und der frühen Eisenzeit versuchen die Wissenschaftler bereits, die in Schlesien lebenden Bewohner zu bestimmten schon bekannten Völkern oder Volksgruppen in Beziehung zu setzen. Aus geographischen Bezeichnungen, vor allem aus Namen von Flüssen, möchte man auf Verwandtschaft mit *Illyrern* und *Venetiern* (an der Küste der Adria) schließen. »Wenn diese Ansichten auch nicht beweisbar sind, so besitzen sie doch mehr Glaubwürdigkeit als die von manchen polnischen Forschern vertretene Theorie, die Träger der sogenannten ›Lausitzer Kultur‹ – eines Teiles der Urnenfelder-Kultur – seien Urslawen gewesen, die nach Jahrhunderten der Unterdrückung durch germanische Stämme im 6. Jahrhundert n.Chr. wieder zur Geltung gekommen wären« (H. Weczerka).

Im 4. Jahrhundert v. Chr. wandern *Kelten* mit einer hohen Kultur in Schlesien ein, und zwar von Böhmen-Mähren her, aber schon um das Jahr 100 v. Chr. werden sie von germanischen Stämmen nach Süden abgedrängt. Diese *Germanen* sind *Lugier* oder *Wandilen* (*Vandalen*); seit dem 4. Jahrhundert n. Chr. werden sie allgemein als *Silinger* bezeichnet. Sie besaßen in ihren religiösen Anschauungen eine beachtlich hohe und reine Gottesvorstellung. Götterbilder waren bei ihnen so gut wie unbekannt. Wahrscheinlich hatten sie auf den Gipfeln der sich aus den flachen Ebenen erhebenden Berge, dem Zobten und dem Annaberg, eigene Opferstätten errichtet.

Mit dem Christentum mag die Bevölkerung schon früh wenigstens oberflächlich in Berührung gekommen sein. Auf den durch Schlesien führenden alten europäischen Straßen könnte auch der eine oder andere bereits christliche Kaufmann das Land durchzogen haben; Nachrichten davon sind freilich nicht vorhanden. »Als dann etwa um 375 die große Wanderbewegung der germanischen Völker einsetzte, verließen auch die in Schlesien heimischen Germanenstämme größtenteils ihre Wohnsitze, wanderten nach Ungarn und von da aus donauaufwärts. Mit dem aus Vandalen, Alanen und Sueben bestehenden Heer des Königs Godegisel überschritten sie im Jahre 406 den Oberrhein und zogen nach Frankreich, Spanien und schließlich nach Nordafrika. Unterwegs nahmen sie das Christentum in der Form des Arianismus an, der Jesus Christus nur als gottähnlich, nicht als gottgleich anerkennt . . . In Schlesien waren nur geringe Reste der germanischen Bevölkerung zurückgeblieben« (J. Kaps).

Mitte des 6. Jahrhunderts n. Chr. sickerten – wohl von Osten und Süden her – langsam *Slawen* in Schlesien ein. Wahrscheinlich nahmen sie die verlassenen Siedlungsplätze der Silinger in Besitz; die germanischen Restbewohner gingen vermutlich in den slawischen Einwanderern auf. Über diese Geschehnisse wissen wir freilich nichts Sicheres. Um 630 bildeten sich bei den Slawen staatliche Organisationen. Schlesien – wenigstens das Land links der Oder – stand zunächst mit den im Süden benachbarten Slawenreichen in Verbindung. Etwa vom Jahre 800 an wurde Mähren von Salzburg und Passau, Böhmen von Regensburg aus christlich missioniert. 973 wurde das Bistum Prag geschaffen, bis 1344 blieb es dem Erzbistum Mainz als Suffraganbistum unterstellt.

Im Laufe des 10. Jahrhunderts erschienen – vermutlich von Böhmen her – auch in Schlesien christliche Missionare. Wahrscheinlich wurden bereits damals in den Burgen und Kastellaneien Schlesiens südlich der Oder wie Breslau, Wartha, Nimptsch, Liegnitz und Glogau christliche Kirchen oder zumindest Kapellen erbaut. Als Gründer Breslaus gilt der böhmische Herzog Wratislaus I. (894–921); von ihm her erklärt sich der Name der Hauptstadt Schlesiens (lat. Wratislavia). Wratislaus legte hier im Mittelpunkt Schlesiens zur Sicherung des durch Inseln erleichterten Oderüberganges eine Grenzfeste an, in der sich wohl eine dem hl. Martin geweihte Kapelle befand. Über die Lage dieser ersten Breslauer Burg sind sich die Forscher nicht einig. Nach Kurt Engelbert befand sie sich auf der Westseite der späteren Dominsel, »denn die Insellage mitten in der Oder war für eine Grenzfeste, deren Gesicht nach Norden gerichtet war, strategisch die beste«. Breslau lag an einem Wegknotenpunkt: eine alte Handelsstraße, die sogenannte *Bernsteinstraße,* führte von Böhmen nördlich über die Oder an die Ostsee; von Westen her verlief die *Hohe Straße* über Breslau nach Krakau. Durch diese geographische Lage wurde Breslau zu einem Ort mit bedeutender strategischer und wirtschaftlicher Wichtigkeit. Die Folge war, daß die Stadt auch zum religiös-kirchlichen Mittelpunkt des schlesischen Landes wurde.

Um 950 war Böhmen und das mit ihm größtenteils verbundene Schlesien wenigstens zum Teil christlich. Der zweite Bischof von Prag, der hl. Adalbert (geweiht 983) unternahm innerhalb Böhmens viele Reisen. Es ist anzunehmen, daß er auch das benachbarte Schlesien besuchte. In Oppeln bestand schon früh eine Adalbert-Kirche, so daß die Vermutung, der Prager Bischof habe im Herzen Oberschlesiens als Missionsprediger gewirkt, nicht von der Hand zu weisen ist. 995 ging Adalbert als Missionar zu den heidnischen Preußen (Pruzzi), die an der Ostseeküste siedelten und zu den baltischen Völkern gehörten. 997 starb er dort als Märtyrer und wurde in Gnesen beigesetzt.

Inzwischen hatte nördlich der Oder der erste bekannte Piastenherzog Dago-Misika (Mieszko I.) (960–992), der wahrscheinlich normannischer Abstammung war, ein slawisches Reich begründet, dessen Machtzentrum im Gebiet um Posen und Gnesen lag. Der Name »Polen« wird für diesen Staat zum erstenmal im 11. Jahrhundert in den *Quedlinburger Annalen* und bei *Thietmar von Merseburg* genannt. 963 erkannte Misika den deutschen Kaiser Otto I. als Lehnsherrn an. 966 nahm er für sein Land das Christentum an, ließ sich taufen und stiftete 968 das Bistum Posen, das zunächst dem Erzbistum Magdeburg unterstellt wurde. Im Jahre 990 eroberte Misika mit Unterstützung deutscher Fürsten, so des Markgrafen Ekkehard von Meißen und des Erzbischofs Gisiler von Magdeburg, die Stadt Breslau und die schlesischen Gaue südlich der Oder bis zu den Sudeten und im Westen bis zur Queis-Bober-Oder-Linie. Damit wurden diese Gebiete aber auch vom Bistum Prag losgelöst; sie sollten, wie eine Urkunde Kaiser Ottos III. vom 6. Dezember 995 bezeugt, dem Bistum Meißen zugeschlagen werden. Dieses Vorhaben wurde jedoch nicht verwirklicht, denn schon einige Jahre später – im

Jahre 1000 – wurden sie Teil des neugegründeten Bistums Breslau. Bei Böhmen blieb der Glatzer Kessel; er gehörte bis 1972 zum Prager Bistum.
Nach dem Tod des Piastenherzogs Dago-Misika wurde sein Sohn Bolesław I. Chrobry (992–1025) Alleinherrscher über das polnische Reich. 992 und 993 kämpfte er an der Seite Kaiser Ottos III. gegen die Elbslawen und unternahm selbst Kriegszüge gegen die Preußen, Pommern und Böhmen. Das Jahr 1000 brachte den Höhepunkt seiner Herrschaft: Kaiser Otto III. pilgerte zum Grab des hl. Adalbert in Gnesen und wurde von Bolesław feierlich empfangen. Der Kaiser verzichtete von nun an auf die Ernennung der Bischöfe in Polen und übertrug dieses Recht an Bolesław Chrobry, den er bei dieser Gelegenheit »Bruder und Mitarbeiter am Reich« und »Freund und Bundesgenossen des römischen Volkes« nannte.

2. Kapitel

Die Anfänge des Bistums Breslau (1000–1163)

Während dieser festlichen Tage in Gnesen im März des Jahres 1000 errichtete Otto III., selbstverständlich im Einverständnis mit dem damaligen Papst Silvester II. (999–1003), das Erzbistum *Gnesen* als Metropolitansitz für Polen und unterstellte diesem die Bistümer *Breslau, Krakau* und *Kolberg.*

Leider besitzen wir keine päpstliche oder kaiserliche Gründungsurkunde für das Bistum Breslau. Solche Urkunden wurden selbstverständlich ausgestellt. Wir haben solche etwa für die Bistümer Magdeburg (aus dem Jahre 968), Brandenburg (948) oder Meißen (968). Daher darf mit voller Sicherheit angenommen werden, daß auch für das Bistum Breslau ein solches Dokument von Otto III. oder Papst Silvester II. ausgefertigt worden ist. Dieses ist jedoch verlorengegangen. »Wohl haben alle Bistümer den Verlust von Quellen zu beklagen. Sehr hart aber wurde Breslau getroffen. Schon der Einfall der Mongolen im Jahre 1241 machte die Frühzeit der schlesischen Bistumsgeschichte quellenarm. Grausamer noch wüteten die hussitischen Kriegshorden in Schlesien. Vollends aber plünderten im Dreißigjährigen Kriege die Schweden, die am 9. September 1632 die wehrlose Dominsel überfielen, die Dombibliothek und zerrissen oder verbrannten ihre wertvollen Schätze. Nicht weniger als 2729 Handschriftenbände und Drucke fielen dem Schwedischen Kriege zum Opfer. Kein Wunder, wenn in unserer Diözese die geschichtlichen Quellen spärlich fließen« (E. Brzoska).

In schlesischen und slawischen Geschichtsquellen finden wir keine Nachricht über das Gründungsjahr des Bistums Breslau, wohl aber in sächsischen Berichten über die Zeit der Jahrtausendwende. So geben die *Annales Althahenses Maiores,* die *Annales Hildesheimenses* und die Lebensbeschreibung des Bischofs Meinwerk von Paderborn (*Vita Meinverci episcopi Patherbrunnensis*) an, Otto III. habe auf einer Synode in Gnesen in der Fastenzeit des Jahres 1000 sieben Bistümer gegründet, deren Namen freilich nicht genannt werden. »Dagegen teilen sowohl der *Annalista Saxo* als auch Bischof *Thietmar von Merseburg* (1009–18) in seiner oft genannten Chronik mit, daß Otto III. im Jahre 1000 das Bistum Breslau neben den Bischofsstühlen zu Kolberg und Krakau errichtet und dem zu gleicher Zeit begründeten Erzbistum Gnesen als Suffraganat unterstellt habe, und nennen Johannes als den

ersten schlesischen Oberhirten. Wie urkundlich feststeht, weilte der Kaiser am 15. März und an den folgenden Tagen des Jahres 1000 in Gnesen. Somit ist es eine durch zuverlässige Quellen beglaubigte Tatsache, daß der bischöfliche Stuhl zu Breslau durch Kaiser Otto III. im März 1000 gegründet worden ist« (Brzoska).
Dieses neuerrichtete Bistum Breslau erstreckte sich über das ganze damalige Schlesien: es umfaßte das Gebiet der späteren preußischen Provinz Schlesien und Österreichisch-Schlesiens, mit Ausnahme der Lausitz, der Grafschaft Glatz und der Teile der Kreise Leobschütz und Ratibor, die später zum Bistum Olmütz gehörten. Nicht zum Breslauer Bistum zählte das Gebiet um Neustadt (erst 1629 zur Diözese Breslau) und der Bereich der Dekanate Pleß und Beuthen (1821 zu Breslau). Dagegen lag die Kastellanei Crossen a. d. Oder auf dem Territorium des schlesischen Bistums. Diese weiträumige Diözese besaß freilich noch so gut wie gar keine kirchliche Organisation, denn als der erste Bischof *Johannes* an die Spitze des neuerrichteten Bistums trat, fand er nur eine geringe Anzahl von Christen vor. Er sah sich vor die Aufgabe gestellt, die Christianisierung der einheimischen Bevölkerung weiterzuführen und für den Bau von Kirchen und Kapellen Sorge zu tragen. Die politischen Schwerpunkte des schlesischen Landes waren damals die siebzehn Kastellaneien; Verwaltungssitze, die zugleich der Landesverteidigung und als Steuererhebungszentren dienten. Sie boten sich nun auch für eine Pfarrorganisation als kirchliche Mittelpunkte an; im Schutz ihrer Burgen wurden die ersten Kirchen auf schlesischem Boden erbaut, vermutlich einfache Holzgebäude, von denen heute nichts mehr erhalten ist. Alle Gläubigen, die in dem sehr weiten Einzugsgebiet einer solchen Kastellanei wohnten, gehörten auch zu der betreffenden Kirche; sie waren verpflichtet, an die Kirche den Zehnten ihres Ackerertrages zu entrichten. Die großen Entfernungen in diesen ausgedehnten »Pfarreien« ermöglichten nur einem kleinen Teil der Gläubigen den regelmäßigen Gottesdienstbesuch. So war an eine geordnete Seelsorge in den ersten Jahrzehnten nach der Gründung des Bistums nicht zu denken. Die große innerkirchliche Reformbewegung des 11. Jahrhunderts ging zunächst am Bistum Breslau spurlos vorüber. Ein Brief Papst Gregors VII. aus dem Jahre 1075 an den Herzog von Polen führt Klage darüber, daß in dessen Land – wozu auch Schlesien gehörte – die Priester zumeist verheiratet und mit adligen Familien verschwägert seien. Erst als um 1250 – bedingt durch die deutschen Siedler – die gregorianischen Reformbestrebungen im schlesischen Land Einlaß fanden, besserten sich diese Zustände.
Zunächst aber scheint es zu einer Wiederbelebung des Heidentums gekommen zu sein. Die jahrelange Kriegführung des polnischen Herzogs Bolesław Chrobry zum Zweck der Erweiterung und Festigung seines Landes wirkte sich auf die

Christianisierung nicht günstig aus. Dazu kamen Einfälle deutscher Heere in Schlesien. Nach Bolesławs Tod verfiel die Machtstellung Polens sehr rasch. Während der folgenden kriegerischen Auseinandersetzungen mit Böhmen mußte das Land schwere Verwüstungen erleiden; 1038 eroberten die Böhmen Gnesen und führten die Gebeine des hl. Bischofs Adalbert nach Prag mit. Von dem Niedergang der herzoglichen Macht wurde auch die kirchliche betroffen. Über das Bistum Breslau fehlen für die Folgezeit sichere Nachrichten, so daß einige Historiker die Meinung vertraten, es sei bald nach seiner Gründung wieder untergegangen.
Erst das Jahr 1051 brachte die Wende: nachdem die Polen Schlesien zurückerobert hatten, wurde Breslau wieder mit einem Bischof besetzt. Sein Name war *Hieronymus* (1051–1062); in den Quellen wird er als *Romanus* bezeichnet. Einige Geschichtsforscher wollten deshalb in ihm einen römischen Adligen sehen; er ist aber wohl eher ein »Romane«, d. h. Wallone gewesen, der aus der Kölner Gegend stammte. Vielleicht wurde er schon 1046 zum Bischof geweiht, konnte sein Amt aber erst im Jahre 1051 nach Beruhigung der politischen Verhältnisse antreten. Hieronymus brachte – neben anderen Reliquien – die Hirnschale des Diakons und Märtyrers Vinzenz mit, der später zum Mitpatron des Breslauer Domes und Patron des Domkapitels wurde. Von jedem neu eingesetzten Breslauer Domherrn wurde diese Reliquie nach der Eidesablegung geküßt; dieser Ritus wurde bis in unsere Zeit vollzogen.
Von den beiden Nachfolgern des Bischofs Hieronymus, *Johannes* (1063–1072) und *Petrus* (1074–1111), sind uns nur die Namen bekannt. Damals haben vermutlich noch immer nicht viel mehr Kirchengebäude bestanden als es Kastellaneien gab. Einer dieser Burgorte, Ottmachau, gehörte wohl schon dem Bischof; aus den Einkünften dieser Kastellanei ist vermutlich das Bistum finanziert worden. Mitunter wurden auch auf den Gütern adliger Herren Kirchen gebaut – sogenannte Eigenkirchen –, die der Gutsherr selbst mit einem Priester besetzte. Den Adligen war gestattet, ihren Kirchenzehnten nicht an die Pfarrkirche der Kastellanei, sondern an eine Kirche ihrer eigenen Wahl zu zahlen. So konnten diese Eigenkirchen und die an ihnen tätigen Priester gut versorgt werden.
Es ist nicht gewiß, ob in dieser frühen Zeit in Breslau bereits eine Domkirche bestanden hat. Darüber herrschen unter den Historikern im großen und ganzen zwei Ansichten vor: Die einen setzen den ersten Bau einer – hölzernen – Bischofskirche, Johannes dem Täufer geweiht, in die Zeit um 1000 oder kurz davor, denn Breslauer Pfennigmünzen aus der Zeit Bolesław Chrobrys (992–1025) zeigen einen Johanneskopf und die Umschriften BOLIZLAVS DVX und SCS JOHANNES. Nach der anderen Ansicht ist der Johannesdom erst zwischen 1155 und 1163 von Bischof Walter begründet worden, da der Bischof bei den unsicheren Verhältnis-

sen in den ersten 150 Jahren nach der Bistumserrichtung und bei den spärlichen christlichen Gemeinden wohl andere Sorgen gehabt habe als eine Kathedrale zu bauen. Es ist jedoch schwerlich anzunehmen, daß die Breslauer Bischöfe sich so lange Zeit hindurch für ihre Gottesdienste nur mit der herzoglichen Burgkapelle begnügt hätten. Wahrscheinlich werden sie zunächst zwar keine eigentliche Kathedral*kirche*, wohl aber eine eigene Kapelle – den Vorläufer des späteren Domes – besessen haben.

Der Beginn des 12. Jahrhunderts führte zu einem kirchlichen Aufschwung, der sicherlich auch von dem Breslauer Burggrafen gefördert worden ist. Namentlich kennen wir aus dem Jahre 1093 den Grafen *Magnus*, der wohl nordgermanischer Abstammung war und in Breslau einen ausgedehnten Familienbesitz hatte. Sein Enkel *Peter Wlast,* wohl in Dänemark geboren, wirkte in Schlesien in den Jahren 1117 bis 1145. Wahrscheinlich geht auf ihn die Gründung von acht Kirchen zurück. »Die spätere Sage hat diese seine Tätigkeit noch weiter ausgedehnt und nennt 70 Kirchen« (Kaps), was aber historisch nicht haltbar ist. Peter Wlast hat jedoch die ersten *Klöster* in Schlesien errichtet, so um 1134 das Stift in Gorkau am Zobten für Augustiner Chorherren aus dem Mutterkloster Arrouaise in Flandern und das Vinzenzkloster auf dem Elbing in Breslau (vor 1139), das, zunächst mit Benediktinern aus Tyniec in Polen besetzt, um 1190 jedoch Prämonstratensern aus dem Lorenzkloster bei Kalisch übergeben wurde. »Man wird sich die Gründung dieser Klöster als längeren Vorgang vorstellen müssen, da sie allmählich aus kleinen Anfängen entstanden« (K. Engelbert). Nach 1148 wurde die Gorkauer Abtei nach Breslau auf die Sandinsel verlegt, wo die Gattin Peter Wlasts und ihr Sohn Swentoslaus Kirche und Kloster erbauen ließen. Zuvor hatten die Chorherren bereits die Seelsorge an der von Peter Wlasts Bruder Boleslaus erbauten Adalbertkirche übernommen; sie war als Pfarrkirche für das alte Breslau gestiftet und 1112 von Bischof *Siroslaw* (1112–1120) eingeweiht worden. Wahrscheinlich war sie die Pfarrkirche für die nahegelegene deutsche Kaufmannssiedlung. Peter Wlast starb 1153, seine Gemahlin Maria etwa 1156; sie fanden ein gemeinsames Grab vor dem Hochaltar in der Kirche des Vinzenzklosters auf dem Breslauer Elbing.

Bischöfe waren in dieser Zeit *Heimo* (1120–1126), in dessen Regierungszeit Bischof Otto von Bamberg 1124 mit glänzendem Gefolge über Wartha, Nimptsch und Breslau zur Missionsarbeit nach Pommern zog, *Robert I.* (1127-1142), der 1144 als Bischof von Krakau starb, *Robert II.* (1142–1146) und *Johannes II.* (1146–1149).

Nach dem Tode Herzog Bolesławs III. Schiefmund (1138) wurde das Land unter seine Söhne aufgeteilt. Dabei erhielt der älteste außer dem ihm zustehenden Ge-

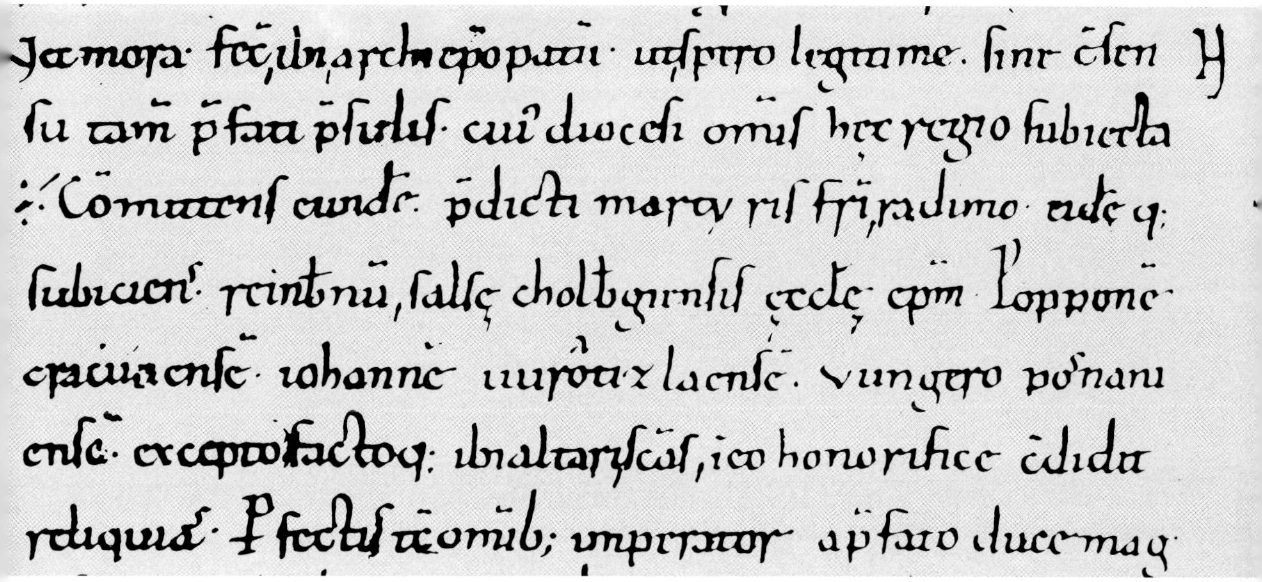

1. *Die erste Erwähnung des Bistums Breslau im Jahre 1000 durch Thietmar von Merseburg*

2. Breslau. Dom. St. Johannes der Täufer. Um 1160

biet auch noch das Krakauer Land und die Oberherrschaft über die anderen Herzöge (das sogenannte Seniorat). Damit stellte der Senior gewissermaßen die Einheit des Reiches dar. 1138 hatte Herzog Wladislaw II. von Schlesien das Amt des Seniors übertragen bekommen; allerdings konnte er sich gegenüber den anderen Teilherzögen nicht durchsetzen und wurde 1146 von ihnen gezwungen, das Land zu verlassen. Er floh zu dem deutschen König Konrad III., der sein Lehnsherr war, ihm aber auch nicht zu seinem Recht verhelfen konnte. Inzwischen starb Wladislaw. 1163 rückte Kaiser Friedrich Barbarossa mit einem Heer in Schlesien ein und gewann den Söhnen Wladislaws wenigstens dieses Land zurück. Boleslaus I. der Lange wurde Herzog von Mittelschlesien, Konrad erhielt Nieder- und Mieszko Oberschlesien. »Diese standen auch nach ihrer Einsetzung als Herzöge von Schlesien unter dem Schutz des Kaisers; sie waren ihm allerdings auch zu einer besonderen Tributzahlung verpflichtet, trotz der Einbindung ihres Landes in die Senioratsverfassung Polens« (Weczerka). Als Herzog Konrad starb, erwarb Boleslaus I. der Lange auch Niederschlesien.

In diesen politisch wechselvollen und schwierigen Jahren stand glücklicherweise ein außerordentlich fähiger Oberhirte an der Spitze des Bistums Breslau: Bischof *Walter* (1149–1169). Gebürtiger Wallone aus der Nähe von Namur (Bistum Lüttich), war Walter lange Zeit Dompropst in der polnischen Bischofsstadt Płock, wo er wohl auch die polnische Sprache erlernt hat. Sein Bruder war dort Bischof. 1149 wurde Walter zum Bischof von Breslau berufen. Er war eine »vertrauenswürdige, tüchtige und energische Persönlichkeit mit europäischem Horizont« (A. Sabisch); deshalb konnte er die ihn in Breslau erwartenden Aufgaben der innerkirchlichen Reform und der Vollendung der kirchlichen Organisation mit Kraft und Geschick angehen.

Bischof Walter begann mit dem Bau des ersten steinernen Domes in Breslau, der eine vielleicht vorhandene hölzerne Kirche ersetzen sollte. 1158 war das Jahr des Baubeginns. Es entstand eine romanische Bischofskirche an der gleichen Stelle, an der sich der heutige gotische Dom befindet; Grabungen nach der Zerstörung von 1945 haben das einwandfrei erwiesen. Leider sind von dem romanischen Dom Walters heute nur noch zwei Säulen und zwei Löwenfiguren erhalten.

Bischof Walter ließ den Besitz der Breslauer Kirche durch den damaligen Papst Hadrian IV. bestätigen. In der päpstlichen Urkunde vom 23. April 1155 werden die dem Bistum zugehörenden Kastellaneien sowie der über Schlesien verbreitete Streubesitz genannt; wir haben damit die erste das Bistum Breslau betreffende Urkunde (Schlesisches Urkundenbuch, Nr. 28). Die päpstliche Anerkennung sollte die Breslauer Kirche und ihr Eigentum vor willkürlichen Eingriffen der weltlichen Herrscher schützen.

3. Kapitel

Die Zeit der deutschen Besiedlung Schlesiens (1163–1300)

Der erzwungene Aufenthalt des schlesischen Herzogs Wladislaw und seiner Familie in Deutschland sollte für Schlesien sehr bedeutende Auswirkungen haben. Zunächst wurden dadurch die Beziehungen zum Kaiser und zu den deutschen Fürstenhäusern gefestigt, was zur Folge hatte, daß von da an fast alle schlesischen Herzöge deutsche Prinzessinnen heirateten. Die hervorragendste unter ihnen ist zweifellos die hl. Hedwig; sie war bereits die zehnte deutsche Fürstentochter, die mit einem regierenden Piasten vermählt wurde. Ferner lernten die piastischen Herzöge in Deutschland westliche Kultur und Wirtschaftsformen kennen; daraus entsprang der Wunsch und die Absicht, diese Entwicklung auch in ihrem schlesischen Land zu fördern. Die deutsche Besiedlung Schlesiens, »die bereits in der 2. Hälfte des 12. Jahrhunderts begann und ihren Höhepunkt im 13. Jahrhundert erlebte, war also nicht die Folge eines blinden Zufalls oder eines nationalen Eroberungsdranges, sondern das Ergebnis einer langen friedlichen Entwicklung« (Engelbert).

Schon in den ältesten schlesischen Urkunden finden sich deutsche Personennamen, die darauf hindeuten, daß es bereits in der Mitte des 12. Jahrhunderts Deutsche in Schlesien gegeben hat. Auch einige 1193 genannte Ortsnamen lassen erkennen, daß vermutlich deutsche Einwanderer diese Dörfer gegründet haben. Als die Söhne des nach Deutschland vertriebenen Wladislaw II. im Jahre 1163 mit kaiserlicher Hilfe in ihre schlesische Heimat zurückkehren konnten, folgten ihnen wohl zahlreiche Deutsche. Damit begann die eigentliche deutsche Besiedlung, die bis etwa zum Jahre 1300 Schlesien zu einem deutschen Land machte. Die deutschen Fürstentöchter, die nach Schlesien heirateten, haben ihre deutschen Dienerinnen mitgenommen und Ritter, Bauern und Händler nachgezogen. Besonders in den größeren Marktorten ließen sich deutsche Kaufleute und Handwerker nieder.

Neben den Deutschen kamen aber auch Angehörige anderer westlicher Völker nach Schlesien. Vor allem sind hier die Wallonen zu nennen, die aus Flandern einwanderten und regelrechte wallonische Kolonien bildeten. Sie waren sogar schon vor den Deutschen im Lande. Eine solche Ansiedlung findet sich in Breslau sicher schon im 12. Jahrhundert; für sie wurde die Mauritiuskirche errichtet. Auch in Ohlau treffen wir früh Wallonen an, vor allem Tuchmacher, die zu Ehren ihres Berufspatrons St. Blasius die dortige Blasiuskirche errichteten. Andere Wallonensiedlungen gab es beispielsweise in Würben, Jankau (Grünaue) und Groß Kreidel, Kreis Wohlau.

Die nach Schlesien heimgekehrten Herzöge Boleslaus I. der Lange (1163–1201), der die Gebiete von Breslau, Liegnitz und Oppeln erhielt, und Mieszko (1163 bis 1211), dem Ratibor und Teschen zugewiesen wurden, holten bald deutsche Zisterzienser und Prämonstratenser ins Land und gründeten für sie Klöster. Die Herzöge hatten während ihres siebzehnjährigen Aufenthaltes in Deutschland zweifelsohne die große Bedeutung der kolonisatorischen Leistung dieser beiden Orden kennengelernt. So wurden die Klöster und geistlichen Stifte zu Zentren der deutschen Besiedlung und der Urbarmachung des noch zu drei Vierteln mit Wald bedeckten schlesischen Landes. Die slawischen Einwohner wurden keineswegs verdrängt, sondern die Deutschen siedelten sich auf dem reichlich vorhandenen Neuland an, das den Bevölkerungsüberschüssen der westdeutschen Gebiete neue Arbeitsmöglichkeiten bot. Gerade die Zisterzienser, die der Handarbeit eine überragende Bedeutung beimaßen, schufen überall in Europa landwirtschaftliche Musterbetriebe. »Die einzigartige Organisation und Harmonie zwischen Gotteslob, geistlicher Lesung und Handarbeit brachte dem Orden große Sympathie und die Möglichkeit zu seiner raschen Ausbreitung, die nicht zuletzt der Persönlichkeit Bernhards von Clairvaux zu verdanken ist« (K. Spahr). Die Handarbeit bestand in erster Linie in der Rodung der Wälder, der Austrocknung von Sümpfen und dem Handwerk in seinen verschiedenen Formen.

Boleslaus I. der Lange hat wohl schon bei seiner Rückkehr aus dem Exil Zisterzienser nach Schlesien mitgebracht und ihnen das von ihm gegründete Kloster Leubus an der mittleren Oder übergeben. 1175 wurde der offizielle Stiftungsbrief für das Kloster ausgefertigt. »Wenig Vertrauen verdient dagegen die nur spät und in Verbindung mit Fälschungen, an denen die Urkunden des Klosters reich sind, überlieferte Nachricht, in Leubus sei ein älterer Benediktinerkonvent zugunsten der Zisterzienser aufgehoben worden« (J. J. Menzel). Die auf den Gütern des Klosters angesiedelten Deutschen wurden 1175 vom polnischen Recht befreit, und das Kloster legte weitere deutsche Bauerndörfer an.

1193 mußten die polnischen Benediktiner das von Peter Wlast gegründete Vinzenzkloster auf dem Elbing in Breslau verlassen, und deutsche Prämonstratenser übernahmen das Haus. Zu dieser Zeit war bereits der Nachfolger Walters, *Siroslaw II.*, Bischof von Breslau (1170–1198); er hat wahrscheinlich den von seinem Vorgänger begonnenen Bau des Domes vollendet. Während seiner Amtszeit kam es nochmals zu politischen Auseinandersetzungen zwischen den Piastenherzögen Boleslaus I. dem Langen und seinem Bruder Mieszko. Boleslaus floh nach Deutschland, konnte aber 1177 in sein Land zurückkehren. »Als Boleslaus der Lange in seinen letzten Regierungsjahren seinen Sohn aus seiner zweiten Ehe mit Adelheid von Sulzbach, Heinrich den Bärtigen, zum alleinigen Erben eingesetzt hatte, erhob Jaroslaus (der Sohn Boleslaus') mit Unterstützung seines Oheims Mesko (Mieszko) von Ratibor erneut die Waffen gegen seinen Vater, der wiederum fliehen mußte. Jaroslaus wurde schließlich damit abgefunden, daß der Vater ihm auf Lebenszeit das Oppelner Gebiet als Herzogtum zuwies, während Jaroslaus mit der Aussicht auf den bischöflichen Stuhl in Breslau sich verpflichtete, in den geistlichen Stand zu treten« (Engelbert). Nach dem Tod Bischof Siroslaws wurde *Jaroslaus* dessen Nachfolger (1198–1201). Er plante die Gründung einer Zisterzienserabtei in Oberschlesien, für die er Mönche aus dem thüringischen Kloster Pforta herbeizuholen gedachte. Durch seinen frühen Tod wurde dieser Plan jedoch verhindert.

Im gleichen Jahr 1201 starb auch Herzog Boleslaus I. der Lange; er wurde im Kloster Leubus bestattet. Sein Sohn Heinrich I. übernahm die Regierung (1201 bis 1238). Auch er hatte eine deutsche Fürstentochter zur Gemahlin: die hl. *Hedwig*. Um 1174/1178 – das genaue Jahr ist unbekannt – wurde Hedwig auf Burg Andechs geboren. Ihre Eltern waren Herzog Berthold VI. von Andechs-Meranien und dessen Ehefrau Agnes von Groitzsch. Über ihre frühen Lebensjahre gibt es keine Nachrichten. Hedwig wurde im Benediktinerinnenkloster Kitzingen am Main erzogen; eine solche klösterliche Erziehung war für die Töchter hoher Adliger damals nicht selten. Mit zwölf Jahren wurde sie mit Herzog Heinrich I. von Schlesien vermählt; das mag um 1186–1190 gewesen sein.

Heinrich I. setzte nach seinem Regierungsantritt (1201) die Siedlungspolitik seines Vaters planmäßig fort. Freilich mußte er schon 1202 das Oppelner Land an seinen Oheim Mieszko von Ratibor abtreten. Von da an beginnt die eigentliche geschichtliche Trennung zwischen Oberschlesien und den mittel- bzw. niederschlesischen Landesteilen. Im Laufe seiner Regierungszeit gelang es Heinrich jedoch, Krakau und Sandomir (Kleinpolen) und den südlichen Teil Großpolens seinem Herrschaftsbereich anzugliedern, so daß ihm fast zwei Drittel der piastischen Länder unterstanden; er konnte »Herzog von Schlesien, Krakau und Polen« genannt werden. Die deutsche Besiedlung seines Landes führte Heinrich erstmalig in großem Stil durch. Er – und ebenso die ihm nachfolgenden Piastenherzöge – dachten dabei keineswegs daran, ihr Land zu »germanisieren«; eine solche Absicht lag den Herrschern der damaligen Zeit völlig fern. Vielmehr ging es den Herzögen darum, das Land *wirtschaftlich* zu erschließen. »Land erhält dadurch Wert, daß es wirtschaftlich genutzt wird. Man braucht also Menschen, die dazu fähig und willens sind. Wenn ein Piastenherzog, Adliger oder Bischof, gleich welchen Volkstums, bisher unbebautes Land an bäuerliche Siedler vergab, gewann er Menschen, die seine Einnahmen durch Abgaben und Dienste vermehrten und bei der Verteidigung der eigenen Scholle zugleich der Landesverteidigung dienten . . . Wo einheimische Kräfte dazu zahlenmäßig nicht ausreichten oder die neue Aufgabe technisch nicht meisterten, warb man stets Ausländer an. So ist auch die deutsche Ostsiedlung im Hochmittelalter vorwiegend eine wirtschaftliche Frage gewesen« (Gottschalk). Die einheimische Bevölkerung verdrängte man dabei nicht, sondern führte die Neubesiedlung vorwiegend auf noch unbebautem Boden durch. Schlesien war damals – gemessen an der Einwohnerzahl des 20. Jahrhunderts – ein fast menschenleeres Land; nur ein Drittel der Fläche war besiedelt. Es war also genug Raum für Neusiedler, ohne daß die alten Einwohner vertrieben wurden.

Die deutsche Besiedlung des schlesischen Landes ging in drei Wellen vor sich:

1. die Besiedlung unter Heinrich I. und Heinrich II.,
2. die Besiedlung nach dem Mongolensturm von 1241,
3. die Siedlungswelle um 1300;

sie umfaßt also das gesamte 13. Jahrhundert. Während dieser Zeit wurden 63 Städte und rund 1500 Dörfer gegründet. Herkunftsländer der neuen Siedler waren besonders Thüringen, Obersachsen, Hessen und Ostfranken.

Heinrich I. und Hedwig begannen zunächst damit, neue Klöster zu gründen. Am bekanntesten ist das erste Frauenkloster in Schlesien, Trebnitz (gegründet 1202), das eine Niederlassung der Zisterzienserinnen werden sollte. Erste Äbtissin wurde Petrissa, Hedwigs ehemalige Erzieherin; die Schwestern kamen aus Bamberg. Andere Gründungen dieser Zeit sind die Propstei der Augustiner Chorherren in Naumburg am Bober (1217; 1284 nach Sagan verlegt); die Templerkommende Klein-Oels bei Ohlau (um 1220; wahrscheinlich mit Ordensleuten aus dem Braunschweiger Land besetzt); ferner das Kloster der Johanniter in Striegau (1202/03), der Augustiner Chorherren in Kamenz (1207; 1246 durch Zisterzienser ersetzt), Kloster Heinrichau (1222 gegründet, aber erst 1227 mit Zisterziensern aus Leubus besetzt); 1224 sind Dominikaner in Breslau, 1226 Kreuzherren vom Hl. Grab in Neisse, 1236 Franziskaner in Breslau, 1242 Benediktiner in Grüssau (1292 durch Zisterzienser ersetzt). In Oberschlesien wurde das Prämonstratenserinnenkloster Rybnik gegründet, aber schon 1228 nach Czarnowanz (Klosterbrück) verlegt.

Da die Herzogin Hedwig selbst Deutsche war, förderte sie die deutsche Besiedlung des schlesischen Landes und die deutsche Kultur. Seit etwa 1188 im Land,

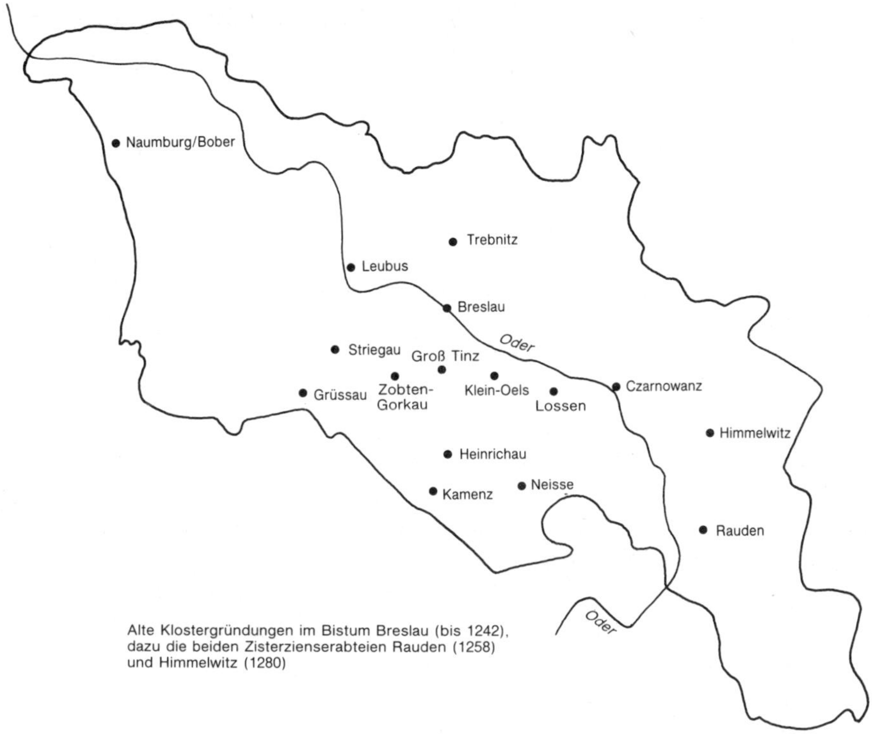

Alte Klostergründungen im Bistum Breslau (bis 1242), dazu die beiden Zisterzienserabteien Rauden (1258) und Himmelwitz (1280)

wird sie aber auch Polnisch gelernt haben, »denn eine Frau, die als wahre Landesmutter zu Kranken und Armen ging und die Anliegen aller entgegennahm, mußte die Sprache der Einwohner verstehen, ganz gleich, ob sie Polen oder Deutsche waren. Aber ebenso sicher ist, daß sie ihre deutsche Muttersprache in Schlesien weitergebraucht hat; denn die zwölfjährige bayrische Grafentochter war, wie überall üblich, durch Ritter, Diener und Kapläne aus der Heimat nach Schlesien geleitet worden, die ihr auch dort zur Seite standen« (Gottschalk). Auch ihr Gatte Heinrich wird von seiner deutschen Mutter her die deutsche Sprache beherrscht haben. »Somit steht außer Zweifel: Heinrich I. wie Hedwig gebrauchten die deutsche Sprache, wie es die Umstände erforderten. Da sie beide gleichfalls polnisch konnten, waren sie in der Lage, mit allen ihren Untertanen und Gästen in deren Muttersprache zu verhandeln, also zwischen beiden Völkern Brücken zu schlagen« (Gottschalk).

Durch die zunehmende Einwanderung von Deutschen fand Schlesien jetzt Anschluß an das christliche Abendland und im kirchlichen Leben eine stärkere Verbindung mit der Gesamtkirche. »Dadurch wurde es möglich, daß ein großes Ziel nunmehr erreicht werden konnte, an das man bisher nicht hatte denken können: nämlich die Erringung der Freiheit der Kirche, die Zurückdrängung des übermächtigen Einflusses der herzoglichen Gewalt auf rein geistlichem Gebiet, die Überwindung des Eigenkirchenwesens, die Erwerbung des Rechtes der Immunität für die Kirchenuntertanen auf dem ausgedehnten Grundbesitz der Kirche« (F. X. Seppelt). So konnten nun die Reformen Papst Gregors VII., um deren Durchführung man sich im Westen schon seit vielen Jahrzehnten mühte, auch in Schlesien eingeführt werden.

Die tiefeinschneidende Bedeutung der deutschen Besiedlung für das praktische kirchliche Leben zeigte sich zunächst in der überaus starken und raschen Vermehrung der Pfarrkirchen. Im ganzen lassen sich bis zum Jahre 1200 nur 24 Kirchorte im Breslauer Bistum nachweisen. »Freilich kann man annehmen, daß manche Kirche im 12. Jahrhundert erbaut worden sei, ohne daß sie oder ihr Pfarrer, ihre Widmut oder Zehntrechte in den Quellen der nächsten Jahrzehnte erwähnt worden wären« (B. Panzram). Dann käme man bis zum Jahre 1235 auf 73 Kirchorte; aber auch diese Zahl ist – gemessen an der Ausdehnung des Bistums – noch recht klein. Mit der deutschen Besiedlung änderten sich diese Verhältnisse jedoch grundlegend.

Die deutschen Siedler – Mittel- und Westdeutsche – stellten natürlich bei ihrer Anwerbung Forderungen, auch auf kirchlichem Gebiet. Die an eine geordnete Seelsorge gewohnten Deutschen wollten eine solche auch in ihrer neuen Heimat nicht missen und wünschten sich für die neuzuerrichtenden Dörfer jeweils eine Pfarrkirche, die zum Lebensunterhalt des Pfarrers mit einer Widmut von ein oder zwei Hufen Landes ausgestattet sein sollte. Für den Bau der Kirche wurde bei der Anlegung der Ortschaft ein an zentraler Stelle liegender Platz vorgesehen, der sich in den Städten in unmittelbarer Nähe des Marktes befand, andererseits aber durch einen schützenden Häuserblock vom Lärm des Marktbetriebes abgeschirmt war. Diese Anordnung ist für die schlesischen Städte – wie ein Blick auf die Stadtpläne zeigt – bis heute charakteristisch. Bis zum Jahre 1270 sind bereits 146 Kirchorte urkundlich nachweisbar, im Jahre 1300 mehr als das Doppelte, nämlich 319. Da jedoch nicht jeder Kirchort in einer Urkunde genannt wird, ist die Zahl der wirklich vorhandenen Städte und Dörfer mit mindestens einer Kirche wesentlich höher anzusetzen. In größeren Städten gab es nicht nur ein einziges Gotteshaus, sondern deren mehrere. Allein in Breslau zählte man vor dem Jahre 1200 bereits elf Kirchen oder Kapellen. So kam es im 13. Jahrhundert zu einem systematischen Ausbau des Pfarrsystems im Bistum. Infolge der Zunahme der Pfarreien wurde eine weitere Aufgliederung des Bistums notwendig: 1227 oder spätestens in den ersten beiden Monaten des Jahres 1228 teilte der Breslauer Bischof die ausgedehnte Diözese zum Zweck besserer Verwaltung in die drei Archidiakonate Breslau (etwa Mittelschlesien und das Gebiet um Neisse-Grottkau und Kreuzburg-Pitschen), Oppeln (das übrige Oberschlesien) und Glogau (Niederschlesien) ein. Später, 1261 oder 1262, wurde aus dem Südteil des Archidiakonates Glogau und Teilen des Breslauer Archidiakonates das vierte Archidiakonat (Liegnitz) gebildet. Die Archidiakone waren zur Visitation von Klerus und Kirchenvolk in ihrem Bezirk verpflichtet; dadurch wurde die Seelsorge intensiver gestaltet und die Kirchendisziplin verbessert.

Die deutsche Besiedlung hatte aber nicht nur einen wirtschaftlichen Aufschwung des Landes sowie Vertiefung der Seelsorge und des kirchlichen Lebens zur Folge, sie brachte daneben auch ein Aufblühen des geistigen Lebens mit sich. Mit den deutschen Pfarrkirchen waren oft – und vor allem in den Städten – Schulen verbunden, so daß sich der Bildungsstand des Volkes allmählich hob. Aber auch die Kunst wurde – besonders durch das Herzogshaus – gepflegt. Die Kirchen errichtete man im damaligen spätromanischen Stil; die Bildhauerkunst kam in Heiligenfiguren und Kirchenportalen zum Ausdruck; kostbare liturgische Gewänder, Kelche und Reliquiare vervollständigten die Ausstattung. Malerei und künstlerischer Buchschmuck wurden gepflegt.

Freilich ergaben sich aus der durch die Besiedlung veränderten wirtschaftlichen und kirchlichen Lage zunächst auch mancherlei Schwierigkeiten. So war den deutschen Siedlern bei der Anwerbung Freiheit vom polnischen Recht zugesichert worden. Bei den Polen war es üblich, jeweils den vollen Zehnten ihres Ernteertrages zum Unterhalt des Pfarrers an die Kirche abzugeben. Die Deutschen sorgten für ihren Pfarrer durch die Ausstattung der Kirchen mit Ackerland, aber sie waren nicht gewillt, die polnische Zehntpflicht auf sich zu nehmen. Auf der anderen Seite waren durch die große Zahl neuer Pfarreien auch die kirchlichen Verwaltungsaufgaben gewachsen, die größere Kosten als bisher verursachten. Das war bei den Abmachungen mit den angeworbenen Deutschen nicht beachtet worden. Den zugesicherten Rechten der Deutschen standen die berechtigten Ansprüche der Kirche und des Bischofs gegenüber.

Dieser Kampf um den Zehnten wurde lange Zeit mit großer Heftigkeit geführt. Der Bischof drohte, Interdikt und Exkommunikation zu verhängen; die Siedler gaben zu verstehen, daß sie bereit seien, das Land zu verlassen, so daß Bestand und Fortgang des Siedlungswerkes ernstlich gefährdet waren. Freilich handelte es sich bei der Kirche gleichzeitig um einen Kampf für ihre Freiheit, da der Zehnt zu ihren ursprünglichen Rechten gehörte und von der Staatsgewalt nicht geschmälert werden durfte. Sogar päpstliche Legaten mußten in diesem Streit vermitteln; im Jahre 1227 kam es dann zwischen Herzog Heinrich I. und dem Breslauer Bischof *Lorenz* (1207–1232) zu einem Vertrag, der die Interessen beider Seiten berücksichtigte; es wurde bestimmt, daß die altgewohnte Zehntpflicht nur für den polnischen Bevölkerungsteil bestehen bleiben sollte. »Die deutschen Siedler aber sollten, wo Neubruch vorlag, von der Hufe nur eine Viertelmark (den Bischofsvierdung) an die Kirche zahlen. In einigen Gegenden traten dazu noch mäßige Naturalleistungen. Die Hufen der Lokatoren, die in den deutschen Dörfern das Amt des Erbschulzen übernahmen, blieben überhaupt frei. Der Herzog wie der Bischof waren beide weitblickend genug, um eine Regelung zu treffen, die den Weiterbestand der deutschen Siedlung nicht gefährdete, aber doch der Kirche ausreichende Einnahmen zur Erfüllung ihrer vermehrten Aufgaben sicherte« (Kaps). Der Bischof hatte in der Zehntfrage sehr nachgegeben, er hatte aber auch viel gewonnen: ihm blieb das Zehntrecht, das der Herzog zugunsten der Deutschen hatte aufheben wollen; es wurde jetzt der herzoglichen Gewalt entzogen und als »geistliche Angelegenheit« (res spiritualis) der Verfügungsgewalt des Bischofs unterstellt. Bei allem Entgegenkommen für die deutschen Siedler blieb dem Bischof das Recht auf den Zehnten grundsätzlich gewahrt. Der übermäßige Einfluß des Herzogs auf den kirchlichen Bereich wurde eingedämmt.

Trotz dieser Schwierigkeiten war Bischof Lorenz kein Feind der Deutschen, kein Gegner der deutschen Besiedlung. Der Bischof von Breslau war selbst Eigentümer von Grund und Boden und Landesherr. Vielleicht schon von der Gründung des Bistums an, sicher aber 1155 (wie aus der päpstlichen Schutzurkunde dieses Jahres zu entnehmen ist) gehörte das ganze Gebiet der Kastellanei Ottmachau – vom Herzog geschenkt – dem Breslauer Bischof als Ausstattungsgut. »Wenn es den polnischen Pfarreien nicht an Landausstattung fehlte, . . . dann wird man es begreiflich finden, daß einem Bischof zu seiner Sustentation und der seiner Kathedrale und ihrer Geistlichkeit ein weit größeres, wenn auch schwach besiedeltes Gebiet, überlassen wurde« (A. Moepert). Diesen Landbesitz des Bischofs von Breslau erweiterte vermutlich Herzog Boleslaus I. der Lange durch zusätzliche Schenkungen. Aus diesem Grundbesitz entwickelte sich allmählich das spätere Bistumsland Neisse-Ottmachau, in dem Bischof Lorenz die Besiedlung durch Deutsche nicht nur zuließ, sondern tatkräftig förderte. Als Mittelpunkt dieses Kirchenlandes gründete Lorenz vor 1223 die deutsche Stadt Neisse, sie erhielt ihren Namen von einer alten slawischen Niederlassung Niza, die auf dem rechten Ufer der Biele lag. Neisse wurde zum Marktort für die umliegenden neubesiedelten Landstriche und zum Ausgangspunkt für neue Kolonisation. Im Lauf der Zeit wurden 65 deutsche Dörfer im Bistumsland gegründet. Im 16. und 17. Jahrhundert residierten die Breslauer Bischöfe fast ausnahmslos in Neisse. Bischof Lorenz war auch der Gründer der Stadt Ziegenhals (um 1222, als Schutzfeste gegen Mähren gedacht). 1230 einigten sich Bischof und Herzog in einem Vertrag, daß dem Vogt von Neisse die richterliche Gewalt im Bistumsland zustehen sollte. »Wenn bei der oberschlesischen Abstimmung 1921 das alte Bischofsland Neisse-Ottmachau als unzweifelhaft deutsch erst gar nicht in das Abstimmungsgebiet einbezogen wurde, so ist das die Nachwirkung der von Bischof Lorenz eingeleiteten deutschen Besiedlung dieses Gebietes« (Kaps). Bischof Lorenz gestattete seinem Vogt Walter durch eine Urkunde von 1223, auf weiter östlich gelegenem Bistumsbesitz, bei Alt-Ujest, die deutsche Stadt Ujest und Dörfer nach Neumarkter Recht anzulegen.

Über dieses wirtschaftlich aufstrebende und kirchlich aufblühende Land brach im Jahre 1241 von Osten her der Mongolensturm herein. Die sich den Asiaten entgegenstellenden kleinpolnischen Ritter wurden überrannt, am 24. März 1241 wurde Krakau zerstört. Ohne großen Widerstand fielen die mongolischen Reiterscharen in Oberschlesien ein und rückten über Oppeln und Brieg auf Breslau vor. Die Breslauer hatten jedoch ihre Stadt selbst angezündet und sich in der Burg auf der Dominsel verschanzt. Die Mongolen (Tataren) zogen daran vorbei nach der Kastellanei Liegnitz, wo sich unter Herzog Heinrich II. (1238–1241), dem Sohn Heinrichs I. und der hl. Hedwig, das schlesische und großpolnische Ritterheer versammelt hatte. Unweit Liegnitz, auf der Wahlstatt, kam es am 9. April 1241 zur offenen Feldschlacht, die mit einem vollständigen Sieg der mongolischen Reiter endete. Das deutsch-polnische Ritterheer wurde völlig vernichtet. Auch Herzog Heinrich II. fiel im Kampf; der Rest zog sich in die Liegnitzer Burg zurück. Die Mongolen aber stürmten weiter nach Westen, wichen aber vor dem herannahenden böhmischen Heer nach Ungarn aus und drangen von dort nach Österreich vor. »Das Abendland lag vor ihnen offen, als der große Mongolenherrscher Ogotai (Ugedej) starb. Die Mongolen verließen darauf Europa . . . Wenn das Abendland also auch nicht durch die Schlacht von Liegnitz gerettet worden ist, so hat doch der Todesmut der christlichen Kämpfer bei Freund und Feind großen Eindruck gemacht. Diese Kämpfer waren Deutsche und Polen. Die Schlacht war keine Leistung des Deutschtums allein . . ., sondern Beweis einer deutsch-polnischen Schicksalsgemeinschaft« (F. Gause).

Durch den Mongoleneinfall wurde ein großer Teil Schlesiens verwüstet; Breslau, Ratibor, Neumarkt wurden zerstört. Vieles, was Aufbau- und Siedlungsarbeit bisher geleistet hatten, wurde vernichtet; viele Gotteshäuser fielen den

Flammen zum Opfer. Freilich hat die Verwüstung nicht das ganze Land, sondern nur einzelne Landstriche betroffen; das rechte Oderufer blieb weitgehend verschont.

Als die Gefahr gebannt war, wurde das Siedlungswerk in Schlesien ohne Zögern fortgesetzt. Um das zerstörte Land wieder aufzubauen, war gerade jetzt der Zustrom von neuen Siedlern notwendig. Damit begann nun die zweite Welle der deutschen Kolonisation. Zunächst wurde die Stadt Breslau – der »hölzerne« Ort war vernichtet worden – aus Steinen wieder neu aufgebaut, wobei der alte romanische Stil der Bauwerke von dem neuen gotischen abgelöst wurde. Breslau erhielt bereits im Jahre 1241 deutsches Stadtrecht. 1244 oder 1245 begannen Bischof *Thomas I.* (1232–1268) und Herzog Heinrich III. mit dem Bau des heutigen Domes.

Auch im Bistumsland Neisse-Ottmachau wurde das Siedlungswerk von den Bischöfen Thomas I. und *Thomas II.* (1270–1292) zügig weitergeführt. Das ist um so beachtlicher, als diese beiden Breslauer Oberhirten Polen waren, ja zum polnischen Hochadel zählten. Bis Ende des Jahrhunderts sind auf diesem verhältnismäßig kleinen Gebiet 61 Pfarreien entstanden. In den oberschlesischen Landesteilen wurden in der Zeit nach dem Mongolensturm bis zum Jahre 1300 239 Städte und Marktflecken neu gegründet. Aus einer Schutzurkunde, die Papst Innozenz IV. 1245 für das Bistum Breslau ausgefertigt hat, ist die Erweiterung des kirchlichen Besitzes zu ersehen. Aber nicht nur auf herzoglichem und bistumseigenem Land wurde kolonisiert, auch die Klöster waren daran interessiert, auf ihren Ländereien neue deutsche Dörfer zu gründen. Ein ausgezeichnetes Beispiel für das friedliche Nebeneinander von Siedlungen deutschen und polnischen Rechtes bietet etwa der Landbesitz des Klosters Trebnitz. Der Ort Trebnitz selbst erhielt 1250 deutsches Stadtrecht. Der Stadtpfarrer war Deutscher. Neben dieser deutschen Stadtgemeinde bestand aber weiterhin die älteste Siedlung des Ortes, das sogenannte Polnische Dorf. Acht Stiftsdörfer waren in polnischer Rechts- und Wirtschaftsform verblieben; aus den erhaltenen Familiennamen läßt sich ersehen, daß die Einwohner Polen waren; sie waren also von den Deutschen nicht verdrängt worden. Neben diesen polnischen Ortschaften waren auf dem Klostergrund 16 deutschrechtliche Dörfer angelegt. Im Kloster Trebnitz ist am 14. Oktober 1243 die hl. Herzogin Hedwig im Alter zwischen 65 und 69 Jahren gestorben; sie wurde in der Peterskapelle der Klosterkirche beigesetzt.

Freilich verlief diese im allgemeinen friedliche deutsch-polnische Lebensgemeinschaft nicht immer ohne Schwierigkeiten. Dabei kam es sogar im kirchlichen Bereich zu Auseinandersetzungen, vor allem zwischen Bischof Thomas I. und den deutschen Siedlern. Die Deutschen hatten aus ihrer westlichen Heimat ihre kirchlichen Bräuche mitgebracht, so etwa die Gewohnheit, erst vom Aschermittwoch ab die Fastenzeit zu begehen, während die alteingesessene polnische Bevölkerung bereits vom Sonntag Septuagesima an fastete und auf Fleischspeisen verzichtete. Der Bischof versuchte nun durch Androhung von Kirchenstrafen von den im Land ansässigen Deutschen ebenfalls diese verlängerte Fastenzeit zu erzwingen, wogegen sich die Deutschen auflehnten. Freilich muß man auch die Absicht des Bischofs verstehen: er wollte für seine Diözesanen eine einheitliche Form religiöser Praktiken gewahrt wissen und bei der polnischen Bevölkerung eine Aufweichung einer schon lange bestehenden und bewährten Gewohnheit verhindern. Diesen Streit konnte erst eine 1248 in Breslau versammelte Provinzialsynode der Kirchenprovinz Gnesen schlichten. In einem eigenen Statut »De esu carnium Theutonicorum et Polonorum« wurde entschieden, daß jeder es mit Fasten und Abstinenz so halten solle, wie er es vor seinem Gewissen verantworten könne; die bischöfliche Exkommunikation über die Deutschen wurde aufgehoben, und niemand sollte einen anderen wegen seines abweichenden Brauchtums verketzern.

Zu einer ernsteren Auseinandersetzung zwischen bischöflicher und herzoglicher Gewalt sollte in der zweiten Hälfte des 13. Jahrhunderts die deutsche Besiedlung des Bischofslandes Neisse-Ottmachau führen. Der Bereich der Kastellanei Ottmachau – der alte Kern des Bistumslandes – wurde von der Besiedlung zuerst erfaßt und war bald vollständig erschlossen. Nach Süden grenzte das bischöfliche Land an die sogenannte Preseka, den dichten und großenteils unzugänglichen Grenzwald gegen Böhmen. Es blieb nicht aus, daß die bischöflichen Siedler allmählich auch in diesen Wald vorstießen, ihn streckenweise rodeten und das gewonnene Land kultivierten. Bald wurden auch dort deutsche Dörfer angelegt. Das war zunächst von den Herzögen nicht beanstandet worden. Als aber 1273 Herzog Heinrich IV., ein sehr tatkräftiger Herrscher, an die Regierung kam, begann er sich diesem bischöflichen Vorgehen zu widersetzen, weil er darin eine Beeinträchtigung herzoglicher Rechte sah. Es blieb nicht aus, daß es dabei zu einem heftigen Streit mit Bischof Thomas II. kam, einer ebenfalls bedeutenden und kraftvollen Persönlichkeit. Durch seinen Kanzler erhob Heinrich die Forderung, ihm diese ohne herzogliche Genehmigung angelegten Ortschaften zu übergeben. Er berief ein Baronengericht ein, vor das auch der Bischof geladen wurde. Da Thomas aber nicht erschien, verurteilte ihn das Gericht zur Herausgabe von 65 namentlich aufgeführten Dörfern im Grenzwald mit der Begründung, der Waldgürtel habe der Sicherheit des Landes gedient und falle also unter die Hoheitsrechte des Herzogs. Daraufhin besetzte Herzog Heinrich die 65 bischöflichen Ortschaften mit Gewalt. Die Anhänger des Bischofs wurden aus ihren Pfarreien und

Klöstern vertrieben, und der bischöfliche Besitz wurde geplündert. Der Herzog schlug seine Residenz in der bischöflichen Stadt Neisse auf, während Bischof Thomas nach Ratibor flüchten mußte und den Herzog mit der Exkommunikation belegte. Andere schlesische Herzöge suchten zu vermitteln, aber erst im Herbst 1287 kam es nach langen Verhandlungen zu einer Annäherung und schließlich zur Aussöhnung zwischen Herzog und Bischof vor den Toren Ratibors. Dabei gab der Herzog in den wichtigsten Punkten nach. Zum Zeichen der Versöhnung stiftete er die Kreuzkirche in Breslau mit der dem Apostel Bartholomäus geweihten Unterkirche und dazu ein Kollegiatkapitel. Bischof Thomas errichtete seinerseits ein solches Kapitel in Ratibor. Der Herzog bestätigte dann noch – kurz vor seinem Tod im Jahre 1290 – dem Bischof den Besitz der Landeshoheit im Bistumsland Neisse-Ottmachau. So wurde der Breslauer Bischof selbständiger Landesfürst. Damit war der sogenannte »Große Kirchenstreit« zu einem guten Ende gelangt.

Trotz dieser Auseinandersetzungen entfaltete sich das innere Leben der Kirche in Schlesien ständig weiter. So hatte die Zahl der Klöster erheblich zugenommen. Jetzt zogen die Zisterzienser auch in Oberschlesien ein: 1258 wurde die Abtei Rauden, 1280 Himmelwitz gegründet. In Liebenthal entstand 1278 ein Kloster der Benediktinerinnen; Magdalenerinnen sind ab 1247 in Naumburg am Queis und ab 1296 in Beuthen an der Oder. In die größeren Städte zogen nun die Bettelorden ein, die Franziskaner (1248 in Löwenberg, vor 1249 in Schweidnitz, vor 1257 in Glogau, vor 1258 in Goldberg, vor 1272 in Crossen, vor 1284 in Liegnitz und in Neisse, vor 1285 in Brieg und in Namslau; in Oberschlesien außerdem noch in Gleiwitz und Ratibor, dazu die Minoriten in Cosel, Oppeln und Oberglogau), die Dominikaner (schon 1224 in Breslau und nach dem Mongoleneinfall noch in anderen Städten wie Glogau, Bunzlau, Frankenberg, Löwen, Schweidnitz, Ratibor, Teschen, Oppeln), auch Augustiner-Eremiten (1295 in Grottkau, 1299 in Hainau). Gerade die Bettelorden wirkten außerordentlich erfolgreich in Seelsorge, Predigt und Volksmission. Wenn man beachtet, daß die Bettelorden erst im 13. Jahrhundert gegründet worden sind – die Franziskaner wurden 1223, die Dominikaner 1216, die Augustiner-Eremiten 1256 päpstlich bestätigt –, so ist es erstaunlich, wie schnell sie nach Schlesien gekommen sind. Durch die Bettelorden wurde das religiöse und kirchliche Leben im 13. Jahrhundert entscheidend geprägt; das gilt für das ganze Abendland und trifft wohl auch für Schlesien zu.

Neben den Pfarreien und Klöstern entstanden für Arme und Kranke zahlreiche Spitäler, vor allem in größeren Städten. Für die Jugend wurden Schulen errichtet. In Breslau ist 1212 eine Domschule nachweisbar; es gab Schulen an den Klöstern und an einer Reihe von Kollegiatstiften, dazu eine große Anzahl von Stadtpfarrschulen. »In diesen Bildungseinrichtungen erfreuten sich Theologie und Philosophie, aber auch das Studium der Sprachen wie der Literatur des klassischen Altertums einer besonderen Pflege. Schlesiens Söhne drängten in großer Zahl zu den Universitäten als Jünger der Wissenschaft. Die ersten in der schlesischen Bildungsgeschichte urkundlich festgestellten Akademiker sind Domherren des Breslauer Kathedralkapitels. Im Jahre 1200 begegnet uns bereits ein Kanonikus mit dem Titel eines Magisters. Seit 1220 führte Magister Thomas, von 1232 bis 1268 residierender Bischof von Breslau (Thomas I.), den Grad des Doctor decretorum. Von 314 Domherren bis zum Jahre 1341 hatten nachweislich 64 Universitäten besucht. Von ihnen waren elf mit der Doktorwürde ausgezeichnet« (Brzoska). Für das Studium kamen nur italienische (besonders Bologna und Padua) und französische (Paris) Hochschulen in Betracht, denn in Deutschland wurden erst seit der Mitte des 14. Jahrhunderts Universitäten gegründet, als erste Prag (1348). Durch den Besuch der Hochschulen kamen Schlesier mit Süd- und Westeuropa in Berührung; so wurde zweifellos auch ihr gesamtkirchliches Bewußtsein gestärkt.

Aber auch auf anderen Wegen entstanden kirchliche Verbindungen zum Westen. Während nur in der Frühzeit des Bistums Westeuropäer Bischöfe von Breslau wurden (z. B. Bischof Walter), von 1232 bis 1456 jedoch ausschließlich Schlesier, finden wir schon im 13. Jahrhundert schlesische Geistliche auf Bischofsstühlen auswärtiger Diözesen. 1249 wurde Herzog Konrad I. von Glogau, ein Sohn des bei Wahlstatt gefallenen Herzogs Heinrich II., zum Bischof von Passau berufen. Er war Subdiakon, seit 1247 Propst von Glogau und hatte in Paris studiert. Bald nach der Ernennung verzichtete er jedoch auf das ihm angetragene Bischofsamt und übernahm als Herzog das Herzogtum Glogau. Anders war es mit seinem jüngsten Bruder Wladislaus; er war Päpstlicher Kaplan und Propst von Vyscherad bei Prag, bekleidete später noch andere Ämter und wurde 1265 zum Erzbischof von Salzburg ernannt. 1270 starb er dort. Herzog Konrad II. von Sagan wurde 1299 zum Patriarchen von Aquileja erhoben, trat dieses Amt aber nicht an. Ein weiterer Schlesier war 1204–1233 als Lorenz II. Bischof von Lebus, ebenso Wilhelm von Neisse (1252–1273 Bischof von Lebus). Schlesier waren vielleicht auch Paul, Bischof von Posen (1211–1242), Anselm, Bischof von Ermland (1250 bis 1278) und Peter, Bischof von Passau (1265–1280). 1295–1320 ist Johannes Muskata aus dem Herzogtum Breslau Bischof von Krakau. Die Schlesier besaßen demnach damals schon ein gewisses Ansehen in Kirche und Reich. Dazu kommt, daß an zwei von den drei Allgemeinen Konzilien des 13. Jahrhunderts höchstwahrscheinlich auch Bischöfe von Breslau teilgenommen haben: am 4. Laterankonzil (1215) Bischof Lorenz, am 2. Konzil von Lyon (1274) Bischof Thomas II.

Das 13. Jahrhundert war in Schlesien auch ein Jahrhundert der Heiligen. Freilich wurden während des ganzen Mittelalters nur zwei Menschen aus dem Osten des Abendlandes heiliggesprochen: Bischof Stanislaus von Krakau († 1079, heiliggesprochen 1253) und die schlesische Herzogin Hedwig († 1243, heiliggesprochen 1267). »Heilig leben und heiliggesprochen werden sind zwei verschiedene Dinge« (Gottschalk). Es müssen eben viele Kräfte zusammenwirken, um eine Heiligsprechung zu ermöglichen. Für Hedwig, deren heiligmäßiges Leben weit bekannt war, setzten sich zahlreiche einflußreiche Persönlichkeiten des 13. Jahrhunderts ein, um die Kanonisation zu erreichen: Angehörige der schlesischen Piastenfamilie, darunter besonders Hedwigs Tochter Gertrud, Äbtissin des Klosters Trebnitz, und Hedwigs Schwiegertochter Anna, die Tochter König Ottokars I. von Böhmen, mehrere Bischöfe und Domherren, verschiedene Herzöge und Bischöfe in Polen und andere. So wurde man in Rom frühzeitig aufmerksam, brachte den Heiligsprechungsprozeß in Gang, und bereits am 26. März 1267 konnte Papst Clemens IV. in Viterbo die Heiligsprechungsurkunde für die schlesische Herzogin ausstellen. Dies alles aber ist erst dadurch möglich geworden, daß das schlesische Kirchenvolk, Deutsche wie Polen, Hedwig schon bald nach ihrem Tod als Heilige verehrt hatte und immer wieder Scharen von Gläubigen, selbst aus dem Erzbistum Gnesen und aus Pomerellen (dem Land an der unteren Weichsel, dem späteren »Korridor«) nach Trebnitz ans Grab Hedwigs gepilgert kamen. »Was ein Heiligengrab dem mittelalterlichen Christen bedeutete, vermag der moderne Mensch kaum nachzuempfinden. Es war ihm ein Unterpfand für die sich in dieser Welt offenbarende Gnade Gottes« (Gottschalk). So sind auch vom Hedwigsgrab zahlreiche Heilungswunder bezeugt. Um 1300 wird Hedwig als »Patronin Schlesiens« bezeichnet.

Während des Mittelalters wurde eine große Anzahl von Kirchen (etwa 70) im Bistum Breslau der hl. Hedwig geweiht. Dazu kam noch eine ganze Reihe von Hedwigskapellen und -altären innerhalb großer Kirchen. Von Schlesien aus verbreitete sich die Verehrung der heiligen Herzogin über Osteuropa (Polen, Böhmen, Ungarn) und Deutschland bis nach Italien hinein. 1680 wurde das Hedwigsfest von Papst Innozenz XI. für die ganze Kirche in Brevier und Messe ad libitum zugelassen, 1706 von Clemens XI. pflichtmäßig vorgeschrieben.

Noch andere Heilige und Selige hat das 13. Jahrhundert in Schlesien hervorgebracht. Hedwigs Schwiegertochter *Anna,* die Witwe Heinrichs II., eine böhmische Königstochter († 1265), ist zwar nicht förmlich kanonisiert worden, wird aber seit der Barockzeit als »Selige« angerufen. Nach dem Tod ihres Gatten hatte sie die von ihm geplanten vier Klöster gegründet: Grüssau sowie in Breslau St. Jakob (Franziskaner), St. Clara (Klarissen) und St. Matthias (Kreuzherren mit dem

3. Teschen. Burgkapelle. 11. Jh.

4. Breslau. Kloster St. Vinzenz auf dem Elbing (Ölgemälde, 17. Jh.)

5. Breslau. St. Maria auf dem Sande oder Sandinsel

6. Breslau. Magdalenenkirche. Ehem. Hauptportal von St. Vinzenz auf dem Elbing. Um 1150

roten Stern). Anna hat vor allem dem franziskanischen Geist in Schlesien zum Durchbruch verholfen. Ihre Schwester, die selige *Agnes von Böhmen* († 1282) wurde einige Zeit im Kloster Trebnitz erzogen. Sie war ursprünglich dem älteren Sohn Hedwigs, Boleslaus, zur Gattin bestimmt; da dieser aber in jungen Jahren gestorben war, schickten ihre Eltern sie in das Prämonstratenserinnenkloster Doxan in Böhmen. 1234 trat sie bei den Klarissinnen in Prag ein und wurde als Oberin dieses Klosters eine bedeutende Persönlichkeit, die mit mehreren Päpsten in Briefwechsel stand.

Hedwigs Zeitgenosse war der selige Ceslaus († 1242). Im Bistum Breslau geboren, trat er 1218 bei den Dominikanern ein und gründete 1224 in Breslau eine Niederlassung seines Ordens. In der Kirche dieses Klosters, der Adalbertkirche, wurde Ceslaus beigesetzt; sein Grab war ebenfalls ein Ziel der Pilger. Dem Dominikanerorden gehörte auch der hl. *Hyazinth* an. Er stammte aus Groß-Stein im Herzogtum Oppeln (geboren vor 1200), trat 1218/19 dem Orden bei und entfaltete eine umfangreiche Missionstätigkeit in Osteuropa. 1257 starb er in Krakau, heiliggesprochen wurde er erst 1594. Ebenfalls aus Groß-Stein stammte die selige *Bronislawa,* eine Verwandte Hyazinths. Sie starb 1259 im Prämonstratenserinnenkloster Zwierzyniec bei Krakau. So zeigt sich das 13. Jahrhundert in Schlesien als ein bewegtes, kirchlich und religiös fruchtbares Zeitalter, das die besten Voraussetzungen schuf für eine gedeihliche Weiterentwicklung des Breslauer Bistums.

4. Kapitel

Die Blütezeit des mittelalterlichen Bistums (Das »goldene« Bistum) (1300–1376)

»Wenn das 13. Jahrhundert das Bild eines Aufblühens des kirchlichen Lebens darbietet, einer gewaltigen Steigerung des Ansehens und der Rechtsstellung der Kirche, besonders auch eines Emporsteigens der Bischöfe bis nahe zur vollen Landeshoheit, so kann das 14. Jahrhundert als die Glanzzeit des Bistums bezeichnet werden« (F. X. Seppelt). Der rasche Aufschwung des Bistums Breslau – vor allem auch auf politischem, rechtlichem und wirtschaftlichem Gebiet – wurde nicht zuletzt gefördert durch die Minderung der herzoglichen Gewalt infolge der verschiedenen Erbteilungen und Erbstreitigkeiten zwischen den einzelnen Herzögen und ihren Nachfolgern. Schlesien wurde auf diese Weise in eine Anzahl von Teilherzogtümern zersplittert, deren politische Selbständigkeit auf längere Zeit kaum aufrechterhalten werden konnte.

Durch die deutsche Besiedlung hatte sich Schlesien zunehmend auf kulturellem Gebiet und im politischen Bereich von Polen gelöst und war im großen und ganzen zu einem deutschen Land geworden. Schon seit 1163 waren die schlesischen Herzöge weithin von Polen unabhängig; nun schlossen sie sich mehr und mehr an das unter der Herrschaft der Luxemburger stehende Böhmen an. Ende 1331 waren fast alle niederschlesischen und Oppelner Herzöge als Vasallen an die Krone Böhmens gebunden. In den böhmisch-polnischen Friedensverträgen der Jahre 1335 bis 1339 (Vorvertrag von Trentschin, Verträge von Vyscherad, Posen und Krakau) entsagte der polnische König Kasimir endgültig allen Ansprüchen auf Schlesien. »Der Anschluß an Böhmen bedeutete unter den damaligen Verhältnissen den Anschluß an den deutschen Kulturkreis« (Seppelt). Damit wurde die bisher noch lose Verbindung des schlesischen Landes mit Polen vollständig beseitigt. Für die kirchliche Entwicklung hatte dies zur Folge, daß vom 14. Jahrhundert ab – mit der einzigen Ausnahme des Bischofs Nanker (1326–1341) – nur noch Deutsche zu Breslauer Bischöfen ernannt wurden. Diese Gegebenheiten ermöglichten ein Aufblühen der Kultur in Schlesien, und zwar im wirtschaftlich-materiellen wie auch im geistig-religiösen Bereich; dieser Aufschwung wurde noch dadurch gefördert, daß in diesem Zeitabschnitt hervorragende Bischofspersönlichkeiten an der Spitze des Bistums standen.

Heinrich von Würben (1302–1319) stammte aus der eingedeutschten Familie der Grafen von Würben (Würben, Kreis Schweidnitz). Die Grafen standen im Dienst der Herzöge von Schlesien und bekleideten einflußreiche Hofämter. Heinrich war 1283 noch Laie, 1290 ist er Domherr in Breslau, 1302 wurde er zum Bischof gewählt. »Seine Herkunft aus dem höchsten und ältesten schlesischen Adel . . . trug wesentlich dazu bei, daß die Stellung des Bischofs zum Fürsten erhoben wurde. Heinrich führte als erster Bischof von Breslau den Titel princeps (Fürst) und nannte sich auch selbst so am Anfang des von ihm aufgestellten Rituale. Ferner bezeichnete er sich auch als dux (Herzog), beide Titel besaß er mit vollem Recht. Denn ihm gehörte als Bistumsland das Fürstentum Neiße-Ottmachau, in dem er neben der kirchlichen Herrschaft auch die unbeschränkte Landeshoheit als weltlicher Herrscher ausübte« (L. Radler). Wie angesehen Heinrich von Würben in den Kreisen der schlesischen Herzogsfamilien war, zeigt sich darin, daß man ihm für ein Jahr die Vormundschaft über die minderjährigen Söhne Herzog Heinrichs V. von Breslau und die Regentschaft des Landes übertrug. Bischof Heinrich förderte während seiner Amtszeit den Anschluß Schlesiens an Böhmen. Im innerkirchlichen Bereich zeigte sich Bischof Heinrich außerordentlich tatkräftig. Den Bau des Domes trieb er voran, wenn er ihn auch keineswegs – wie immer wieder behauptet wird – »zum vorläufigen Abschluß« gebracht hat. Seelsorgliche Maßnahmen ergriff Heinrich durch die beiden Diözesansynoden von 1305 und 1316, mit denen die Ordnung im Bistum gefestigt werden sollte. Auch seine Sorge um einen guten Klerus sprach sich darin aus. Der Bischof legte großen Wert auf eine gute Bildung seiner Geistlichen und erlaubte zahlreichen Klerikern das Studium an ausländischen Universitäten. Das war weitschauend und fortschrittlich gedacht: erst hundert Jahre später wurde für die Breslauer Domherren das Universitätsstudium verpflichtend.

Zwei zeitgenössische Werke unterstreichen die umfassende Tätigkeit Heinrichs von Würben:

1. Zur einheitlichen Gestaltung des Gottesdienstes und der Zeremonien im Bistum Breslau gab Heinrich ein *Rituale* heraus. Es sollte zunächst für die Kathedralkirche dienen, wurde aber dann auch für alle anderen Kirchen im Bereich der Diözese maßgebend (Handschriftliches Original im Breslauer Diözesanarchiv; 1912 im Druck herausgegeben von Adolph Franz).

2. Um 1305 entstand auf Anordnung des Bischofs der *Liber fundationis episcopatus Wratislaviensis,* ein Verzeichnis der Einkünfte des Bischofs und des Domkapitels aus Zins- und Zehntrechten. Aus diesem Dokument kann die wirtschaftliche

Lage Schlesiens am Anfang des 14. Jahrhunderts ersehen werden (Handschrift in der Universitätsbibliothek zu Leyden; 1889 im Druck herausgegeben von H. Markgraf und J. W. Schulte).

Streng ging Bischof Heinrich gegen die Goliarden (herumvagabundierende Kleriker ohne feste Stelle) und gegen Irrlehrer – besonders in Schweidnitz und Neisse – vor. Während der Amtszeit Heinrichs von Würben wird zum erstenmal ein Breslauer Weihbischof genannt: es handelt sich um den aus einer Breslauer Adelsfamilie stammenden Zisterzienser Paul von Banz (1307–1323).

In einem Streit mit Herzog Boleslaus von Brieg – Boleslaus hatte bischöfliche Einkünfte beschlagnahmen lassen – verkündete der Bischof mehrfach den Bann gegen den Herzog und belegte dessen Aufenthaltsorte mit dem Interdikt. Auch mit dem Erzbischof Jakob von Gnesen, zu dessen Kirchenprovinz Breslau gehörte, führte Heinrich von Würben einen Streit. Der Erzbischof »war ein überzeugter Vorkämpfer des Polentums und hinderte nach Kräften die deutsche Besiedlung Schlesiens. Heinrich von Würben dagegen war überzeugter Deutscher, der das Deutschtum förderte. Daher war von Anfang an das Verhältnis zwischen den beiden Würdenträgern gespannt« (Radler). Bei diesen Auseinandersetzungen, während derer der Gnesener Erzbischof in Heinrichs Rechtsprechung eingriff, wurde der Bischof von seinem Metropoliten gebannt und über die Stadt Breslau das Interdikt verhängt, so daß Heinrich von Würben gezwungen war, an den Papst zu appellieren. Wegen eines anderen langdauernden Prozesses mußte Bischof Heinrich sich zur päpstlichen Kurie nach Avignon begeben, wo er von 1309 bis 1313 festgehalten wurde, bis Rat und Gemeinde von Breslau in einem Schreiben an Papst Clemens V. baten, den Bischof zurückkehren zu lassen: alle Anschuldigungen seien verleumderisch gewesen, außerdem erleide das verwaiste Bistum großen Schaden.

Heinrich von Würben starb am 19. September 1319 und wurde im Hochchor des Breslauer Domes bestattet; auf das Grab stieß man bei den Ausgrabungen der Jahre 1950/51. Die Grabplatte war schon 1886 in die Krypta der Kreuzkirche gebracht worden, sie ging jedoch vor 1933 verloren.

Infolge eines zweideutigen Wahlergebnisses blieb der Breslauer Bischofsstuhl einige Jahre unbesetzt, bis Papst Johannes XXII. am 1. Oktober 1326 den Krakauer Bischof *Nanker* zum Bischof von Breslau ernannte. Dieser stammte aus Schlesien, aus dem Herzogtum Beuthen, dessen östlicher Teil zum Bistum Krakau gehörte. »Seine Persönlichkeit ist zwischen den polnischen und deutschen Historikern noch nicht ganz geklärt. Er war ein Mann voll Eifer für die Kirche, ein Kämpfer für die Reinheit des Glaubens und der Sitten, mit Standhaftigkeit in der Durchführung seiner Pläne und von einer persönlichen Frömmigkeit, die ihm bei seinen

Zeitgenossen und Nachfahren den Ruf der Heiligkeit einbrachte« (F. Wosnitza). Nanker war ein guter Bischof; seine nationalpolnische Gesinnung brachte ihn jedoch in Gegensatz zum neuen Landesherren Schlesiens, König Johann von Böhmen. Der König wollte die dem Breslauer Domkapitel gehörende Burg Militsch zum Zweck der Landesverteidigung gegen Polen hin käuflich erwerben, stieß aber dabei auf Bischof Nankers erbitterten Widerstand. Als Johann von Böhmen daraufhin die Burg gewaltsam besetzte, wurde er von Nanker exkommuniziert und mit dem Interdikt belegt. Der gleichen Kirchenstrafe verfielen Johanns Anhänger, so auch der Rat der Stadt Breslau, der sich gleichfalls gegen den Bischof wandte. Nanker mußte fliehen und fand seine Zuflucht in der Stadt Neisse, wo er am Karfreitag 1341 starb. Er wurde im Dom zu Breslau beigesetzt.
Zu seinem Nachfolger wurde ein Mann gewählt, der zu den bedeutendsten Breslauer Bischofsgestalten gehört: *Preczlaus von Pogarell* (1341–1376). »Die Regierungszeit dieses Bischofs ist der Höhepunkt und die glücklichste Zeit der mittelalterlichen Bistumsgeschichte« (Seppelt). Vermutlich 1299 oder einige Jahre vorher im Kreis Brieg geboren, entstammte Preczlaus einer alten schlesischen Familie. Ab 1329 erscheint er in Urkunden als Kanonikus von Breslau. Später studierte er an der Universität Bologna. Am 5. Mai 1341 wurde er zum Bischof von Breslau gewählt, die Bischofsweihe empfing er aber erst am 17. März 1342 in Avignon. Am 6. Mai des gleichen Jahres zog Preczlaus von Pogarell feierlich in Breslau ein.
Eine der ersten Aufgaben, die sich dem neuen Bischof stellten, war der Ausgleich der noch aus der Zeit seines Vorgängers bestehenden Spannungen zwischen der geistlichen und weltlichen Gewalt, dem Bistum Breslau und der böhmischen Krone. Dabei kam es dem Bischof zustatten, daß er im böhmischen Markgrafen Karl, dem späteren Kaiser Karl IV., einen Verhandlungspartner hatte, der sich aufgeschlossen und entgegenkommend zeigte. Preczlaus wurde zeitweilig sogar Karls Kanzler. Die schlesischen Fürsten erkannten unter Führung des Breslauer Bischofs den böhmischen König als ihren obersten Lehnsherren an. Im Einverständnis mit seinem Domkapitel verkaufte Preczlaus die umstrittene Burg Militsch an den König; das Kapitel erhielt dafür das wertvolle Gebiet von Friedeberg. Der Versuch, das Bistum Breslau aus dem Metropolitanbereich von Gnesen herauszulösen und es dem zum Erzbistum erhobenen Prag zu unterstellen, scheiterte jedoch am Widerstand des Gnesener Erzbischofs, des polnischen Königs sowie auch des Breslauer Kapitels.
Besondere Verdienste erwarb sich Preczlaus von Pogarell um das Bistumsland Neisse-Ottmachau. Er erweiterte diesen Bistumsbesitz, indem er in den Jahren 1342/1344 dem Herzog von Brieg die Stadt Grottkau mit dem zugehörigen Gebiet

und seinen Burgen abkaufte. Dadurch erhielt der Bischof den Titel »Herzog von Grottkau«. Von Herzog Nikolaus von Münsterberg erwarb Preczlaus Stadt und Burg Patschkau, 1345 kam die Burg Kaldenstein mit ihrem Gebiet, zu dem auch das Städtchen Jauernig gehörte, dazu. Durch Ankauf weiterer Ortschaften wurde der gesamte Bistumsbesitz abgerundet, so daß das Bistum mit Recht als »goldenes« (episcopatus aureus) bezeichnet wurde. Bischof Preczlaus residierte zumeist auf dem Schloß der alten Kastellanei Ottmachau, von wo er eine herrliche Aussicht auf die schlesischen Berge hatte.
Aber nicht nur der äußere Kirchenbesitz wurde unter Preczlaus von Pogarell vermehrt und erweitert, auch das innerkirchliche und religiöse Leben des Bistums erreichte in dieser Zeit eine Hochblüte. Sichtbar zeigte sich dies in zahlreichen Klostergründungen und Stiftungen. Kaiser Karl IV. ließ 1351 in Breslau die Dorotheenkirche mit einem Kloster erbauen und besetzte dieses mit Augustiner-Eremiten. In Brieg entstand das Kollegiatstift zur hl. Hedwig (1348), in Lieg-

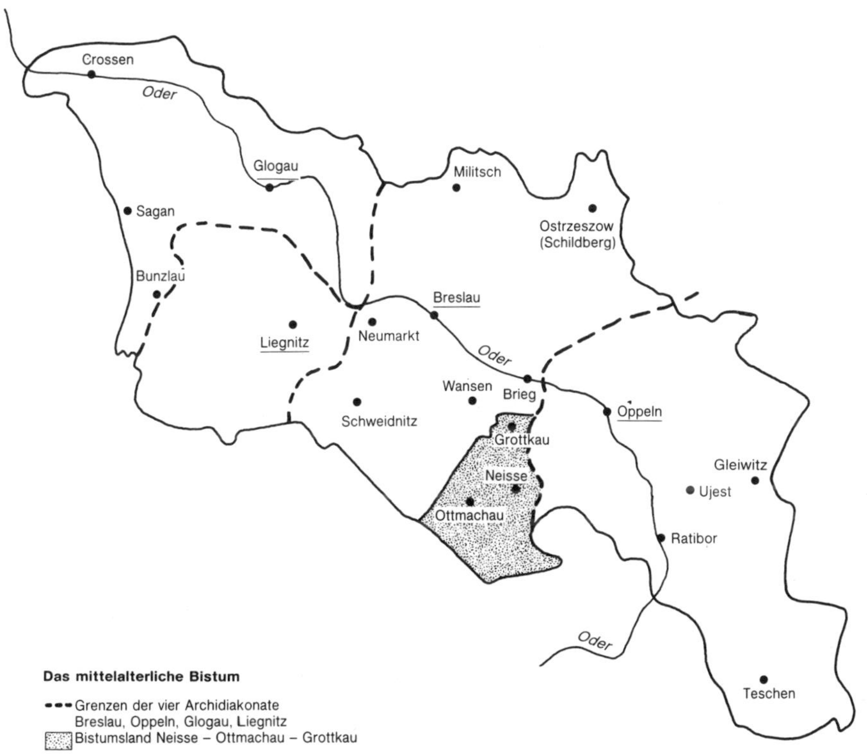

nitz das zum Hl. Grabe (1354). Ebenfalls in Liegnitz wurde ein Benediktinerinnenkloster zu Ehren des hl. Leichnams begründet (1348). Kaiser, Bischof und Herzöge wetteiferten gewissermaßen in der Errichtung solcher Stiftungen. Bischof Preczlaus erweiterte den Breslauer Dom durch Anbau der gotischen Marienkapelle an der Ostseite.

Preczlaus förderte in seinem Bistum die Verehrung des hl. Godehard, an dessen Festtag (5. Mai) er einer alten Chronik zufolge geboren wurde. Am Godehardstag 1341 war er auch zum Bischof gewählt worden. Am 5. April 1376 starb Bischof Preczlaus in Ottmachau; »er wurde in der von ihm 1361 erbauten Marienkapelle (Kleinchor) im Breslauer Dom beigesetzt. Sein Grabdenkmal mit der überlebensgroßen liegenden Figur des Bischofs aus weiß-grauem Marmor zählt zu den bedeutendsten älteren Kunstdenkmälern Schlesiens« (K. Eistert).

9. Trebnitz. Bau der Klosterkirche durch die hl. Hedwig (Schlackenwerther Codex, Fol. 56 r. 1353)

Vorhergehende Seite:
7. Ottmachau (Lithographie 1. Hälfte 19. Jh.)
8. Kloster Leubus

10. *Breslau. Bernhardinkirche. Hedwigsaltar. Detail: Die hl. Hedwig speist Kranke und Arme*

11. *Breslau. Bernhardinkirche. Hedwigsaltar. Detail: Die Mongolen vor Liegnitz*

12. *Trebnitz. Grab der hl. Hedwig*

5. Kapitel

Der Niedergang des Bistums im Spätmittelalter (1376–1482)

1378 – zwei Jahre nach Bischof Preczlaus' Tod – starb auch Kaiser Karl IV. Damit begann für das Breslauer Bistum eine Zeit des Niedergangs, sowohl in der Stellung der Diözese nach außen hin als auch im innerkirchlichen Bereich. Das lag nicht an den Bischöfen, unter denen sich auch in dieser Zeit hervorragende Persönlichkeiten finden; vielmehr ist der Verfall einerseits auf die allgemeinen kirchlichen Verhältnisse des späten Mittelalters zurückzuführen, andererseits ist dafür aber auch die Gegnerschaft der kirchlichen und weltlichen Obrigkeiten im schlesischen Raum während des folgenden Zeitraumes verantwortlich zu machen. Zudem war seit dem Tod Karls IV. in Böhmen und seinen abhängigen Ländern eine Verschlechterung der politischen Verhältnisse eingetreten. So mußte allmählich auch der Glanz des »Goldenen Bistums« verlöschen.

Zunächst wirkten auf die kirchlichen Verhältnisse in Schlesien die unerfreulichen Mißstände in der Gesamtkirche zurück. »Von den allgemein beklagten Schäden in der Kirche des Spätmittelalters, den Auswüchsen der päpstlichen Finanzpolitik, der Pfründenhäufung, den Reservationen (Kirchenämter, deren Besetzung dem apostolischen Stuhl vorbehalten war) und Exspektanzen (Zusicherung eines kirchlichen Amtes für den Fall seiner Erledigung), der oft leichtfertigen Verhängung von Bann und Interdikt, den unerquicklichen Streitigkeiten zwischen Welt- und Ordensklerus, den Mißbräuchen im Ablaßwesen, blieb das Breslauer Bistum ebensowenig verschont wie andere« (Seppelt).

Die Schwierigkeiten begannen unmittelbar nach dem Tod des Bischofs Preczlaus. Als Nachfolger für das Breslauer Bischofsamt wählte das Domkapitel den Breslauer Domdechanten Dietrich von Klattau und zwar gegen den ausdrücklichen Willen Kaiser Karls IV. Um dem Kaiser entgegenzukommen, bestätigte Papst Gregor XI., der sich die Besetzung des Breslauer Bischofsstuhles vorbehalten hatte, diese Wahl vorerst nicht. Nach dem Tode dieses Papstes brach das große abendländische Schisma aus (1378–1417). In Rom wurde Urban VI. gewählt; die vermutlich gültige Wahl wurde jedoch später von verschiedenen Kardinälen angefochten, die ihrerseits einen neuen Papst wählten, Clemens VII., der sich in der südfranzösischen Stadt Avignon, wo die Päpste während der letzten siebzig

Jahre ihren Sitz gehabt hatten, niederließ. Das dadurch hervorgerufene Schisma erstreckte sich bald über das ganze Abendland und warf seine Schatten auch bis nach Schlesien. Dietrich von Klattau suchte seine Wahl durch den Avignoner Papst Clemens VII. bestätigen zu lassen. Auf seiner Rückreise nach Schlesien erfuhr er jedoch, daß das Bistum Breslau den Papst der römischen Obödienz, Urban VI., anerkannt hatte. Auch König Wenzel von Böhmen trat für Urban ein und untersagte dem Breslauer Domkapitel die Aufnahme Dietrichs. Dieser reiste daraufhin nach Avignon zurück und blieb dort bis zu seinem Tod im Jahre 1387; seine Bemühungen um den Breslauer Bischofsstuhl hat er jedoch nicht aufgegeben. Das Breslauer Kapitel wählte 1380 den Olmützer Bischof Johann von Neumarkt, den einstigen Kanzler Kaiser Karls IV., zum Bischof, der aber noch im gleichen Jahr starb. Auch dem dritten Versuch einer Breslauer Bischofswahl war zunächst kein voller Erfolg beschieden: der vom Kapitel vorgeschlagene Bischof von Lebus, *Herzog Wenzel von Liegnitz,* erhielt von König Wenzel, der lieber einen Böhmen auf dem Breslauer Bischofsstuhl sehen wollte, keine Zustimmung. So konnte Bischof Wenzel die Leitung der schlesischen Diözese zunächst nur als Bistumsadministrator antreten.

In diese Zeit fällt der sogenannte Bierkrieg (1380–1382). Der Rat der Stadt Breslau hatte eine Ladung Bierfässer, die für den Breslauer Domdechanten bestimmt war, beim Transport durch die Stadt beschlagnahmen lassen. Da der Rat nicht gewillt war, die Fässer herauszugeben, griff das Domkapitel zu einer außerordentlich harten Strafe: es verhängte das Interdikt über die ganze Stadt, so daß in Breslau kein Gottesdienst gehalten werden durfte. »Die übereilte und ungerechtfertigte Verhängung des Interdiktes läßt sich nur dadurch erklären, daß offenbar schon von anderen Streitigkeiten her zwischen Domkapitel und dem Rat der Stadt eine starke Spannung bestand« (Seppelt). Der Erzbischof von Gnesen versuchte vergeblich zu vermitteln; aber auch König Wenzel griff in den Streit ein, wobei er als Gegenmaßnahme die Bistums- und Kapitelsgüter im Herzogtum Breslau von seinen Truppen plündern ließ. Endlich kam es zu einer Einigung: Urban VI. ließ durch einen päpstlichen Legaten das Interdikt aufheben und ernannte Bischof Wenzel endgültig zum Oberhirten von Breslau (1382–1417). Der neue Bischof und das Domkapitel mußten König Wenzel den Lehnseid leisten und damit den König als Schutzherrn der Breslauer Kirche anerkennen. Dem Kapitel wurde die Biereinfuhr gestattet, dafür mußte das Domkapitel dem Bau einer königlichen Burg auf der Dominsel seine Zustimmung geben. So fand dieser unselige Streit ein Ende; er hatte schlimme Wirkungen auf das gesamte religiöse Leben. Eindeutiger Sieger blieb der König von Böhmen.

Die gesamtkirchliche Lage warf ihre Schatten auch auf das Bistum Breslau. Von den Auswirkungen des abendländischen Schismas auf die schlesische Diözese war schon die Rede. Auch in Schlesien machte man sich Gedanken über die unglückselige Situation in der Kirche. Der Abt des Augustiner-Chorherrenstiftes in Sagan, Ludolf, der selbst kein geborener Schlesier war, sondern aus Einbeck in Niedersachsen stammte, verfaßte ein bemerkenswertes Buch »De longevo scismate« und schrieb in der Chronik seines Klosters über das Unglück des Schismas; 1408/09 gab er ein »Soliloquium schismatis« heraus. Da es den Kardinälen und den Theologen nicht gelungen war, zwischen den beiden rivalisierenden Päpsten in Rom und Avignon eine Verständigung herbeizuführen, wurde im Jahre 1409 ein allgemeines Konzil in die italienische Stadt Pisa einberufen. Als Vertreter des Bischofs Wenzel wurde Abt Ludolf zusammen mit einem Breslauer Domherrn zum Konzil gesandt. Am Fronleichnamstag 1409 predigte der Saganer Abt vor den Konzilsteilnehmern über die kirchliche Einheit. Die Pisaner Kirchenversammlung setzte die beiden Päpste ab und wählte in Alexander V. einen neuen Papst. Auf der Breslauer Diözesansynode von 1410 hielt Abt Ludolf eine Predigt über diese Entscheidung des Konzils von Pisa und versuchte sie zu begründen. Dies alles läßt deutlich werden, daß man in Breslau mit der Problematik des abendländischen Schismas wohl vertraut war. Das schlesische Bistum, das sich bisher zum Papst der römischen Obödienz gehalten hatte, ging jetzt zu dem neuen, als rechtmäßig angesehenen Pisaner Papst über. Als Alexander V. starb und in dem Kardinal Balthasar Cossa einen Nachfolger bekam – er nannte sich Johannes XXIII. – hielt das Bistum Breslau auch zu diesem Papst, der 1412 eine Bulle mit Privilegien für das schlesische Bistum ausstellte.

Inzwischen war Bischof Wenzel in seiner Diözese nicht untätig gewesen. Er hielt mehrere Diözesansynoden ab, die sich unter anderem mit den innerkirchlichen Mißständen, wie sie im späten Mittelalter auftraten, befassen sollten. Den nördlichen Turm des Domes ließ Wenzel ausbauen: es wurden drei Stockwerke mit einem schlanken gotischen Helm, der allerdings 1450 niederbrannte, aufgesetzt. In Ottmachau stiftete der Bischof ein Kollegiatkapitel an der Nikolauskirche, 1477 wurde dieses Kapitel nach Altstadt Neisse (Neisse-Mittelneuland) verlegt. Noch zwei weitere Kollegiatkapitel wurden während der Amtszeit Bischof Wenzels begründet, eines in Oberglogau durch Herzog Heinrich von Falkenberg, ein zweites stiftete Herzog Bolko IV. von Oppeln in Falkenberg. Auch die Gründung des ersten schlesischen Karmeliten-Klosters fällt in diese Zeit (1384 in Striegau). Herzog Wladislaw II. von Oppeln erbaute in Wiese bei Oberglogau ein Kloster für die Pauliner-Eremiten; Ritter Gotsche Schaff (Schaffgotsch), Erbherr auf Burg Kynast und Burg Greiffenstein, schenkte die seit 1281 in Warmbrunn bestehende Komturei der Johanniter im Jahre 1403 der Zisterzienserabtei Grüssau, die das Warmbrunner Haus in eine Propstei umwandelte, in der ein Propst und vier Zisterziensermönche leben sollten.

Schon 1385 war Bischof Wenzel vom Papst die Kardinalswürde angeboten worden, der Breslauer Bischof hatte jedoch abgelehnt. 1417, in seinem siebzigsten Lebensjahr, verzichtete er auf das Amt des Breslauer Oberhirten; er verbrachte seinen Ruhestand in Ottmachau und starb dort 1419. Sein Grabmal befindet sich in der Pfarrkirche St. Jakobus zu Neisse.

In der Zwischenzeit war eines der bedeutsamsten kirchlichen Ereignisse des Mittelalters zu Ende gegangen: das Konzil von Konstanz (1414–1418). Das erste Ziel des Konzils war die Wiederherstellung der kirchlichen Einheit; es gelang – vor allem dank der Geschicklichkeit des deutschen Königs Siegmund und einiger Theologen –, die drei rivalisierenden Päpste der römischen, der Avignoner und der Pisaner Obödienz abzusetzen bzw. zum Rücktritt zu bewegen. Am 11. November 1417 konnte ein neuer Papst gewählt und damit die unglückselige Kirchenspaltung beendet werden. Als weitere Probleme standen in Konstanz Fragen der innerkirchlichen Reform und des Glaubens auf der Tagesordnung.

Eine ganze Reihe von schlesischen Klerikern, Theologen, Herzögen, Adligen und Bürgern hat an diesem »glänzendsten und größten mittelalterlichen Kongreß« (A. Franzen) teilgenommen. Als Vertreter des Bischofs Wenzel ist der Breslauer Domherr Dietrich von Kreuzburg ab 1416 auf dem Konzil nachweisbar. Der betagte Abt Ludolf vom Kloster Sagan war durch den Augustiner Chorherren Johannes Loebin vertreten. Auch schlesische Theologen wirkten bei den Beratungen mit, so Nikolaus Magni aus Jauer, der zu dieser Zeit Professor an der Theologischen Fakultät in Heidelberg war, und der erste Rektor der Universität Leipzig, Johannes Otto von Münsterberg. Den schlesischen Teilnehmern war mannigfaltige Gelegenheit zur Mitwirkung an der Meinungsbildung und an den Entscheidungen geboten, sei es in den Beratungen der Konzilsgruppe der deutschen Nation, sei es auf den Generalversammlungen.

Nach dem Rücktritt Bischof Wenzels ernannte der in Konstanz gewählte Papst Martin V. *Herzog Konrad von Oels* zum neuen Oberhirten des Bistums Breslau (1417–1447). Der neue Bischof, 1384 als ältester Sohn des Herzogs Konrad III. von Oels geboren und von kleiner, etwas verwachsener Gestalt, wurde bald vor eine schwierige Aufgabe gestellt. Schon unter seinem Vorgänger war eine Verschlechterung der politischen Lage in Böhmen und Schlesien eingetreten. »Die Regierung des Königs Wenzel war mehr und mehr zu einer Mißwirtschaft geworden; so wuchs nun die Unsicherheit im Lande, das Raubritter- und Fehdewesen nahm wieder überhand, so daß die Schlesier zur Selbsthilfe schreiten mußten; unter Vorsitz des Bischofs Wenzel schlossen sich die schlesischen Fürsten zu einem

Fürstenbund (1402) zusammen, dessen Zweck die Wahrung des öffentlichen Friedens sein sollte« (Seppelt). Noch schlimmer aber wurden die politischen und wirtschaftlichen Verhältnisse in der Amtszeit Bischof Konrads, obwohl dieser ein guter Oberhirte war, der sein Amt treu und pflichteifrig verwaltete.
Seit 1402 hatte der Prediger Jan Hus in Prag reformatorische, aber auch politisch revolutionäre Gedanken vertreten und großen Anhang unter der Bevölkerung gefunden. Das Konzil von Konstanz hatte ihn und seine Irrlehren verurteilt und Hus 1415 auf dem Scheiterhaufen hinrichten lassen. Die Anhänger des Hus schlossen sich jedoch zusammen und verkündeten 1420 die vier Prager Artikel. Ende Juni 1420 rückte deshalb ein Kreuzzugsheer unter König Siegmund gegen die aufrührerischen Hussiten vor, freilich ohne Erfolg. Seit 1425 gingen die böhmischen Hussiten ihrerseits zum Angriff auf die Nachbarländer über. Sie dehnten ihre Züge teilweise sogar bis zur Weichselmündung aus. Dabei wurde besonders Schlesien schwer in Mitleidenschaft gezogen. Am stärksten waren die Schäden im Bistumsland Neisse-Ottmachau-Grottkau. Schlimm traf es die Klöster: in Frankenstein, Wartha, Kamenz, Grüssau und an vielen anderen Orten wurden Ordensleute unter Martern getötet; zahlreiche Gotteshäuser und Klöster, aber auch viele Dörfer und Städte fielen den Flammen zum Opfer. Die Schlesier konnten trotz tapferster Gegenwehr die Verwüstung großer Teile ihres Landes nicht verhindern. Die Folge war für das Bistum ein wirtschaftlicher und finanzieller Niedergang ohnegleichen. Die Diözese geriet in tiefe Verschuldung, die Einnahmen gingen stark zurück oder blieben ganz aus. Raubritter-Banden nutzten die allgemeine Unsicherheit im Lande aus, Faustrecht und Wegelagerei nahmen überhand.
Um den Kampf gegen die Hussiten wirkungsvoller zu gestalten, hatte König Siegmund schon im Jahre 1422 das Amt eines obersten Landeshauptmannes für Schlesien eingerichtet, dem die Herzöge und alle Stände unterstellt waren. Diese Aufgabe hatte er dem Breslauer Bischof Konrad von Oels übertragen, ein Zeichen für das hohe Ansehen, das Konrad genoß. Auf diese Weise wurde der Bischof zum eigentlichen Organisator des Kampfes gegen die Hussiten in Schlesien. Nach vielen harten Kämpfen war zwar das Schlimmste im Jahre 1431 überstanden, die Hussitenkriege waren für Schlesien aber erst beendet, als 1435 die letzten Befestigungen der Hussiten, Nimptsch und Ottmachau, geräumt wurden. Im gleichen Jahr schlossen fast alle schlesischen Fürsten einen Landfriedensbund unter Führung des Bischofs, um der noch weiter andauernden Unsicherheit im Land entgegenzuwirken.
Für das Jahr 1431 war von Papst Eugen IV. ein allgemeines Konzil in die Stadt Basel einberufen worden, das sich unter anderem auch mit der Hussitenfrage be-

schäftigen sollte. Aus diesem Grunde konnte von vornherein erwartet werden, daß das Bistum Breslau diesem Konzil großes Interesse entgegenbrachte. Wie in Konstanz, so nahm auch in Basel eine Anzahl schlesischer Geistlicher und Theologen an der Kirchenversammlung teil. Bischof Konrad konnte – vermutlich wegen der angespannten Lage in Schlesien – nicht persönlich nach Basel reisen und ließ sich auf dem Konzil durch einen Prokurator, den Breslauer Domherren Nikolaus Wenke, vertreten. Außer diesem waren noch der Breslauer Domdekan Nikolaus Stock, der Dompropst Nikolaus Gramis und einige andere schlesische Kleriker anwesend, ferner die beiden schlesischen Theologen Nikolaus Magni von Jauer (als Vertreter der Universität Heidelberg) und Nikolaus Weigel (Vertreter der Universität Leipzig) sowie einige schlesische Ordensleute. Auch der aus Schweidnitz stammende Bischof von Meißen, Johannes Hoffmann, nahm am Baseler Konzil teil. Er galt als Fachmann in der Bekämpfung der hussitischen Lehre.

Anders als das Konzil von Konstanz hatte das Basler Konzil unmittelbare Auswirkungen auf das Bistum Breslau. In Basel war es bald zu Spannungen zwischen dem Konzil und Papst Eugen IV. gekommen. Als dann der Papst 1437 – um die Wiedervereinigung mit der griechischen Kirche zu erleichtern – das Konzil in die italienische Stadt Ferrara verlegt hatte, kam es zum endgültigen Bruch. Die Mehrheit der Teilnehmer blieb in Basel zurück, radikale Gruppen erklärten, das Konzil stünde über dem Papst, und am 25. Juni 1439 wurde Eugen IV. für abgesetzt erklärt. Man wählte einen neuen Papst, der sich Felix V. nannte. Dieser Basler Konflikt zwischen Konzil und Papst bewirkte in Breslau eine erhebliche Spannung zwischen Bischof Konrad und seinem Domkapitel. Der Bischof hielt wohl von Anfang an zu Papst Eugen. Während die übrigen Bischöfe der Gnesener Kirchenprovinz, zu der das Bistum Breslau gehörte, eine neutrale Haltung einnahmen, stand das Breslauer Domkapitel auf der Seite des Basler Konzils. Dieser Gegensatz zwischen Konrad und dem Kapitel hatte einen doppelten Grund. Zum einen war es wohl die selbstbewußte und dem Autoritären zuneigende Wesensart des Bischofs, die im Kapitel Widerstand hervorrief; zum anderen ging es dabei um eine finanzielle Frage: beide – Bischof und Kapitel – legten infolge der für das Bistum schlechten wirtschaftlichen Lage Wert auf die Ablaßgelder, die der Dompropst Nikolaus Gramis im Auftrag des Konzils in Schlesien gesammelt hatte. Eines der wichtigsten Ziele des Basler Konzils war die Herbeiführung der kirchlichen Union mit den Griechen. Wer dazu einen finanziellen Beitrag lieferte, dem erteilte das Konzil einen vollkommenen Ablaß (der selbstverständlich nur bei echter innerer Bußgesinnung wirksam wurde). Der Breslauer Dompropst Nikolaus Gramis wurde von der Kirchenversammlung beauftragt, diese Ablaßgelder im Bereich der Bistümer Breslau und Lebus einzuziehen. Gramis reiste also im Auftrag des Konzils durch Schlesien und brachte bedeutende Gelder zusammen. Die uns glücklicherweise erhaltenen Akten zeigen sehr genau, wie das Einsammeln vor sich ging. In den Urkunden werden die genauen Summen genannt, die Gramis und seine Hilfsbeamten den Opferstöcken in den einzelnen Orten entnahmen. Der Dompropst zögerte jedoch – und zwar nicht zu Unrecht – mit der bestimmungsgemäßen Ablieferung der Gelder, denn inzwischen war im Jahre 1439 die Wiedervereinigung mit der griechischen Kirche durch das nach Ferrara und Florenz verlegte Konzil zustandegekommen; für das Basler Konzil war die Folge, »daß so gut wie niemand mehr daran dachte, die zugunsten der Griechenunion von den Basler Vätern ausgeschriebene Ablaßsteuer zu entrichten, zumal diese selbst bestimmt hatten, daß das eingegangene Geld im Interesse der betreffenden Sammelstätte verwendet werden sollte«, falls es ihnen nicht gelänge, die Griechen in die katholische Kirche zurückzuführen (W. Altmann). Gramis handelte also richtig, wenn er das in Schlesien gesammelte Geld nicht an das Konzil sandte. So war es verständlich, daß der Breslauer Bischof zur Behebung der Finanznot in den Besitz dieser Gelder zu kommen suchte. Aber auch das Domkapitel erhoffte sich von Gramis Geldbeträge. Der Gegensatz zwischen Bischof Konrad und dem Kapitel verschärfte sich schließlich so, daß das Kapitel den Bischof am 8. Oktober 1444 zum Rücktritt zwang. Papst Eugen aber, der erfahren hatte, daß die Resignation unter Zwang zustandegekommen war, befahl im folgenden Jahr dem Bischof, die Amtsgeschäfte wieder zu übernehmen. Das Domkapitel sah sich sogar gezwungen, dem Bischof den Treueid zu leisten. Auf einer Diözesansynode (1446) konnte Bischof Konrad schließlich erreichen, daß sich die gesamte Diözese für Papst Eugen IV. erklärte.

In die Regierungszeit des Bischofs Konrad fällt eine Entscheidung des Domkapitels, keine Nichtschlesier mehr zu Mitgliedern des Kapitels zu ernennen, ausgenommen solche, die einen akademischen Grad besaßen. »Das Statut richtete sich gegen die Polen, da das Nebeneinander von deutschen und polnischen Mitgliedern zu Unzuträglichkeiten geführt hatte; man wies zur Begründung des Statutes darauf hin, daß polnischerseits Verrat von Kapitelsgeheimnissen vorgekommen war, und daß die polnischen Kapitel ihrerseits Nicht-Polen nicht aufnähmen« (Seppelt).

In diesen bewegten und unsicheren Zeiten nahm das gläubige Volk vermehrt seine Zuflucht zu Gebet und Wallfahrt. Gerade damals erlangte manche schlesische Gnadenstätte ihre bleibende Bedeutung als Wallfahrtsort. So ist seit Mitte des 15. Jahrhunderts die Marienwallfahrt in Wartha bezeugt. Andererseits ist die Wallfahrt in Albendorf in den Stürmen der Hussitenkriege und in der Reformationszeit untergegangen. In Grüssau hatte man das Gnadenbild – eine auf Holz gemalte Darstellung Mariens mit dem göttlichen Kind – beim Einfall der Hussiten in einer Eichenkiste unter dem Fußboden der Sakristei versteckt, wo es erst zweihundert Jahre später, am 18. Dezember 1622, bei Bauarbeiten wiederaufgefunden wurde. In der Amtszeit Bischof Konrads (1423) begründete Herzog Ludwig von Liegnitz das einzige schlesische Kartäuserkloster und zwar in der Stadt Liegnitz selbst; leider ist es in der Reformationszeit wieder aufgehoben worden. Brüder des Bischofs errichteten in Cosel ein Minoritenkloster. Bischof Konrad von Oels starb am 9. August 1447 in Ottmachau; er wurde in Breslau beigesetzt.

Zu seinem Nachfolger wählte das Kapitel am 5. September des gleichen Jahres den Breslauer Dompropst *Peter Nowag* (1447–1456). Er stammte aus Nowag bei Neisse, hatte in Wien studiert und war dann Pfarrer in Hirschberg geworden, später Hofkaplan des Kaisers Albrecht, Offizial (Vorsitzender des geistlichen Gerichtes) in Breslau, Bistumskanzler, Dompropst und 1445 Bistumsverweser. Vor seiner Wahl zum Bischof wurde erstmalig in der Geschichte des Bistums Breslau vom Domkapitel eine Wahlkapitulation aufgestellt, das sind Bedingungen und Zusagen, zu deren Einhaltung sich alle Mitglieder des Wahlkollegiums für den Fall ihrer Wahl eidlich verpflichten mußten. Mit diesen Kapitulationen beabsichtigte man, besonders die Privilegien und Rechte des Kapitels zu sichern.

Der neue Bischof war religiös eifrig, streng kirchlich gesinnt und führte einen vorbildlichen Lebenswandel. In der Verwaltung des Bistums zeichneten ihn Sparsamkeit und hervorragende Wirtschaftsführung aus, so daß es ihm gelang, die Schulden der Diözese teilweise abzutragen. Auf drei Diözesansynoden – 1448, 1452 und 1453 – bemühte sich der Bischof, das kirchliche Leben in Schlesien zu vertiefen und Mißstände abzustellen. Leider gelang es nicht, die Reformdekrete, die der Legat des Papstes, Kardinal Nikolaus von Cues, nach Breslau gesandt hatte, beim schlesischen Klerus durchzusetzen. Dagegen war dem berühmten franziskanischen Bußprediger, dem hl. Johannes von Capistrano, den Bischof Peter 1453 nach Schlesien eingeladen hatte, ein größerer Erfolg beschieden. Noch heute lassen Berichte der damaligen Zeit den ungeheuren Eindruck erkennen, den die Worte dieses bedeutendsten Wanderpredigers seines Jahrhunderts auf die Menschen machten. Capistrano predigte in Breslau auch gegen die Reste der radikalen Richtung der Hussiten den Kreuzzug. Ein äußeres Zeichen seines eindrucksvollen Wirkens war die Errichtung einer Anzahl von Klöstern des strengeren Zweiges der Franziskaner, der sogenannten Observanten. Schon im gleichen Jahr 1453 stiftete die Stadt Breslau das dem hl. Bernhardin von Siena geweihte Kloster. Weitere Observantenklöster kamen in den nächsten Jahrzehnten hinzu: 1465 in Glogau, 1473 in Oppeln, 1474 in Neisse, 1484 in Schweidnitz, 1488 in Jauer

13. *Wahlstatt. Fassade der Klosterkirche und Kloster*

14. Breslau. Ursulinenkirche. Tafelbild in der Sakristei: Herzogin Anna von Schlesien. Um 1480

15. Rauden. Portal der Klosterkirche

und 1491 in Ratibor. – Bischof Peter Nowag starb am 6. Februar 1456 in Ottmachau an einem Schlaganfall. Im Breslauer Dom wurde er begraben.

1448 war es dem aus einer ostböhmischen Adelsfamilie stammenden Georg von Poděbrad gelungen, sich der Stadt Prag zu bemächtigen. Er wurde 1452 zum Reichsverweser ernannt und 1458 vom böhmischen Landtag zum König von Böhmen gewählt. Papst Pius II. erkannte ihn an, ein Teil der schlesischen Fürsten ebenfalls. Einige schlesische Herrscher schlossen Bündnisse gegen Poděbrad.

In dieser schwierigen Zeit hatte *Jost (Jodocus) von Rosenberg* (1456–1467) den Breslauer Bischofsstuhl inne. Er war 1430 als Sohn des böhmischen Adligen Ulrich von Rosenberg geboren worden, hatte in Prag studiert, 1453 die Priesterweihe empfangen und war seit 1450 Dompropst in Prag. Sein Bruder Heinrich bekleidete das Amt eines königlichen Hauptmanns der Fürstentümer Schweidnitz-Jauer und Breslau. Als Böhme hielt Jost von Rosenberg zu Georg Poděbrad und bemühte sich, zwischen diesem und den unversöhnlichen Breslauern zu vermitteln. 1458/59 unternahm der Bischof eine Romreise; es lag ihm besonders daran, die Stellung der Kurie zum Böhmenkönig kennenzulernen. Pius II. beauftragte ihn, den Breslauer Rat zur Anerkennung Poděbrads zu bewegen. Die Bemühungen des Bischofs blieben jedoch ohne jeden Erfolg. Als aber Pius II. im Jahre 1462 die »Prager Kompaktaten«, eine Vereinbarung zwischen Vertretern des Konzils von Basel und dem böhmischen Landtag, aufhob und den Böhmen den Gebrauch des Laienkelches untersagte, wandten sich Poděbrad und die Böhmen gegen den Papst. »Und nun wurden die Breslauer, die der Papst von der Huldigungspflicht gegen Poděbrad entband, die eifrigsten Bundesgenossen des Papstes« (Seppelt). Während die Streitigkeiten noch andauerten, starb Bischof Jost am 12. Dezember 1467. Wie seine Vorgänger fand auch er seine letzte Ruhestätte im Breslauer Dom.

Zu dieser Zeit weilte ein päpstlicher Gesandter, der Bischof von Lavant in Kärnten, *Rudolf von Rüdesheim,* in Schlesien. Er hatte in Breslau im Namen des Papstes die Absetzung Poděbrads verkündet und zum Kampf gegen ihn aufgerufen. Die Breslauer wünschten ihn als Nachfolger Josts von Rosenberg. Das Domkapitel wählte ihn am 20. Januar 1468 einstimmig zum Bischof von Breslau (1468–1482). Rudolf war um 1402 in Rüdesheim geboren und stammte aus einem bürgerlichen Elternhaus. Nach seinen Studien in Heidelberg und wahrscheinlich auch in Rom wurde er Benefiziat an der Pfarrkirche in Kiedrich und Domherr in Worms. Er nahm am Konzil von Basel teil; seit 1462/63 war er Bischof von Lavant.

In seine Amtszeit als Oberhirte von Breslau fällt das Ende des unglückseligen Streites mit Georg Poděbrad. Unter Mitwirkung Rudolfs wurde 1469 der ungarische König Matthias Corvinus zum König von Böhmen gewählt; er zog bald nach seiner Wahl nach Breslau, um sich von den Schlesiern als Oberherrn huldigen zu lassen. Mit Poděbrad mußte er um die Herrschaft kämpfen. Erst der Tod Poděbrads im März 1471 machte diesem Kampf ein Ende. Schlesien war während dieser Streitigkeiten abermals erheblich verwüstet worden; Breslau hatte Schaden gelitten und mußte Einbußen im Wirtschaftsleben und Handelsverkehr hinnehmen. Dies alles führte zu schwerer Mißstimmung in der Stadt. Man gab der Geistlichkeit die Schuld an den schlimmen Zuständen, hatten doch Prediger von den Kanzeln zum Kampf gegen Poděbrad – den Ketzer »Girzik«, wie sie ihn nannten – aufgerufen und die Hilfe Gottes für den Sieg versprochen.

Bischof Rudolf hielt zwei Diözesansynoden ab (1473 und 1475), auf denen neben anderen Punkten vor allem Mißstände im Klerus und Fragen des liturgischen Ritus behandelt wurden. Bemerkenswert ist, daß der Subkantor an der Breslauer Kreuzkirche, Caspar Elyan, die Statuten dieser Synoden in einer von ihm eingerichteten Werkstatt – der ersten dieser Art in Breslau – im Druck herausgab (1475). Rudolf von Rüdesheim starb im Januar 1482 auf einer Reise von Breslau nach Neisse an einem Schlaganfall. Auch er wurde im Breslauer Dom beigesetzt.

6. Kapitel

Das Bistum am Vorabend der Reformation (1482–1520)

Die beiden Bischöfe, die auf Rudolf von Rüdesheim folgten – *Johannes IV. Roth* (1482–1506) und *Johannes V. Turzo* (1506–1520) –, waren ganz und gar vom Humanismus geprägte Bischöfe, mit allen Vorzügen und Fehlern ihrer Zeitgenossen. Wissenschaft und Kunst erfreuten sich unter ihnen einer reichen Förderung; ihre Hofhaltung war glänzend, aber verweltlicht. Diese beiden Bischöfe ähneln in vielem den Renaissancepäpsten.

Schon Bischof Rudolf hatte auf Wunsch des Königs Matthias Corvinus den Breslauer Domdechanten Johannes Roth zum Koadjutor genommen. Roth stammte aus dem Bistum Eichstätt; seit 1468 war er Bischof von Lavant (in der Untersteiermark, heute zu Jugoslawien gehörig). Bei dem christlichen Humanisten Lorenzo Valla (1407–1457) hatte er sich mit klassischen Studien beschäftigt, und mit anderen Vertretern der italienischen Renaissance stand er in freundschaftlicher Verbindung. Als Protonotar hatte er Kaiser Friedrich III. und König Matthias gedient. Der Breslauer Domherr Stanislaus Sauer († 1535) berichtet in seinen Aufzeichnungen, Johannes Roth sei mit Papst Pius II. sehr befreundet gewesen und habe mit ihm in Briefwechsel gestanden; auch von Paul II. sei er hochgeachtet worden. Es war aber König Matthias, auf dessen Druck hin Roth am 16. Februar 1482 – freilich unter genauer Beachtung der vorgeschriebenen Form – einstimmig zum Bischof von Breslau gewählt wurde.

Die erste Hälfte des 15. Jahrhunderts war gekennzeichnet durch das Ringen zwischen Papst und Konzil. Wie bereits erwähnt, hatten sich diese Spannungen unter Bischof Konrad von Oels auch auf das Bistum Breslau ausgeweitet und zu Streitigkeiten zwischen Bischof und Domkapitel geführt. Unter Johannes Roth brachen die Zwistigkeiten erneut auf, weil der Bischof dem Kapitel durch den König aufgenötigt worden war und die vom Kapitel gestellten Bedingungen – die Wahlkapitulationen – nicht beachtete. Es kam dabei sogar zu Übergriffen des Bischofs: 1490 ließ er zwei Domherren, die er zu sich eingeladen hatte, gefangennehmen und gefesselt nach Ottmachau bringen. Das Domkapitel wandte sich daraufhin mit einer Klageschrift nach Rom. Im Dezember des gleichen Jahres einigten sich Bischof und Kapitel, aber die Spannungen dauerten an. Der in Rom angestrengte Prozeß gegen den Bischof zog sich bis zum Jahre 1494 hin. Dann fällte Rom einen Schiedsspruch, in dem aber keinerlei sachliche Entscheidung enthalten war. Deshalb kann man annehmen, »daß es sich in dem Streit nur um persönliche Beleidigungen und Verdächtigungen handelte« (H. Hoffmann/ K. Engelbert).

Der Streit brach erneut aus, als Bischof Johannes sich 1501 den jungen Herzog Friedrich von Teschen zum Koadjutor erwählte. Das Kapitel protestierte dagegen, und der Bischof mußte nachgeben. Das Kapitel stimmte mit Mehrheit der Wahl des Johannes Turzo zum Koadjutor zu. Da dieser jedoch kein Schlesier, nicht einmal ein Deutscher, sondern ein Ungar war, entstanden Schwierigkeiten mit den schlesischen Fürsten und den anderen weltlichen Ständen, die seit der Zeit der Kämpfe mit Poděbrad Gegner des Klerus waren. Die Zerwürfnisse zwischen Bischof, Kapitel und weltlichen Fürsten sollte der am 3. Februar geschlossene *Kolowratsche Vertrag* beseitigen, so genannt nach dem Bevollmächtigten des Königs Wladislaus, Albrecht von Kolowrat, der beim Zustandekommen der Vereinbarungen eine besondere Rolle spielte. Der Vertrag bestimmte zunächst, daß in Zukunft kein Ausländer zum Bischof von Breslau gewählt werden sollte, sondern nur ein in Schlesien, Böhmen, Mähren oder in der Lausitz Gebürtiger; der vom Papst schon bestätigte Koadjutor, der Ungar Johannes Turzo, sollte aber später Bischof von Breslau werden dürfen. Ferner sollten Bischof, Domkapitel und Fürsten Benefizien und kirchliche Lehen ebenfalls nur an Schlesier, Böhmen, Mährer oder Lausitzer verleihen. »Es zeigt sich hierin die allenthalben damals zu beobachtende landeskirchliche Entwicklung. Es hat sich bald erwiesen, daß diese in dem Vertrag festgelegte partikularistische Abkapselung des Bistums Breslau gegenüber der allgemeinen Kirche schwere Gefahren mit sich brachte; denn dadurch wurde das Bistum isoliert und des Rückhaltes beraubt, der sehr bald dringend nötig gewesen wäre. Mit Recht hat man daher den Kolowratschen Vertrag als die tiefste Demütigung der Kirche in Schlesien vor der Reformation bezeichnet« (Seppelt). Ferner wurden die Zehntrechte der Geistlichkeit zwar anerkannt, aber ihrer Eintreibung durch Kirchenstrafen engere Grenzen gesetzt. Auch die kirchlichen Besitzungen sollten von den Fürsten zur regelmäßigen Landessteuer herangezogen werden. Dem Bischof sollte unbehindert die Jurisdiktion in geistlichen Dingen bleiben.

Dieser Vertrag machte also der rechtlichen Sonderstellung der Geistlichen ein Ende und legte ihnen schwere Lasten auf. Papst Leo X. erklärte denn auch 1516 den Vertrag für ungültig, da er dem Recht und der kirchlichen Freiheit entgegenstünde. Freilich: »Wäre der Vertrag von allen Beteiligten beobachtet worden, so hätten viele Kämpfe vermieden werden können. Aber nicht bloß das Kapitel, das schon vorher dagegen protestiert hatte und den Kolowratschen Vertrag als erzwungen ablehnte, sondern auch die Fürsten und Stände hielten sich nicht an die Bestimmungen. So war der 3. Februar 1504 nicht das Ende des alten Streites, sondern der Anfang neuer Kämpfe. Es ist nicht richtig, wenn man die Schuld an dem Bruch des Vertrages nur der Geistlichkeit zuschieben will. Die Fürsten und Stände haben die dem Klerus eingeräumten Rechte nicht beachtet und den Vertrag nur dazu benützt, um ihre Ansprüche zu erweitern« (H. Hoffmann/K. Engelbert).

Bischof Johannes Roth starb am 21. Januar 1506 in Neisse; in der Marienkapelle des Breslauer Domes wurde er bestattet. Der Nürnberger Peter Vischer schuf seine Grabplatte, die zu den wertvollsten Bischofsgrabmälern des Domes gehört. Nachfolger wurde der bisherige Koadjutor *Johannes Turzo* (1506–1520), der als ältester Sohn eines ungarischen Edelmannes am 16. April 1464 in Krakau geboren worden war. Sein Vater Johann war »eine der bedeutendsten Erscheinungen der europäischen Wirtschaftsgeschichte«, einer »der ganz großen Bahnbrecher des Frühkapitalismus«, ein hochgebildeter Mann, »der deutsch, ungarisch, polnisch, italienisch und lateinisch sprach«, ein »Liebhaber der Wissenschaften«, ein »Förderer der Kunst, der der Hauptgeldgeber für den herrlichen Marienaltar des Veit Stoß in Krakau war. Bei seiner wirtschaftlichen Bedeutung ist es daher verständlich, daß Turzo sen. nicht bloß geschäftliche, sondern auch verwandtschaftliche Beziehungen zu den Fuggern suchte und fand« (Hoffmann/Engelbert). Sein Sohn Johannes ging mit 14 Jahren an die Krakauer Universität, wurde 1484 Bakkalaureus und drei Jahre später magister artium. In Italien studierte er kanonisches Recht; 1498 war er Rektor der Universität Krakau. Schon vor 1492 wurde er Domherr in Breslau und 1500 Domdekan. »Als Domherr hat Turzo niemals in Breslau Residenz gehalten, als Domdechant und Koadjutor nur zeitweilig. Denn er war nebenher auch geschäftlich tätig« (Hoffmann/Engelbert). 1502 wurde Turzo Koadjutor des Breslauer Bischofs. In diese Jahre fiel der Versuch der Stadt Breslau, eine Universität zu gründen, ein Ereignis, das nur vor dem Hintergrund der damaligen Kämpfe der Laien gegen die Kirche verstanden werden kann. In Wirklichkeit wollte man sich nämlich auf dem Weg über die Universität die Macht über die Kirche in Breslau und damit im ganzen Bistum sichern. Der Rat der Stadt Breslau forderte zur Dotierung der einzurichtenden Professorenstellen das Besetzungsrecht der Prälaturen und Kanonikate am Dom und an der Kreuzkirche sowie der beiden großen Stadtpfarrkirchen St. Elisabeth und St. Maria Magdalena. Damit hätte die Stadt Breslau maßgebenden Einfluß auf den Breslauer Klerus erhalten. Um ehrliche Absichten vorzutäuschen, hatten die Breslauer den schon hochbetagten Bischof Johannes Roth als Kanzler der neuen Hochschule vorgeschlagen. »Die Genehmigung dieser Bitte hätte die schlesische Kirche, nicht bloß die Breslauer Kathedrale dem Heiligen Stuhl so ziemlich ganz entrückt. Es war sehr viel, was die Stadt verlangte. Daß der Hl. Vater zugunsten einer bloßen königlichen Stadt so viel Rechte hergeben sollte, war eigentlich unerhört« (G. Bauch). Dazu legten auch noch die Universität Krakau und der polnische König Einspruch gegen die Breslauer Neugründung ein. Rom erfüllte in richtiger Erkenntnis der Absichten die Breslauer Forderungen nicht, so daß die Einrichtung der Universität nicht zustande kam.

1506 wurde Johannes Turzo Bischof von Breslau und durch seinen Bruder, den Bischof von Olmütz, am 22. März in der Breslauer Domkirche konsekriert. Schon im nächsten Jahr wählte der Fürstentag in Brieg Turzo zum Landeshauptmann von Schlesien. Der Bischof hielt während seiner Amtszeit mehrere Diözesansynoden ab, auf denen Fragen der Reform, der kirchlichen Freiheiten, Anschuldigungen der Synodalen gegen das Domkapitel und andere Probleme behandelt wurden. Gerade für eine Zeit, der der kirchliche Niedergang zum Vorwurf gemacht wird, ist eine solche synodale Tätigkeit des Bischofs nicht gering zu veranschlagen. Für die schlesische Volksfrömmigkeit dieser Zeit ist es wichtig, daß auf der Breslauer Synode von 1509 das Fest der hl. Mutter Anna in den Duplex-Rang erhoben wurde – das entspricht etwa unserem bisherigen Fest 2. Klasse –, ein Zeichen für die immer stärker aufblühende Verehrung der hl. Anna in Schlesien. Diese Verehrung der Mutter Mariens war im Orient entstanden. Das älteste deutsche Annapatrozinium besteht an der 1125 geweihten Kirche in Idensen im Bistum Minden. Seit Beginn des 14. Jahrhunderts wurde Mutter Anna bereits im ganzen Abendland verehrt, die Hochblüte findet sich aber erst im 15. Jahrhundert. In den östlichen Gebieten Deutschlands, vor allem in Schlesien, faßte die Verehrung der hl. Anna ebenfalls schon im Mittelalter Fuß; sehr viele mittelalterliche Kirchen tragen das Anna-Patrozinium. Um 1500 wurde nach einem Neubau die Georgkapelle auf dem Chelm bei Leschnitz (Bergstadt) der hl. Anna geweiht; so erhielt der Gebirgszug den Namen »St. Annaberg«, er entwickelte sich zu einem beliebten Wallfahrtsort.

Bischof Johannes Turzo begann eine rege Bautätigkeit. Den Breslauer Dom ließ er mit einem wertvollen Kupferdach versehen. In Nürnberg bestellte er einen Reliquienschrein für das Haupt des hl. Diakons Vinzenz, des Mitpatrons der Breslauer Kathedrale. Als bischöfliche Sommerresidenz erbaute er 1509 über der Stadt Jauernig das Schloß Johannesberg. Als echter Humanist förderte der Bischof Wissenschaft und Kunst. So schickte er mehrere Schlesier an die neuerrichtete Universität Wittenberg, wo sie Gelegenheit hatten, die Professoren Luther und Melanchthon zu hören. Dichtern und jungen Gelehrten ließ Johannes Turzo nach

Möglichkeit Förderung angedeihen. Im übrigen war er »ein Kind seiner Zeit, im Guten wie im Bösen, als Mensch wie als Bischof. Ein Kirchenfürst der Renaissance, führte er, reich begütert wie er war, ein Leben nach seinen Neigungen in fürstlicher Unabhängigkeit« (Seppelt). Bis an sein Lebensende hielt Turzo am katholischen Glauben fest; seine verweltlichte Lebenshaltung hat jedoch dem Ansehen des geistlichen Standes nicht wenig geschadet und auf diese Weise der Reformation in Schlesien den Weg bereitet. Johannes Turzo starb am 2. August 1520 in Neisse; begraben wurde er in der von ihm errichteten Johanneskapelle im Breslauer Dom.

Wie in anderen Bistümern, so zeigten auch in Schlesien während der Jahrzehnte vor der Reformation die kirchlichen Zustände mancherlei Mängel. Freilich wäre es eine unzulässige Vereinfachung, von einer allgemeinen Verweltlichung und Verwilderung der Kirche zu sprechen. Zunächst erwies sich die kirchliche Organisation in Schlesien im ganzen noch in Ordnung und imstande, die Vorwürfe, die der Kirche von mancher Seite gemacht wurden, zu entkräften. Man erkannte wohl von seiten des Bischofs und seines Kapitels manche Schwächen und Mißstände unter der Geistlichkeit; man versuchte auch, Abhilfe zu schaffen. Allerdings wurde es versäumt, selbst mit den für nötig erachteten Reformen zu beginnen; vielmehr erhoffte man sich eine Erneuerung und Besserung »von oben her«, d. h. von einem allgemeinen Reformkonzil. »Der Klerus im Seelsorgsdienst, allzuwenig geführt und gefördert, erfüllte seine Pflichten oder er wurde nachlässig und gleichgültig. Manche erschreckenden Eindrücke hätten die Visitatoren des Bischofs im weitläufigen Territorium des Breslauer Bistums gewinnen können, wenn sie nur beauftragt worden und gekommen wären, aber niemand kam« (Sabisch). Dabei handelte es sich aber nicht um einen *allgemeinen* Verfall des kirchlichen Lebens: gerade um die Jahrhundertwende blühte die Kirchenfrömmigkeit unter den Gläubigen sichtbar auf. Die Zahl der frommen Stiftungen, Prozessionen, Priester- und Laienbruderschaften nahm zu. Dieser religiöse Eifer war nicht auf die Laien beschränkt, sondern hatte auch einen nicht geringen Teil des Klerus erfaßt; gemeinsames Gebet der Tagzeiten, aszetische Übungen und nicht zuletzt die Meßfeier waren bei den Zusammenkünften der Geistlichen nicht selten. Dagegen war der höhere Klerus nicht vorbildlich, von Ausnahmen abgesehen. Die Bischöfe – mehr Renaissancefürsten als Oberhirten – kamen kaum mit dem gläubigen Volk in Berührung, dafür hatten sie ihren Weihbischof, der den eigentlichen bischöflichen Dienst im Bistum versah.

Folgende Mißstände hatte man in den vorreformatorischen Jahrzehnten vor allem zu beklagen:

Die sogenannte Pfründenhäufung. Nicht wenige Geistliche – die durchaus nicht immer die Priesterweihe besaßen – hatten mehrere, zum Teil viele Pfründen und Ämter inne, von deren Einkünften sie lebten. Freilich hatte sich eine solche Anhäufung kirchlicher Ämter in einer Hand »als kirchlicher Notstand zur Erhaltung des standesgemäßen Einkommens für die Mitglieder des höheren Klerus als berechtigt und notwendig erwiesen. Infolge der wirtschaftlichen Veränderungen und des sinkenden Geldwertes seit der Mitte des 15. Jahrhunderts waren die Erträgnisse der Dotierungen und Stiftungen, auf denen die wirtschaftliche Existenz der mittelalterlichen Kirche aufgebaut war, erheblich zurückgegangen« (Sabisch). So blieb den Geistlichen oft kein anderer Weg, um ihren Lebensunterhalt zu bestreiten, als sich neben ihrem eigentlichen Amt auch um andere Einkunftsquellen – Kanonikate in anderen Domkapiteln oder Kollegiatstiften, Pfarrbenefizien, Altardienststiftungen usw. – zu bemühen. Sie waren allerdings gehalten, zur Erfüllung der Amtspflichten Vertreter für diese zusätzlichen Stellen einzusetzen. Dies alles war in diesen Jahrzehnten der spätmittelalterlichen Kirche so allgemein verbreitet und selbstverständlich, daß wohl niemand daran Anstoß genommen hätte, wären nicht auch Fälle unverantwortlicher Bereicherung vorgekommen, so daß mit Recht gezweifelt werden konnte, ob auch immer die geistlichen Verpflichtungen, die mit den Stiftungen gegeben waren, erfüllt wurden.

Die sittliche Haltung der Geistlichkeit. Wir wissen darüber für den Bereich des Bistums sehr wenig, da Quellen, die uns darüber etwas mitteilen könnten, nicht mehr vorhanden sind. »Das Bistum Breslau verfügte in seinem Umfang über etwa 1400 Kirchorte; dieser Zahl dürfte eine Berechnung von ungefähr 1200 Geistlichen im Seelsorgsdienst entsprechen. Es wäre ein großes Unrecht, diesen allen insgesamt sittliche Verfehlungen zuzuschreiben; Übertreibungen in der zeitgenössischen und der späteren Literatur sind mit Zurückhaltung zu bewerten« (Sabisch). Immerhin wird man mit einer Anzahl Kleriker rechnen müssen, die einen ungeistlichen, dem Ansehen des Priesterstandes abträglichen Lebenswandel führten und den Gläubigen Ärgernis gaben.

Das Problem der sogenannten Altaristen. Altaristen sind Inhaber von Altardienstverpflichtungen; sie bekamen Geldstipendien und hatten dafür Messen in der Meinung des Spenders an einem bestimmten Altar zu lesen. Manche dieser Stipendien bestanden aus hohen Geldbeträgen, zu einigen gehörten Wohnhäuser in der Stadt Breslau, die der betreffende Altarist vermieten konnte, Gärten, besondere Gewinnbeteiligung an Handwerksunternehmen usw. Einer bestimmten Altardienstverpflichtung am Breslauer Dom war ein großes, aus Weideflächen und Äckern bestehendes Landgut beigegeben. Im allgemeinen aber waren in diesen

Jahrzehnten infolge zunehmender Geldentwertung die Erträge der Altarstiftungen ziemlich gering, so daß allein davon niemand leben konnte. Meist war es dann so, daß solche Altardienstverpflichtungen nur im Nebendienst – neben anderen Stellen als Pfarrer, Kaplan, Stadtprediger usw. – ausgeübt wurden. Freilich wurden hierbei nicht immer die kirchlichen Vorschriften beachtet, so daß sich auch Mißstände einbürgerten. »Ein eigentliches ›Altaristen-Problem‹ aber gab es im Bistum Breslau erst, als der Fortschritt der reformatorischen Bewegung mit Beschlagnahme der Stiftungskapitalien und teilweiser Säkularisierung des Kircheneigentums den Fortbestand der Existenz von Altaristen erheblich bedrohte und teilweise zum Erliegen brachte« (Sabisch). Fehlurteile über die Altaristen sind zunächst auf falsche Zahlenangaben zurückzuführen. Keineswegs war – wie behauptet worden ist – jeder hundertste Einwohner der Stadt Breslau ein Altarist. Zwar gab es an der Elisabethkirche 47 Altäre mit 122 Altarstiftungen oder an der Magdalenenkirche sogar 58 Altäre mit 114 Meßverpflichtungen. Aber diese werden vermutlich von nicht mehr als fünfzehn bis zwanzig Altaristen an jeder dieser beiden Stadtkirchen neben deren anderen Dienstverpflichtungen erfüllt worden sein. So kann man also kaum von einer »Proletarisierung« der Altaristengeistlichkeit sprechen. Nicht wenige dieser Altaristen schlossen sich zeitig der Reformation Luthers an; das ist jedoch meist auf das schlechte Beispiel höherer Kleriker und auf fehlende Sorgfalt der kirchlichen Vorgesetzten, die sich um die Anliegen dieser Priester nicht kümmerten, zurückzuführen.

Der Schuldbann. Zum Unterhalt der kirchlichen Einrichtungen war den Gläubigen ein Abgabensoll auferlegt, der sogenannte »Zehnte«: der zehnte Teil des Ernteertrages wurde an die Kirche abgeliefert. Gegen Ende des Mittelalters wurden verschiedene Abgaben durch einen Geldbetrag ersetzt. Dieser stets gleichbleibende Betrag wurde dann von der Kirche auch ohne Rücksicht auf die wirtschaftliche Lage des betreffenden Abgabepflichtigen gefordert. Konnte dieser nicht zahlen, geriet er in den Schuldbann, d. h. es wurden Kirchenstrafen über ihn verhängt. So konnte bisweilen ein ganzes Dorf mit dem Interdikt belegt werden, es durften dann dort weder Gottesdienste stattfinden noch Sakramente gespendet oder die Glocken geläutet werden. Freilich verfuhren auch die weltlichen, landesherrlichen Oberen nicht gerade sanft, wenn es um die Abgaben ging, und es läßt sich kaum sagen, ob die Landbevölkerung sich mehr von der kirchlichen oder der weltlichen Schuldstrafe bedrückt fühlte. »Die Abneigung der Bauern gegen die kirchliche Schuldpraxis war nur ein Teil jener allgemein sich anbahnenden Bauernbewegung, die nicht nur die Abschaffung des Kirchenzehnten, sondern allgemeine Befreiung vom drückenden Abgabewesen der weltlichen wie der kirchlichen Obrigkeiten forderte.

Feudales Denken, unsoziale Beurteilung des niederen Volkes . . . , starres Beharren auf hergebrachten Rechtsansprüchen beherrschten die Einstellung des höheren Klerus. Keiner der Breslauer Domherren empfand es als unchristlich . . . , mit der strengen, die Gewissen immer noch bindenden geistlichen Zuchtrute schwerer Kirchenstrafen bestehende rechtliche Forderungen durchzusetzen« (Sabisch). Selbst gelehrte und geistig hochstehende Kleriker nahmen daran keinen Anstoß. Man kann aber nicht sagen, daß vor allem dieser Mißstand der Reformation in Schlesien die Tore geöffnet hätte. Gerade im Bistum Breslau war die Landbevölkerung nur zum geringen Teil an den Forderungen nach kirchlich-religiöser Reform beteiligt.

Zu diesen Schattenseiten des kirchlichen Lebens am Ende des Mittelalters kamen noch andere Übelstände, so der Niedergang der Klöster (z. B. des Vinzenzklosters auf dem Breslauer Elbing, des Saganer Chorherrenstiftes und verschiedener Mendikantenklöster) und dauernde Streitigkeiten der verschiedenen Orden untereinander und mit der Pfarrgeistlichkeit.

Die Bischöfe dieser Zeit, Johannes Roth und Johannes Turzo, aber auch deren unmittelbare Nachfolger »entsprachen in Persönlichkeit und Amtsführung weitgehend den Vorstellungen ihres Zeitalters; danach sind sie zu beurteilen« (Sabisch). Die Streitigkeiten zwischen Bischöfen und Domkapitel in Breslau und mit dem Rat der Stadt um Jurisdiktionsrechte und um handwerkliche Niederlassungen auf kircheneigenem Gebiet trugen nichts zur Verbesserung der Verhältnisse bei.

7. Kapitel

Reformation, katholische Reform und Gegenreformation in Schlesien (1520–1624)

Am 31. Oktober 1517 hatte der Wittenberger Augustiner-Eremit und Professor der Theologie Martin Luther (1483–1546) die von ihm verfaßten 95 Disputationsthesen gegen den kirchlichen Ablaß an den Erzbischof von Mainz und den Bischof von Brandenburg sowie an einige seiner gelehrten Freunde, darunter Christoph Scheurl in Nürnberg gesandt. Scheurl ließ die Thesen drucken, ohne daß Luther dies gewollt oder gewußt hätte; die Schrift verbreitete sich auf diese Weise schnell über ganz Deutschland. Freilich blieb es nicht bei diesen Thesen: Luther griff die Praxis der Kirche und schließlich den Papst selbst immer schärfer an, so daß die Kirche schließlich gezwungen war, den Reformator am 3. Januar 1521 feierlich zu exkommunizieren. Aber schon hatten die Gedanken Luthers weitgehend in den deutschen Ländern Fuß gefaßt; dazu hatten sich Vorkämpfer für soziale Gerechtigkeit ihrer bemächtigt, und eine Reihe deutscher Fürsten förderte die neue religiöse Bewegung nach Kräften, so daß gutgemeinte Maßnahmen des deutschen Kaisers Karls V. nichts Wesentliches dagegen auszurichten vermochten. Das Ergebnis war schließlich die zweite christliche Konfession in Deutschland und in vielen Ländern Europas: die mit der Reformation begründete Spaltung der bisher einigen abendländischen Christenheit.

1520, drei Jahre nach der Abfassung der Thesen Luthers war das Bistum Breslau noch ganz katholisch. Die territorial umfangreiche Diözese bestand zu dieser Zeit aus den vier Archidiakonatsbezirken Breslau, Oppeln, Glogau und Liegnitz, die jeweils wieder in Kommissariate unterteilt waren. Jedes dieser zehn Kommissariate bestand aus einer Anzahl von Archipresbyteraten (Dekanaten, im ganzen etwa 40), zu denen insgesamt etwa 850 Pfarreien gehörten. Die weltlichen Güter des Bistums wurden von Neisse aus verwaltet, wo sich im 16. und 17. Jahrhundert auch meist die bischöfliche Residenz befand. Die geistlichen Angelegenheiten dagegen hatten ihren Verwaltungsmittelpunkt in Breslau, hier amteten der Generalvikar, der bischöfliche Offizial und das Konsistorium.

»In der ersten Hälfte des 16. Jahrhunderts gab es keine theologische Lehranstalt und kein Klerikalseminar für das Bistum Breslau; daher beschränkte sich die Ausbildung der Priesteramtskandidaten im wesentlichen auf die Lehrtätigkeit der Breslauer Domschule, einiger Schulen bei den Kollegiatkapiteln und anderer Lateinschulen in den größten Städten. Strenge Vorschriften regelten die erforderlichen Examina vor dem Empfang der niederen und der höheren Weihen durch eine Prüfungskommission, deren Vorsitz dem jeweiligen Breslauer Archidiakon zustand. Die Zahl der Pfarrer und Kapläne in der Seelsorgsarbeit dürfte etwa 1200 betragen haben. Die in größeren Pfarreien hauptamtlich tätigen Prediger hatten teilweise ein kurzes Hochschulstudium absolviert oder ein solches mit einem akademischen Grad abgeschlossen« (Sabisch).

Dem Breslauer Bischof stand für seine geistlichen Aufgaben keine fest ausgerichtete Verwaltungsbehörde zur Seite. Es fehlte die einheitliche Führung in den Angelegenheiten der Seelsorge. Immerhin lag die bischöfliche Residenz Neisse etwa 70 km Luftlinie von Breslau entfernt; eine ständige Verbindung des Bischofs mit den Amtsstellen in Breslau bestand nicht, so daß selbst dringende Angelegenheiten über Gebühr verzögert wurden. Gerade der Nachfolger Bischof Johannes Turzos, *Jakob von Salza* (1520–1539), kam nicht gern selbst nach Breslau, sondern erledigte dringende Fragen lieber auf dem Verwaltungswege. Er hatte auch nicht –wie es durch die Statuten des Domkapitels eigentlich vorgeschrieben war – einige Domherren als seine Berater für längere Zeit in seiner Neisser Residenz. So kam es, daß er oft nicht ausreichend über die Vorgänge in seiner Diözese unterrichtet war und daß häufig Versäumnisse oder zumindest Verzögerungen in wichtigen Dingen eintraten.

Der neue Bischof, Jakob von Salza, stammte aus einer adligen Oberlausitzer Familie. Geboren im Jahre 1481, hatte er in Leipzig und Bologna studiert und wurde 1508 in Ferrara zum Doktor beider Rechte promoviert. Wie fast alle Bischöfe dieser Zeit war er zwar kein Theologe, aber ein guter Verwaltungsmann. 1510 trat er in den Dienst des Königs von Böhmen, 1511 wurde er zum ersten königlichen Landeshauptmann des Fürstentums Glogau ernannt; damit zählte er zu den obersten Beamten in Schlesien. Schon 1512 war er wohl Kanoniker am Kollegiatstift in Glogau und Dechant am Kollegiatkapitel der Breslauer Kreuzkirche, ein Jahr später bereits Kanonikus am Breslauer Dom. Eine solche doppelte – weltliche und geistliche – Laufbahn war damals für einen unverheirateten Adligen nicht ungewöhnlich. Am 1. September 1520 wurde Jakob von Salza zum Bischof von Breslau gewählt. Freilich verzögerte sich die päpstliche Bestätigung der Wahl um fast ein Jahr, da Papst Leo X. zunächst Johann Albrecht von Brandenburg als Kandidaten begünstigt hatte, so daß die Bischofsweihe Jakobs erst am 17. November 1521 stattfinden konnte. »Salza wußte wohl, was ihn erwartete, als er endlich als konsekrierter Bischof feierlich in der Breslauer Kathedrale inthronisiert wurde:

Kampf für die Rechte der Kirche, die er vertrat, Kampf um die Reinheit der Lehre, die er gläubig anerkannte, und ein unerbittliches Ringen um die Einheit des katholischen Bekenntnisses bei Klerus und Kirchenvolk seiner Diözese; diese sah er dem stillen und offenen Ansturm neuer, bisher unbekannter Reformvorschläge und Änderungswünsche unvorbereitet ausgesetzt« (Sabisch).

Schon im Jahre 1519 waren einige der Schriften Luthers in Breslau nachgedruckt worden. Ein Jahr später – im Dezember 1520 – wird in den Sitzungsprotokollen des Domkapitels zum erstenmal das Bestehen einer lutherischen Gruppe in Breslau erwähnt. Die reformatorischen Ideen werden von Sachsen her nach Schlesien gekommen sein, denn es bestanden damals verschiedentliche Verbindungen zwischen beiden Ländern. Eine ganze Anzahl von jungen Schlesiern studierte zu dieser Zeit in Wittenberg; dort werden sie mit Luther und seiner Gedankenwelt bekannt geworden sein. Die reformatorische Bewegung fand denn auch in Schlesien eine große Aufnahmebereitschaft.

Bereits unter Bischof Johannes Turzo wurde der Kleriker *Johannes Heß,* der kein Schlesier war, sondern aus Nürnberg stammte, Notar der bischöflichen Kanzlei in Neisse (1513). Einige Jahre später (1518) hatte er ein Kanonikat an der Breslauer Kreuzkirche inne. Johannes Heß hatte in Leipzig und Wittenberg studiert, 1518 ließ er sich auf Wunsch Bischof Turzos in Bologna in der juristischen und später auch in der theologischen Fakultät einschreiben. Er erwarb den theologischen Doktorgrad und empfing die Subdiakonats- und Diakonatsweihe. Im Herbst 1519 reiste er nach Breslau zurück und nahm unterwegs in Wittenberg enge Verbindung mit Luther und Melanchthon auf. Am 20. Januar 1520 wurde Heß in Breslau zum Priester geweiht. Im August des gleichen Jahres hielt er mit Zustimmung des Domkapitels dem verstorbenen Bischof Turzo die Grabrede. Bischof Jakob von Salza gab Heß 1521 eine Predigerstelle in Breslau. Der Rat der Stadt, der sich um eine gewisse staatskirchliche Selbständigkeit bemühte, ernannte Heß, ohne das Recht des Bischofs auf Besetzung der Pfarrstellen zu achten, 1523 zum Pfarrer der Magdalenenkirche unweit des Breslauer Ringes. Das gleiche geschah zwei Jahre später an der Elisabethkirche: hier machten die Breslauer den Ambrosius Moiban, der nur niederer Kleriker war und die Priesterweihe nicht besaß, zum Pfarrer. Bischof Salza hatte sich zwar bemüht, dieses Eindringen der Laiengewalt in das kirchliche Besetzungsrecht zu verhindern, er sah sich aber gezwungen, beide Geistliche wenigstens als »Prediger« an den genannten Stadtpfarrkirchen zu bestätigen, anstatt mit Kirchenstrafen gegen die Beteiligten vorzugehen. Dieses Nachgeben des Bischofs ist wohl mit der Unsicherheit zu erklären, in die die kirchlichen Amtsträger geraten waren. Bisher war die katholische Kirche im Bistum Breslau nicht in Frage gestellt worden. Alle geistigen und reformatorischen

Bewegungen schienen sich noch innerhalb der einen Kirche abzuspielen. Der Bischof wurde – auch von den weltlichen Gewalten – im Grunde noch immer als der geistliche Oberhirt anerkannt, dem man freilich Forderungen vortrug. Im ganzen aber herrschte bei der Bistumsleitung eine große Unsicherheit und Unklarheit über den jetzt einzuschlagenden Weg.

Schon 1522 waren Geistlichkeit und Ordensleute bei Fastnachtsumzügen verhöhnt worden; ein Jahr später vertrieb man die Franziskaner-Observanten wegen ihrer treuen kirchlichen Haltung aus dem Kloster St. Bernhardin. Seit 1524 verkündete Johannes Heß von der Kanzel offen die lutherische Lehre, dabei wurde er vom Rat der Stadt gestützt. Bischof Jakob von Salza erkannte die gefährliche Lage der Kirche in Schlesien. In einem Schreiben an Papst Clemens VII. vom 2. April 1524 beschreibt er die Ausbreitung der neuen Lehre im Bistum Breslau; er berichtet, daß er versuche, sich der Häresie entgegenzustellen. Er macht den Vorschlag, ein kirchliches »Propagandazentrum« zu begründen, das seinen Sitz möglichst in Leipzig, also unweit Wittenbergs haben solle. Die Mitarbeiter dieses Instituts sollten die Schriften Luthers und seiner Freunde widerlegen. Der Bischof zeigt sogar auf, wie die Kosten für diese Arbeitsstelle aufgebracht werden könnten. Im ganzen aber stand Jakob von Salza der reformatorischen Bewegung doch hilflos und wenig entschlossen gegenüber, wie im übrigen andere deutsche Bischöfe auch. Bischof Jakob berief für den 4. April 1524 eine Versammlung der Geistlichkeit nach Breslau ein, in der er seinen Klerus mit einer sehr ernsten Rede zur Treue gegenüber der Kirche und zur Unterstützung des Bischofs im Kampf gegen die neue Lehre aufforderte.

Im gleichen Monat kam es in der Breslauer Dorotheenkirche zu einer theologischen Disputation zwischen Vertretern der alten und der neuen Lehre. Die Aufforderung dazu ging von Johannes Heß aus und stützte sich auf althergebrachte akademische Bräuche. Es sollte dabei über das Wort Gottes, das Priestertum Christi und das Ehesakrament disputiert werden. Das Streitgespräch, das vom 20. bis zum 22. April dauerte, brachte keine Lösung der Gegensätze, im Gegenteil: Von jetzt an wurde die Trennung der Neugläubigen von den katholisch Gebliebenen deutlich, und der Weg zur Protestantisierung Breslaus stand offen. Freilich wurde in den evangelisch gewordenen Breslauer Kirchen die Messe noch etwa zehn Jahre lang im bisherigen katholischen Ritus gefeiert. Erst allmählich und insgeheim veränderte man das hergebrachte Hochgebet im reformatorischen Sinne. Damit wurde die glaubensmäßige Trennung auch in der Liturgie besiegelt, wenn auch die lateinische Sprache zunächst beibehalten wurde.

Bald dehnte sich die Reformation auf das ganze Fürstentum Breslau, d. h. auf die Gebiete um Breslau, Namslau und Neumarkt aus. Treibende Kraft war dabei der

Rat der Stadt Breslau, der methodisch geschickt vorging: wollte ein Pfarrer nicht zur reformatorischen Lehre übertreten, so gab man ihm einen neugläubigen Kaplan, der allmählich Gottesdienst und Seelsorge an sich zog und den katholisch gebliebenen Pfarrer ausschaltete.

Freilich nahm die Entwicklung in Schlesien keinen einheitlichen Verlauf. Das Land war in eine Reihe von Teilgebieten gegliedert: *Erbfürstentümer,* die unmittelbar der böhmischen Königskrone unterstanden (Breslau, Glogau, Schweidnitz-Jauer, Oppeln-Ratibor, später Sagan und Münsterberg-Frankenstein); *Fürstentümer,* die im Besitz von einheimischen schlesischen Herzögen waren (Liegnitz–Brieg–Wohlau, Oels–Bernstadt, Teschen, Jägerndorf); *Freie Standesherrschaften,* die einzelnen Rittern gehörten (Militsch-Trachenberg, Groß-Wartenberg, Beuthen-Carolath, Oderberg, Loslau, Pleß); das *Bistumsland,* in dem der Bischof Fürst war (Fürstentum Neisse-Grottkau und zerstreute Gebiete, sogenannte Halte: Ujest, Wansen u. a.). »Die Frage, wann in einer Stadt oder in einem bestimmten Territorium die Reformation eingeführt wurde bzw. zum Durchbruch gelangte, läßt sich in den seltensten Fällen mit Bestimmtheit sagen« (J. Köhler). Einen besonderen Einfluß hatten selbstverständlich die einzelnen Landesfürsten. Herzog Friedrich II. von Liegnitz-Brieg-Wohlau setzte die neue Lehre mit Gewalt durch; es gelang ihm, bis zum Ende seiner Regierungszeit die reformatorische Bewegung in seinen Gebieten zu festigen. Sein Berater war Kaspar von Schwenkfeld, der sich aber später von der lutherischen Lehre löste und zum Begründer einer eigenen Sekte wurde; diese konnte sich in Schlesien bis 1826 halten, fand aber auch in Ostpreußen und in der Lausitz Anhänger und breitete sich sogar bis nach Pennsylvania in den USA aus.

Beinahe ebenso früh wie in Breslau wurde die Reformation im Fürstentum Jägerndorf, das im Besitz des Markgrafen Georg von Brandenburg-Ansbach war, eingeführt. Von dort strahlte die neue Lehre auf die Fürstentümer Oppeln und Ratibor aus. In den anderen Herzogtümern (Teschen, Münsterberg-Oels, Sagan) kamen die reformatorischen Ideen jeweils nach dem Tod des bisherigen Landesherren zum Durchbruch; die neue, jüngere Generation wandte sich ihnen zu. »Nicht so einheitlich lassen sich die Verhältnisse in den Erbfürstentümern festlegen, da hier die Initiativen verschiedenartig waren. Hier wie in den Standesherrschaften hatte die Reformation, abgesehen von wenigen Ausnahmen, um die Mitte des Jahrhunderts Fuß gefaßt« (Köhler).

In dieser Zeit waren freilich noch keine protestantischen kirchlichen Verwaltungsstellen vorhanden, so daß der Bischof immer noch als zuständiger Oberhirte galt. Allerdings konnte er nur noch in seinem eigenen Territorium Neisse-Ottmachau-Grottkau und in den bischöflichen Halten kirchliche Stellen frei besetzen.

Dazu kamen noch Pfarrorte, die der Oberherrschaft des Domkapitels oder klösterlichen Stiften unterstanden. Die Einstellung der Geistlichkeit war nicht einheitlich, der Klerus war vielfach zerstritten. Ein Teil der Städte des Bistums war protestantisch geworden, ein anderer Teil noch katholisch geblieben; maßgebend dafür waren die Patronatsherren der einzelnen Pfarrkirchen und die Stadtverwaltungen, die aber meist der Reformation zugetan waren. Ärgernis gaben viele Ordensleute, so die Franziskaner von St. Jakob in Breslau, von denen die meisten das Kloster verließen und heirateten. In der Stadt Breslau waren bald – außer Dom und Kreuzkirche – nur noch die Kirchen der Klöster katholisch. 1529 wurde auf Veranlassung der Stadt die alte St.-Vinzenz-Abtei auf dem Elbing außerhalb der Stadtmauern völlig zerstört und abgerissen; als Vorwand diente die Türkengefahr: bei einem feindlichen Angriff auf die Stadt hätte das Kloster dem Feind als Angriffsbasis dienen können. Die Mönche der Vinzenzabtei wurden im leerstehenden Franziskanerkloster St. Jakob untergebracht. Wenig später wurde die Jakobus dem Älteren geweihte Kirche in St.-Vinzenz-Kirche umbenannt.

Eine große Gefahr für den Bestand des Bistums drohte im Jahre 1531. Es ging das Gerücht, daß Rom auf Veranlassung einflußreicher schlesischer Persönlichkeiten dem Bischof Jakob von Salza einen Koadjutor (Hilfsbischof mit dem Recht späterer Nachfolge) beigeben wolle. Die Sache ging wohl von schlesischen Neugläubigen aus, die anscheinend versuchten, einen Mann ihrer Richtung an die Seite des Bischofs einzuschleusen, um so eine schnelle Protestantisierung der Diözese zu erreichen. Die Durchführung dieses Planes hätte das Ende des Bistums Breslau bedeutet; es wäre dem Schicksal der vielen mittel- und norddeutschen Bistümer erlegen, die formell noch eine Reihe von Jahren bestanden und sich dann selbst auflösten. Bischof Jakob von Salza protestierte denn auch energisch bei Papst Clemens VII. und noch einmal bei Paul III. gegen ein solches Vorhaben, so daß Rom davon Abstand nahm.

Dennoch konnte der Bischof eine weitere Ausbreitung des lutherischen Glaubens im Bereich seines Bistums nicht aufhalten. Er selbst hielt in Treue zum katholischen Glauben, aber die Zeitumstände waren stärker. Die mangelnde Führungskraft Roms, der starke Einfluß von Mitteldeutschland her, geringe Unterstützung durch den höheren Klerus seiner Diözese und eine unzureichend vorgebildete Landgeistlichkeit überforderten die Kraft des Breslauer Oberhirten. Auch bei dem erst fünfzehnjährigen König Ludwig II. von Ungarn und Böhmen, dem Oberlandesherren von Schlesien, fand er weder Halt noch Unterstützung. Der König fiel 1526 im Kampf gegen die Türken in der Schlacht bei Mohács, seine Länder übernahm Ferdinand I. aus dem Hause Habsburg, so daß von nun an Schlesien als Teil der Krone Böhmens über 200 Jahre hindurch habsburgisch war.

16. Breslau. Matthiasstift

17. Breslau. Adalbertkirche. Grabmal des sel. Ceslaus in der Ceslauskapelle

18. Breslau. Adalbertkirche. Statue des hl. Hyazinth und Ceslaustafel in der Ceslauskapelle

Ferdinand hatte zwar ein großes Interesse an der Erhaltung des katholischen Glaubens, aber der Kampf gegen die Türken, die vor Wien standen, zwang ihn zur Rücksichtnahme auf die protestantischen Fürsten, so daß der Breslauer Bischof auf durchgreifende Hilfe nicht rechnen konnte. Doch zumindest hatte er sich erfolgreich um die Erhaltung des katholischen Glaubens im Bistumsland Neisse-Grottkau bemüht; so konnte von dort aus eine Rekatholisierung der übrigen Diözesangebiete ins Auge gefaßt werden. »Es kann als Eigenart der reformatorischen Entwicklung in Schlesien betrachtet werden, daß weder die katholische Seite den innerlich vollzogenen Abfall der Protestanten erkennen wollte, noch die evangelische den vollständigen Bruch mit der katholischen Kirche suchte. Eine konfessionelle Trennung, die insgeheim längst erfolgt war, wollte niemand offiziell bestätigen. So blieb es in Schlesien noch Jahrzehnte hindurch bis zum Augsburger Religionsfrieden 1555« (Sabisch). Bischof Jakob von Salza starb am 25. August 1539 in seiner Residenzstadt Neisse; in der dortigen Pfarrkirche St. Jakobus wurde er bestattet. Zu dieser Zeit war der größte Teil des Bistums Breslau nicht mehr katholisch.

Unter den beiden Nachfolgern Jakobs von Salza, Balthasar von Promnitz und Kaspar von Logau, wurde die kirchliche Lage in Schlesien keineswegs besser. *Balthasar von Promnitz* (1540–1562) wurde 1488 in Lessendorf, Kr. Freystadt, geboren. 1510 begann er das Studium der Rechtswissenschaft an der Universität Frankfurt/Oder, 1519 ging er an die Universität Wittenberg, wo er jedoch bereits im Jahr darauf wegen Beteiligung an einer Studentenrevolte von der Hochschule gewiesen wurde. Daraufhin trat er in Leipzig als Offizier in ein Söldnerheer ein. Aber schon 1521 erhielt er durch Vermittlung der Herzöge von Münsterberg-Oels eine Domherrenstelle in Breslau. So wurde er Kleriker, vollendete – vermutlich in Italien – seine Studien und wurde 1527 als Kanonikus installiert. Wegen guter Beziehungen zum Wiener Hof und zu den schlesischen Fürsten bot sich Balthasar als geeigneter Verhandlungsführer in allen kirchenpolitischen Angelegenheiten des Bischofs Jakob von Salza an. Er besaß außerordentliche diplomatische Fähigkeiten und stand deshalb bei König Ferdinand I. in hohem Ansehen. Bischof und Domkapitel vertrat er bei den schwierigen Verhandlungen mit den evangelischen Fürsten Schlesiens. Innerlich hatte sich Balthasar von Promnitz wohl längst mit der Duldung des Protestantismus abgefunden, ohne daß er freilich bereit war, äußere Rechte der Kirche aufzugeben. 1539 wurde er zum Bischof von Breslau gewählt, 1540 von Rom bestätigt. »Geschmeidige Zurückhaltung im Umgang mit weltlichen und geistlichen Potentaten, kluges Übersehen der weit klaffenden konfessionellen Gegensätze und stilles Einschwenken auf die gerade noch einmal erwachte Sehnsucht nach einer Wiedervereinigung der gespaltenen Christenheit dürften die Hauptgründe dafür gewesen sein, daß man bei Katholiken und Protestanten in einem kommenden irenisch gesinnten Bischof Promnitz alles Heil erblickte, die Katholiken für ihre bedrängte kirchliche Existenz, die Evangelischen für die Anerkennung ihrer christlichen Sonderformen und gedeihliches Nebeneinander im schlesischen Land« (Sabisch). Dazu kam, daß die Lage der Protestanten in Schlesien seit 1540 nicht leicht war. Das Fehlen eines kirchlichen Zentrums, wie es die Katholiken in ihrer bischöflichen Behörde besaßen, kalvinistische Sonderbestrebungen in Teilen des Landes, Mangel an Predigern und Pfarrern, Ausbleiben der kirchlichen Einkünfte – Meßstipendien, Fürbittengelder usw. waren ja von den Neuerern abgeschafft worden –, dies alles schuf für die Protestanten zusätzliche Schwierigkeiten. Natürlich wußte Promnitz dieses alles, und er ahnte wohl auch, daß besonnene Kreise der Neugläubigen die Hoffnung hegten, mit den Katholiken zu irgendeiner Verständigung zu gelangen. Eine solche wäre freilich nur zu verwirklichen gewesen, wenn die Katholiken wesentliche Inhalte ihres Glaubens aufgegeben oder wenigstens abgeschwächt hätten. Daß die Protestanten sich einiges von der Wahl Balthasars von Promnitz versprachen, zeigt die Tatsache, daß er sowohl von Melanchthon als auch von Ambrosius Moibanus, dem evangelischen Pfarrer an der Breslauer Elisabethkirche, Glückwunschschreiben zu seinem Amtsantritt erhielt. Darin wurde die Hoffnung ausgesprochen, Promnitz werde sich intensiv für die Wiedergewinnung der kirchlichen Einheit einsetzen; mit anderen Worten: man hoffte, daß der neue Bischof der Ausbreitung der Reformation kein Hindernis entgegenstellen würde. Bischof Balthasar hüllte sich jedoch in Schweigen; seine Klugheit bestimmte ihn, sich nicht vorzeitig festzulegen. »Es waren nicht einmal Nachlässigkeit oder Charakterschwäche, die Bischof Promnitz zu derartigem Verhalten brachten, sondern eher der Versuch, schwierige Zeitverhältnisse durch Toleranz im Denken und Handeln zu überdauern, seine Stellung im staatlichen und kirchlichen Dienst zu behaupten und auf diese Weise dem Auftrag seines Doppelamtes (nämlich Bischof der Diözese und Landesherr im Kirchenland Neisse-Ottmachau-Grottkau zu sein) nachzukommen« (Sabisch). Dabei zeigte er indessen nur ein schwaches Verantwortungsbewußtsein seinem eigenen katholischen Kirchenvolk gegenüber und unternahm sogar in seinem Kirchenland nichts gegen das Vordringen des neuen Glaubens. Am Neisser Pfarrgymnasium duldete er protestantische Lehrer und Geistliche, die die Kommunion unter beiden Gestalten spendeten. Seine eigene Schwester ließ der Bischof protestantisch erziehen. Während seiner ganzen Amtszeit nahm der Niedergang der katholischen Kirche im Bereich des Bistums ständig zu.

Die Stadt Breslau war aufgrund des vom Rat der Stadt durchgeführten Kirchenregiments weitgehend protestantisch geworden. Es gab nur noch einzelne katholische »Inseln« innerhalb der Stadt: den Bereich des Domes und der Kreuzkirche, die Kirche St. Maria auf dem Sande, das Vinzenzkloster auf dem Elbing, das aber jetzt in das bisherige Franziskanerkloster im Stadtinneren verlegt war, das Matthiasstift der Kreuzherren, das Dominikanerkloster St. Adalbert, die Dominikanerinnen bei St. Katharina und das Kloster der Klarissinnen. Alle diese Kirchen und Stifte waren aber beständig von der Beschlagnahme des Eigentums, ja sogar von völliger Enteignung und Vertreibung der Insassen bedroht; von der kirchlichen Obrigkeit hatten sie kaum Hilfe zu erwarten. In den übrigen Städten war die Entwicklung ebenfalls vom jeweiligen Stadtrat abhängig. Einzelne Städte waren noch katholisch geblieben, der größte Teil aber hatte bereits eine konfessionell gemischte Bevölkerung. In den Dörfern kam es zumeist auf die Haltung des Ortspfarrers an. Um das Jahr 1550 waren nur noch das Kirchenland Neisse-Ottmachau-Grottkau und die zu den großen Abteien und Stiften gehörenden Gebiete katholisch, diese letzteren auch nur, soweit die Besetzung der ihnen inkorporierten Pfarreien mit eigenen Ordensleuten möglich war. Der größere Teil der von Weltgeistlichen verwalteten Pfarreien stand im langsamen Übergang zum evangelischen Glauben. Um 1550 gab es etwa ebensoviel katholische wie protestantische Pfarrorte, ein halbes Jahrhundert später aber war nur noch ein Viertel der Pfarreien katholisch.

Gegen diese Entwicklung konnte der Bischof so gut wie nichts tun. Es fehlte ihm vor allem die nötige Anzahl von Priestern, um Pfarreien neu besetzen und protestantische Pfarrer ersetzen zu können. Balthasar von Promnitz, der mehr Politiker als geistlicher Oberhirt war, erstrebte vor allem ein gutes Einvernehmen mit dem König und den schlesischen Fürsten und Standesherren. Der Protestantismus aber breitete sich immer weiter aus, die katholischen Gläubigen mußten sich damit abfinden. Bischof Balthasar unternahm jedoch nichts und ließ die Dinge treiben. Das Domkapitel erinnerte zwar wiederholt den Bischof an seine Pflichten als geistlicher Oberhirt, aber vergeblich. Der bedeutendste Breslauer Domherr dieser Zeit war *Johannes Cochläus;* 1479 in Wendelstein bei Schwabach geboren, wurde er 1539 ins Breslauer Domkapitel aufgenommen. Mit einer Reihe von Verteidigungsschriften wandte er sich gegen die lutherische Lehre. 1552 starb er in Breslau und wurde im Dom bestattet.

Unter den Persönlichkeiten, die sich im Kampf gegen die neue Lehre für die katholische Kirche einsetzten, muß auch der aus Osnabrück stammende Konvertit *Friedrich Staphylus* († 1564) genannt werden. Er hatte in Krakau, Padua und Wittenberg studiert und nahm 1552 mit seiner Gattin in Breslau den katholischen Glauben an. Bischof Promnitz berief ihn als Rat an seinen Hof in Neisse und gleichzeitig als Rektor an die Neisser Pfarrschule. Staphylus gründete dort 1555 eine Druckerei, in der eine ganze Reihe katholischer Schriften veröffentlicht wurde. Er wirkte persönlich an zwei vom Bischof herausgegebenen Reformschriften – einer Denkschrift an den Papst vom Jahre 1554 und einem Hirtenschreiben an den Klerus von 1555 – mit. Friedrich Staphylus wurde 1556 von Kaiser Ferdinand I. nach Wien berufen.

Balthasar von Promnitz scheint sich nach 1552 der Verantwortung seines oberhirtlichen Amtes etwas mehr bewußt geworden zu sein. Allerdings entsprang diese Haltung wohl eher einer berechnenden Klugheit: er wollte jeden Verdacht einer schlechten Amtsführung, mochte er von kirchlicher oder von staatlicher Seite ausgehen, von sich fernhalten. So hielt er 1554 und 1558 je eine Diözesansynode ab, von denen aber keine Unterlagen erhalten sind. Der Umschwung in der Gesinnung des Bischofs hielt freilich nicht lange an, so daß vermutlich von Rom ein Verfahren gegen Promnitz eingeleitet werden sollte. Am 16. August 1561 wurde er aufgefordert, sofort auf dem Konzil von Trient zu erscheinen, wegen seines hohen Alters und seines schlechten Gesundheitszustandes konnte er jedoch dem Befehl nicht Folge leisten. Am 20. Januar 1562 starb Balthasar von Promnitz in Neisse. Seinem Nachfolger hinterließ er »eine zerrüttete Diözese mit großen Verlusten an die Protestanten, mit bedrohlichem Priestermangel, verwahrlosten, z. T. aussterbenden oder bereits aufgehobenen Klöstern und wenig Hoffnung, den Bestand des Bistums und der katholischen Kirche in Schlesien wahren zu können« (Sabisch). Verdienste hatte sich Balthasar allein als weltlicher Herr seines Bistumslandes erworben, für das er die Stadt Freiwaldau gekauft und den Bergbau bei Zuckmantel gefördert hat. Nach dem Brand von Neisse 1542 sorgte er für den Wiederaufbau der Stadt; 1549 gab er eine neue Landordnung heraus.

Eine Wendung zum Besseren trat auch unter seinem Nachfolger *Kaspar von Logau* (1562–1574) nicht ein. Dieser war als Sohn des bischöflichen Kanzlers Matthäus von Logau 1524 in Neisse geboren und in Innsbruck zusammen mit kaiserlichen Prinzen erzogen worden. 1542 war er Domherr in Breslau; 1559 wurde er vom Kaiser zum Bischof von Wiener Neustadt vorgeschlagen und als solcher im folgenden Jahr vom Papst bestätigt. Am 16. Februar 1562 wählte ihn das Domkapitel zum Bischof von Breslau; zuvor hatte er in einer Wahlkapitulation die Zusage machen müssen, daß er keinen Protestanten zu seinem Kanzler ernennen, überhaupt keine kirchlichen Stellen an Evangelische oder an Männer, die auch nur evangelische Schulen besucht hätten, vergeben wolle. Außerdem sollte ein Priesterseminar errichtet und mit jährlich 1000 Gulden unterstützt werden. Diese Forderungen zeigen deutlich, daß das Breslauer Domkapitel zu energischen Reformen entschlossen war. Das Kapitel war die eigentliche Stütze der katholischen Kirche in dieser dunklen Zeit. »Die Haltung des Breslauer Domkapitels in jenen schweren Jahren des Kampfes und kirchlichen Niederganges wird stets ein Ruhmesblatt in seiner Geschichte bleiben« (Engelbert). Immer wieder mahnte es den Bischof an seine oberhirtlichen Amtspflichten. Der neue Bischof verschloß sich auch keineswegs diesen Forderungen, zeigte am Anfang seiner Regierungszeit einigen Eifer und hatte den Willen, die versprochenen Zusagen zu halten. Er hatte sogar vor, sich an den Kaiser selbst um Hilfe zu wenden. »Tatsächlich finden wir in den Jahren 1562–1564 eine Anzahl Maßnahmen des Bischofs, mit denen er eine Besserung der religiösen Verhältnisse in den Gemeinden zu erreichen und die wirtschaftliche Not des Klerus zu beseitigen suchte. Die Abhaltung der Diözesansynoden 1563 und 1569 und die Eröffnung des Priesterseminars 1565 waren Anzeichen des Erfolgs auf die Anregungen des Kapitels. Noch im Jahre 1568 konnte das Kapitel feststellen, daß der Bischof den meisten Artikeln der Wahlkapitulation Genüge geleistet hatte« (J. Köhler). Andererseits finden sich schon im Jahre 1567 Klagen darüber, daß der Bischof die eingegangenen Zusagen nicht genügend einhalte. Allmählich ließ er – wie schon sein Vorgänger – den Dingen ihren Lauf; 1571 machte er sogar einen Lutheraner, den aus Bunzlau stammenden Simon Haniwald, zu seinem Kanzler im Bischofsland; dadurch erwuchsen der Ausbreitung des Protestantismus neue Möglichkeiten. Der Bischof wurde freilich auch durch sein Amt des Oberlandeshauptmannes, d. h. eines Statthalters und Repräsentanten des böhmischen Königs für Schlesien, vielfach an der Ausübung seiner oberhirtlichen Pflichten gehindert. Dazu kam, daß sein Gesundheitszustand nicht der beste war: während seiner Regierungszeit hatte er häufig unter Krankheiten zu leiden. Wiederholt hat Kaspar von Logau seine Treue zur katholischen Kirche bekundet; so betonte er in einem Brief vom 1. Februar 1563 an das Konzil von Trient, er werde, solange er lebe, immer am katholischen Glauben festhalten und der katholischen Kirche Gehorsam erweisen. 1569 stiftete der Bischof ein Priesterseminar in Breslau; dieses wurde im Jahre 1575 nach Neisse verlegt und dort mit der Pfarrschule verbunden. Gleichwohl ist festzustellen, daß die Lage der katholischen Kirche im Breslauer Bistum beim Tod Bischof Kaspars beinahe hoffnungslos war. Abgesehen von Oberschlesien gab es nur noch auf den geistlichen Ländereien eine größere Zahl von Katholiken. Aber auch diese Gebiete – und selbst das Bistumsland – waren schon erheblich konfessionell gemischt. Kaspar von Logau starb in Breslau am 4. Juni 1574 an der Schwindsucht, noch nicht 50 Jahre alt. Er wurde nach Neisse überführt und gleich seinen Vorgängern in der Pfarrkirche St. Jakobus beigesetzt. Seine Brüder ließen ihm dort ein prächtiges Grabmal errichten. »Die größere Schuld am Versagen des

Bischofs Kaspar trifft sicherlich seinen Jugendfreund Kaiser Maximilian II., der schon als König in seiner Unterredung mit den Breslauer Pastoren die Augsburgische Konfession ausdrücklich freigegeben hatte und nicht wünschte, daß der Bischof mit Strenge gegen die Anhänger der neuen Lehre vorgehe« (Engelbert).

Während der Amtszeit der beiden Bischöfe Balthasar von Promnitz und Kaspar von Logau hatte ein kirchliches Ereignis stattgefunden, das für die Entwicklung der gesamten katholischen Kirche in den kommenden Jahrhunderten, besonders aber für die Wiederbelebung des katholischen Glaubens in protestantisch gewordenen Gebieten von grundlegender Bedeutung sein sollte: das *Konzil von Trient.* 1545 nach langem Zögern eröffnet, hatte es – mehrfach unterbrochen – bis 1563 gedauert und während seiner zahlreichen Sitzungen nicht nur ausgezeichnete Anregungen und Verordnungen zur innerkirchlichen Reform erlassen, sondern auch den katholischen Glauben gegenüber den verschiedenen Lehren der Reformatoren klar umschrieben und eindeutig ausgesprochen. Das Konzil bewirkte einen neuen Aufschwung in der Kirche und eine – wenn auch zunächst nur langsam heranreifende – innere Kräftigung des Glaubenslebens.

Keiner der Breslauer Bischöfe hat am Konzil von Trient teilgenommen. Sie ließen sich wegen ihrer Inanspruchnahme als Oberlandeshauptleute als unabkömmlich entschuldigen. Promnitz bestimmte zunächst den Domherrn Johannes Cochläus zu seinem Vertreter (Prokurator). Durch eine Berufung zu dem Religionsgespräch nach Regensburg war Cochläus jedoch an der Reise zum Konzil gehindert. Balthasar von Promnitz bat daraufhin den Bischof von Wien, Friedrich Nausea, ihn zu vertreten; aber dieser erschien während der ersten Tagungsperiode nicht auf der Kirchenversammlung, sondern traf erst 1551 in Trient ein, starb dort aber im Jahr darauf. Auch Bischof Kaspar von Logau schob die Entsendung eines Prokurators immer wieder auf, bekundete aber sein Interesse an der Arbeit des Konzils dadurch, daß er im Breslauer Dom und in den übrigen katholisch gebliebenen Kirchen seines Bistums für die Kirchenversammlung beten ließ. Anfang 1563 wurde der Breslauer Bischof noch einmal vom Kaiser aufgefordert, einen Vertreter nach Trient zu schicken. Kaspar entschuldigte sein eigenes Fernbleiben außer mit seinen Verpflichtungen als Oberlandeshauptmann auch mit der finanziellen Notlage seiner Diözese und der trostlosen Lage der Kirche in Schlesien. Gleichzeitig benannte er zwei Vertreter, die jedoch den Auftrag ablehnten. Ein letzter Versuch, einen Prokurator zu finden, glückte endlich, aber da war das Konzil bereits geschlossen. So kam es, daß das Bistum Breslau so gut wie gar nicht auf dem Konzil von Trient vertreten war. Die Beschlüsse von Trient konnten freilich auf die Dauer auch für Schlesien nicht ohne Wirkung bleiben. »Daß nun allmählich in den kläglichen Resten katholischer Gemeinden sich neues frisches Leben zu regen begann und schließlich ein großer Teil des Bistumsbereiches wieder der katholischen Kirche zurückgewonnen werden konnte, ist zunächst dem neuen Aufschwung und der inneren Erstarkung der katholischen Kirche zuzuschreiben, die durch das Konzil von Trient bewirkt wurde« (Seppelt).

Dabei ist zunächst folgendes bemerkenswert: Während zur Zeit des sich rasch ausbreitenden reformatorischen Glaubens nur geborene Schlesier den Breslauer Bischofsstuhl innehatten, wurden jetzt vorwiegend Nichtschlesier oder doch solche aus Schlesien stammende Geistliche, die ihre Ausbildung außerhalb ihrer Heimat erhalten hatten, zu Bischöfen von Breslau gewählt. 1552 war in Rom vom Gründer des Jesuitenordens, Ignatius von Loyola, ein Institut zur Heranbildung von deutschen Priestern gestiftet worden: das Collegium Germanicum. Papst Gregor XIII. hatte es finanziell ausgestattet. Dabei ging man »von der Überlegung aus, daß eine Erneuerung des kirchlichen Lebens nur dann von Erfolg sein könnte, wenn Männer, die vom Geiste des Konzils durchdrungen waren, entscheidende Positionen in den einzelnen Diözesen einnahmen« (Köhler). In den Jahren 1554–1620 traten 38 schlesische Theologiestudenten in das Germanicum ein. Dazu sind noch 26 nichtschlesische Germaniker zu zählen, die später kirchliche Stellen im Bistum Breslau innehatten. Schon 1555 hatte Kaiser Ferdinand Bischof Balthasar von Promnitz aufgefordert, zwölf geeignete junge Schlesier in Rom studieren zu lassen, aber Promnitz war diesem Ersuchen nicht nachgekommen. Hingegen findet sich unter den ersten Schülern dieses Kollegs ein Niederländer, *Theodor Lindanus* aus Nymwegen, der in späteren Jahren im Bistum Breslau Hervorragendes leisten sollte: 1565 war er Domkapitular in Breslau, dann erster Rektor des Priesterseminars, 1570 Archidiakon und um 1574 Generalvikar und Offizial (Vorsitzender des Diözesangerichtes). Er bildete die jungen Breslauer Theologen nach den gleichen Grundsätzen aus, nach denen er selbst im Germanicum erzogen worden war. Das Breslauer Seminar erlangte unter ihm ein Ansehen weit über die Grenzen des Bistums hinaus. Lindanus hat sich daneben besondere Verdienste um die vom Konzil angeordneten Visitationen der Pfarreien erworben.

Die Reformation hatte ihre Erfolge – in Schlesien wie in anderen deutschen Ländern – zu einem großen Teil dem Recht der Landesherren, für ihre Untergebenen das religiöse Bekenntnis zu bestimmen, zu verdanken. Dieses Recht war 1555 im Augsburger Religionsfrieden ausdrücklich anerkannt und später in die Formel »cuius regio, eius religio« gefaßt worden. Da Schlesien seit 1526 zum Herrschaftsbereich der katholischen Habsburger gehörte, begann sich jetzt dieser Grundsatz im Bistum Breslau zugunsten der katholischen Kirche und gegen die Protestanten

auszuwirken. In den habsburgischen Ländern sollte nun – notfalls auch mit gewaltsamen Mitteln – das katholische Bekenntnis wieder gefördert werden.
Die Wende zum Besseren für das katholische kirchliche Leben in Schlesien trat ein unter Bischof *Martin von Gerstmann* (1574–1585), dem Nachfolger Kaspars von Logau. Er wurde im Jahre 1527 als Sohn eines Tuchmachers geboren. Protestantisch erzogen, studierte er in Frankfurt a.d.Oder und später in Padua, wo er zum katholischen Glauben übertrat. 1561 wurde er Domherr in Breslau. Kaiser Maximilian II. berief ihn zum Sekretär seiner Kanzlei und zum Erzieher seiner Söhne. 1570 erhob er Gerstmann in den Adelsstand. Zum Bischof von Breslau wählte ihn das Domkapitel am 1. Juli 1574. Wie sein Vorgänger, so mußte sich auch Gerstmann auf eine Wahlkapitulation verpflichten. Diese war wesentlich umfangreicher als die Kapitulation von 1562; sie forderte vor allem die Erhaltung der katholischen Gemeinden in denjenigen kirchlichen Territorien, die durch Eingriffe der Fürsten und des Adels gefährdet waren. Der Bischof mußte sich verpflichten, alle Rechte, Privilegien und Freiheiten der Kirche zu schützen. Unrechtmäßig eingesetzte Pfarrer sollten entlassen, verheiratete Priester entfernt werden, gegen abgefallene Geistliche sollte der Bischof gemäß den Dekreten des Konzils vorgehen und für die Disziplin in den Klöstern sorgen. Vor allem wurde die Ernennung eines Weihbischofs für die Diözese gefordert, der bisher letzte, Johannes Thiel, war 1545 gestorben.
Diese Wahlkapitulation läßt erkennen, daß es dem Domkapitel mit der Reform des innerkirchlichen Lebens ernst war. Martin von Gerstmann war guten Willens, diese Verpflichtungen zu übernehmen und zu erfüllen. Freilich stellten sich der Ausführung zunächst Schwierigkeiten entgegen. Sein Amt als Oberlandeshauptmann veranlaßte den Bischof zu mancherlei Kompromissen gegenüber den Protestanten. Er behielt den von seinem Vorgänger angestellten protestantischen Kanzler Simon Haniwald, der natürlich nicht daran dachte, die Lage der Katholiken zu bessern und den lutherischen Glauben zurückzudrängen. Man warf dem Bischof vor, daß er Beziehungen zu den protestantischen Ständen unterhielt, aber dazu war er durch sein weltliches Amt gezwungen. Eine zu nachgiebige Haltung wird man Martin von Gerstmann nicht absprechen können; bedenkt man jedoch, daß er an den beiden Kaisern Maximilian II. (1564–1576) und Rudolf II. (1576–1612), die den Protestanten gegenüber nur geringe Festigkeit zeigten, keinerlei Rückhalt hatte, so wird seine Handlungsweise verständlich. Andererseits ermutigte dies die Neugläubigen zu weiterem Vorgehen gegen die Katholiken: so wurde 1581 die Pfarrkirche in Glogau den Katholiken gewaltsam entrissen, ohne daß dagegen ernsthafte Schritte unternommen werden konnten.
Dennoch bemühte sich Martin von Gerstmann nicht ohne Erfolg um die Verbes-

19. *Titelbild zum Rituale des Breslauer Bischofs Heinrich von Würben*

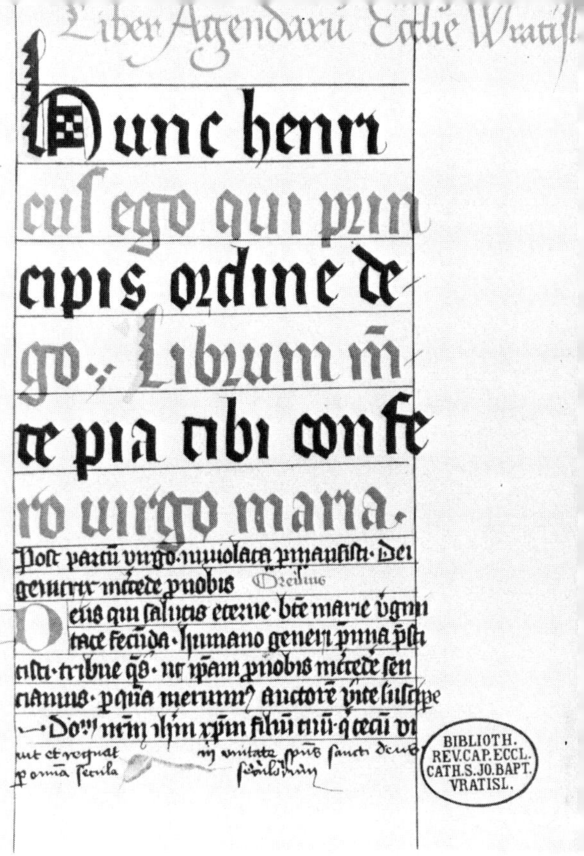

20. *Breslau. Madonna des Bischofs Preczlaus von Pogarell aus dem Dom. Mitte 14. Jh.*

21. Schweidnitz. Pfarrkirche

23. Breslau. Kruzifix aus der Corpus-Christi-Kirche. 2. Hälfte 14. Jh.

22. Breslau. Nepomuksäule vor der Kreuzkirche

24. *Moschwitz (Kreis Münsterberg). Kelch. Um 1400*

25. *Ratibor O/S. Liebfrauenkirche. Monstranz von 1495*

serung der kirchlichen Zustände in seinem Bistum. Zunächst sorgte er für die Ernennung eines Weihbischofs; der Papst berief den bisherigen Domkantor Adam Weißkopf in dieses Amt († 1605). 1575 verlegte Bischof Martin das Priesterseminar von Breslau in das überwiegend katholische Neisse, wo es bessere Entfaltungsmöglichkeiten hatte. Durch die vier Archidiakone – von Breslau, Oppeln, Glogau und Liegnitz – ließ Gerstmann in den Jahren 1579/1580 im Anschluß an die Bestimmungen des Konzils von Trient eine allgemeine Visitation des gesamten Bistums durchführen. Die Visitationsordnung entwarf der Breslauer Archidiakon Theodor Lindanus. Nicht nur die Pfarreien, sondern auch Schulen und Hospitäler, Kollegiatstifte und Frauenklöster sollten besucht und überprüft werden. Von den Visitationsprotokollen ist ein Teil aus den Archidiakonaten Breslau und Glogau erhalten geblieben; sie lassen den argen Zustand der religiösen Verhältnisse erkennen, dienten aber auch der im Jahre 1580 gehaltenen Diözesansynode als zuverlässige Unterlagen. Der Bischof ließ auf dieser Synode die Beschlüsse des Konzils von Trient für den Bereich seiner Diözese für verbindlich erklären. Martin von Gerstmann hat es als erster Bischof unternommen, Jesuiten nach Schlesien zu berufen. Dafür bestanden zunächst zwei Pläne: entweder Einrichtung eines ordentlichen Kollegs in Breslau, wofür die Räumlichkeiten des Dominikanerklosters St. Adalbert in Aussicht genommen waren, oder einer einfachen Missionsstation mit nur wenigen Patres in Glogau. Bei Bekanntwerden dieses Vorhabens legten der Breslauer Stadtrat, die schlesischen Fürsten und die Stände Protest ein. Es gelang dem Bischof jedoch, 1581 zwei Patres als Seelsorger nach Breslau zu holen; sie wirkten am Dom als Beichtväter und Prediger und waren im Haus des kurz zuvor verstorbenen Archidiakons Theodor Lindanus untergebracht, wo sie verhältnismäßig ärmlich lebten. Die Verhandlungen über die Gründung eines Kollegs gingen trotzdem weiter. 1582 wurde sogar auf dem Reichstag zu Augsburg von seiten des Nuntius über die Möglichkeiten der Wiederbelebung des katholischen Glaubens in Schlesien gesprochen; dem Breslauer Bischof wurde dringend die Errichtung eines Jesuitenkollegs empfohlen. Alle Versuche scheiterten jedoch am hartnäckigen Widerstand der staatlichen Stellen. – Auch Martin von Gerstmann starb in Neisse – am 23. Mai 1585 – und wurde in der Pfarrkirche bestattet.

Unter dem Einfluß des Kaisers und dank der Bemühungen des päpstlichen Nuntius in Prag wählte das Domkapitel den bisherigen Breslauer Dompropst *Andreas Jerin* zum Bischof (1585–1596). Jerin gehört zu den »Ausländern« auf dem Breslauer Bischofsstuhl: er stammte aus Riedlingen an der Donau in Schwaben. Zunächst studierte er in Dillingen, trat aber 1567 in das Collegium Germanicum in Rom ein. 1568 empfing er dort die Priesterweihe und wurde anschließend Kaplan bei der Schweizer Garde. In Bologna erwarb er den theologischen Doktorgrad, bekleidete danach die Stelle eines Pfarrers in Dillingen und wurde im Jahre 1572 Domherr mit Sitz und Stimme in Breslau. Noch im gleichen Jahr wurden ihm die Leitung des Breslauer Priesterseminars und das Amt eines Dompredigers anvertraut. Gegen den Widerstand der schlesischen Fürsten und der weltlichen Stände, die lieber einen Schlesier an der Spitze des Bistums gesehen hätten, wurde Jerin 1585 zum Bischof gewählt. Traditionsgemäß erhielt er auch das Amt des Oberlandeshauptmannes von Schlesien. Der neue Bischof setzte das schon von seinem Vorgänger in Angriff genommene innerkirchliche Reformwerk fort. Zur Unterstützung für diese große Aufgabe bemühte er sich, schwäbische Landsleute, die Schüler des Germanicums in Rom gewesen waren, in das Breslauer Domkapitel nachzuziehen. 1586 schickte Jerin einen Bericht an den päpstlichen Nuntius, in dem er die trostlose Lage der Kirche in seinem Bistum darlegte. Trotz der Arbeit seines Vorgängers waren nur die Städte Oppeln und Ratibor sowie die Territorien des Bischofs und des Domkapitels katholisch geblieben. Alle anderen Gebiete – die Fürstentümer, die Standesherrschaften, die zahlreichen Städte – hatten die neue Lehre angenommen. Es gab nur noch wenige Klöster und geistliche Stifte, aber auch diese hatten erhebliche Schwierigkeiten, ihren notwendigen Lebensunterhalt zusammenzubringen. Die große Diözese hatte nur noch 160 Seelsorger zur Verfügung, von denen viele verheiratet waren; die wenigsten von ihnen waren gute Seelenhirten.

Die Aufgabe, die Bischof Jerin bei seinem Regierungsantritt vor sich sah, war also erschreckend groß. Mit um so stärkerem Verantwortungsbewußtsein begann er sein Werk; wie er selbst sagte, wollte er »den ganzen zusammengebrochenen Bau der katholischen Religion wieder aufrichten und, soweit der Untergang drohte, aufs neue stützen« (Seppelt). 1590 berief er eine Diözesansynode ein, die die Erneuerung des kirchlichen Lebens vorantreiben sollte. Leider mußte diese Synode zunächst verschoben werden, sie fand dann aber vom 12. bis 14. Oktober 1592 statt. Die seelsorglichen Anliegen standen auf dieser Diözesanversammlung im Mittelpunkt, und die Amtsführung der Priester lag den Teilnehmern besonders am Herzen. Es wurde ein klares Bild des Seelsorgers, der das Kirchenvolk zu einem besseren religiösen Leben führen sollte, gezeichnet. Dabei beeindruckte es die Synodalen besonders, daß der Bischof auch zur Kritik an seiner eigenen Person und seiner Amtsführung ermunterte. Die Priester sollten vor allem die hl. Schrift, die Kirchenväter und den Katechismus studieren. Dabei dürften jedoch nur kirchlich approbierte katholische Bücher gelesen werden. Die Synode stellte sogar eine Vorschlagsliste von geeigneten Handbüchern für den Seelsorger zusammen und versprach, dafür Sorge zu tragen, daß man diese Bücher zumindest

Kaiserhaus, genauer von Karls Bruder Ferdinand aus; aber auch Papst Paul V. hatte sich für ihn eingesetzt und dem Domkapitel entsprechende Hinweise zukommen lassen. Am 14. Dezember 1608 hielt der neue Bischof seinen Einzug in Breslau und drei Tage später in Neisse, um die Huldigung als Landesherr entgegenzunehmen. 1618 war er geweihter Diakon; die Priester- und Bischofsweihe hat er jedoch nie empfangen. 1618 wurde Karl auch zum Hochmeister des Deutschen Ordens ernannt.

Der junge Bischof hatte eine große und schwere Aufgabe vor sich. Er war fest entschlossen, die von seinen Vorgängern eingeleitete Aufbauarbeit fortzusetzen und die katholische Reform weiterzuführen. Die Schwierigkeiten, die sich ihm besonders wegen seiner Jugend und seiner Unerfahrenheit in Regierungsdingen entgegenstellten, konnte er nur mit Hilfe tüchtiger und kluger Männer überwinden. Er fand diese in den Mitgliedern seines Domkapitels, von denen 17 Germaniker waren. Unter seinen Beratern waren freilich auch sein Bruder Ferdinand und die Erzherzöge Maximilian und Albert, seine Vettern, dazu sein Bruder Leopold, Bischof von Passau und Straßburg.

1609 erreichten die schlesischen Fürsten und Stände von dem willensschwachen und schwermütigen Kaiser Rudolf II. die Ausstellung des sogenannten Majestätsbriefes, der den Protestanten Schlesiens eine Reihe von Zugeständnissen machte: es wurden ihnen – auch wenn sie in den geistlichen Territorien lebten – die gleichen Rechte zugebilligt, wie der katholischen Bevölkerung; sie durften eigene Kirchen und Schulen errichten; ferner sollte das Amt des Oberlandeshauptmannes von Schlesien nie wieder dem Bischof, sondern einem weltlichen (das bedeutete natürlich: protestantischen) Fürsten übertragen werden. Zum Bischof von Breslau dürfe nur noch ein Schlesier oder Böhme gewählt werden. Mit diesem kaiserlichen Erlaß wurde also der Grundsatz »cuius regio, eius religio« für Schlesien außer Kraft gesetzt; der Kaiser verzichtete damit auf den ihm nach damaligem Recht zustehenden Anspruch, die Religion der Untertanen in seinen Ländern zu bestimmen. Die Folge wäre eine weitere Protestantisierung des Landes gewesen; die Neugläubigen jubelten denn auch über diese Bestimmungen, die ihnen von Kaiser Rudolfs Nachfolger, Matthias, 1611 noch einmal bestätigt wurden; letzten Endes mußten sie unter den damaligen Verhältnissen zu einer protestantischen Vorherrschaft in Schlesien führen.

Bischof Karl protestierte gegen diesen Majestätsbrief und erkannte ihn nicht als verbindlich an. Persönlich mußte ihn natürlich die Verweigerung der Übertragung des Oberlandeshauptmannsamtes, das seine Vorgänger auf dem Breslauer Bischofsstuhl lange Zeit verwaltet hatten, tief verletzen. Zudem war gerade dieses Amt in der damaligen Zeit eine außerordentliche Stütze für den Bischof auch in seiner Eigenschaft als geistlicher Oberhirt, zum Schutz des Klerus und zur Sicherung des katholischen Glaubens. Er führte denn auch im Bischofsland und der ihm 1623 vom Kaiser übertragenen Grafschaft Glatz tatkräftig und entschlossen die Gegenreformation durch; die protestantischen Prediger verwies er ausnahmslos des Landes. Dabei kam es besonders in der Stadt Neisse wiederholt zu Unruhen, die dem Bischof schwer zu schaffen machten. Es gelang ihm jedoch, dort seine Rechte durchzusetzen. Bischof Karl konnte sogar Jesuiten nach Neisse holen; 1624 eröffnete der Orden dort ein Kolleg, das spätere Gymnasium Carolinum. Zum ersten Rektor dieser Schule berief der Bischof den auch als Astronom und Mitentdecker der Sonnenflecken berühmten Pater Christoph Scheiner (gestorben 1650 in Neisse).

1613 hatte der Kaiser das Herzogtum Troppau einem Konvertiten, Karl von Liechtenstein, übertragen; im gleichen Jahr war auch der Herzog Adam Wenzel von Teschen zur katholischen Kirche übergetreten, so daß der Bischof nun nicht mehr der einzige katholische Fürst in Schlesien war. Für die schlesischen Protestanten wirkte sich zudem ihre Beteiligung am böhmischen Aufstand gegen König Ferdinand im Jahre 1618, dem Beginn des Dreißigjährigen Krieges, sehr ungünstig aus. Die protestantischen Stände Schlesiens unterstützten den von den Böhmen zum Gegenkönig erhobenen Kurfürsten Friedrich V. von der Pfalz (den sogenannten Winterkönig) und empfingen ihn sogar am 22. Februar 1620 feierlich in Breslau. Ferdinand II. besiegte ihn jedoch im gleichen Jahr in der Schlacht am Weißen Berg westlich von Prag und setzte den Majestätsbrief außer Kraft. Die Fürstentümer Jägerndorf, Oppeln, Ratibor, Schweidnitz und Jauer wurden katholischen Fürsten übergeben; die schlesischen Landesherren waren also jetzt mehrheitlich katholisch. In diesen Gebieten wurde von nun an der Protestantismus zurückgedrängt und die katholische Kirche gefördert.

Bischof Erzherzog Karl hat den Ausgang dieser für die katholische Kirche günstigen Entwicklung nicht mehr erlebt. 1624 wurde er zum Vizekönig von Portugal berufen. Er ernannte vor seiner Abreise dorthin den Archidiakon *Dr. Petrus Gebauer* zum Administrator des Bistums. Am 24. November traf er in Spanien ein. Dort starb er im Alter von erst 34 Jahren in Madrid und wurde in der Infantengruft des Escorial bestattet. »Ein Beweis für die große Anhänglichkeit an das Bistum Breslau ist es, daß er sein Herz in die Jesuitenkirche in Neisse überführen ließ, wo es in einer herzförmigen stark vergoldeten Kapsel alljährlich an seinem Namenstag, am 4. November, ausgestellt wurde« (Engelbert).

Die Reformation hatte die katholische Kirche und das katholische Leben in Schlesien bis ins Mark getroffen; es ist deshalb verständlich, daß die kirchliche Erneuerung – eingeleitet durch das Konzil von Trient – nur sehr langsam voranschreiten

26. Breslau. Domportal

27. *Neisse. Jakobuskirche*

konnte. Natürlich ist es schwer zu sagen, wie sich die Reformen des Konzils auf das Kirchenvolk auswirkten. Wenn eine Gemeinde einige Jahrzehnte hindurch einen evangelischen Seelsorger gehabt hatte, dann aber einen katholischen Pfarrer zugewiesen bekam, so war damit noch längst keine Änderung der Denkweise des Volkes gegeben. Deshalb kann man in solchen Fällen auch nicht von einem Versagen der katholischen Erneuerung sprechen, wenn das Volk nicht sofort katholisch dachte. Zunächst freilich wurde dem schlesischen Land und dem Bistum Breslau eine neue schwere Last auferlegt: die Stürme des Dreißigjährigen Krieges und dessen Folgen.

8. Kapitel

Das Zeitalter des Barock (1625–1795)

Bei der nun folgenden Bischofswahl stand das Domkapitel unter erheblichem Druck, und zwar nicht nur seitens des Kaisers, sondern in noch viel stärkerem Maße von seiten der Kurie und des Wiener Nuntius Carlo Caraffa. Der verstorbene Bischof Erzherzog Karl hatte seinem damals elfjährigen Neffen, dem polnischen Prinzen Karl Ferdinand, im Jahre 1624 die Stelle eines Domherren in Breslau verliehen und die Absicht bekanntgegeben, ihn außerdem zu seinem Koadjutor anzunehmen. Beim Tode des Bischofs im fernen Spanien lag jedoch noch keine ausdrückliche Bestätigung des Koadjutors durch den Papst vor. So glaubte das Domkapitel, zu einer freien Wahl berechtigt zu sein. Durch das Eingreifen des Kaisers und des Nuntius sahen sich die Wähler jedoch, wenngleich unter schweren Bedenken, genötigt, dem empfohlenen Kandidaten ihre Stimme zu geben. So kam es, daß der erst zwölfjährige *Prinz Karl Ferdinand,* Sohn des polnischen Königs Sigismund III. aus dem schwedischen Haus der Wasa, am 3. Mai 1625 zum Bischof von Breslau erhoben wurde (1625–1655). Einige Jahre später erhielt Karl Ferdinand auch das Bistum Płock; er hat jedoch nie die Bischofs- oder auch nur die Priesterweihe empfangen. Natürlich bezog er die Einkünfte des Bistums Breslau, hielt sich aber in den dreißig Jahren seines Bischofsamtes nur einige Male für kurze Zeit im Bereich der Diözese auf und lebte vorwiegend in Warschau. Dadurch wurde das Verhältnis zwischen ihm und dem Domkapitel im Lauf der Zeit immer gespannter. Das Kapitel bemühte sich, ihm den Verzicht auf das Bistum Breslau nahezulegen, aber ohne Erfolg.

Immerhin war es ein Glücksfall, daß die eigentliche Verwaltung der Diözese während der Amtszeit Bischof Karl Ferdinands in den Händen dreier hervorragender Männer lag. Weil der Bischof noch minderjährig war, hatte er den Olmützer Domdechanten *Johann Friedrich Freiherr von Breiner,* seit 1618 auch Domherr in Breslau, beauftragt, seine – des Bischofs – persönlichen Interessen in Breslau wahrzunehmen. Breiner hatte im Germanicum studiert und war als gelehrter und frommer Mann bekannt. Er ergriff im Namen des Bischofs und für diesen am 7. Januar 1626 feierlich vom Bistum Besitz. Seinen Wohnsitz nahm er in Neisse. Die Bistumsverwaltung in Breslau wurde dem Archidiakon *Petrus Gebauer*

(1578–1646) übertragen. Dieser gehörte bereits seit 1604 dem Domkapitel an, war lange Jahre Domprediger und seit 1621 Archidiakon von Breslau. Er stammte aus Glogau und hatte seine Ausbildung ebenfalls im römischen Germanicum erhalten. Bischof Erzherzog Karl hatte für die Dauer seiner Reise nach Spanien und Portugal, von der er nicht mehr zurückkehren sollte, Dr. Gebauer zum Administrator des Bistums ernannt. Vor allem als Visitator der Diözese hatte dieser sich außerordentlich verdient gemacht. Die nach dem Tode Bischof Karls notwendigen Verhandlungen mit Rom und Warschau – es ging dabei besonders um die Wahlkapitulationen für die kommende Bischofswahl – waren von Petrus Gebauer geführt worden.

Der führende Kopf des Bistums war zu dieser Zeit jedoch der *Weihbischof Johann Balthasar Liesch von Hornau* († 1661). Auch er war Germaniker; seit 1624 im Domkapitel, hatte Bischof Karl ihn zum Weihbischof vorgesehen; wegen des Todes des Bischofs und der anschließenden Neuwahl konnte er aber erst 1626 konsekriert werden. Im September 1635 wurde er zum Dompropst ernannt; im gleichen Jahr übertrug ihm der Bischof die eigentliche Bistumsverwaltung und die weltliche Leitung des Bischofslandes. Voller Tatkraft und mit großer Umsicht trug Weihbischof Liesch durch 25 Jahre diese Verantwortung für die Diözese. Seine Aufmerksamkeit galt dabei auch den neuen Orden, die sich für die Wiedererneuerung der Kirche einsetzten, den Jesuiten und daneben den Kapuzinern, deren Niederlassungen in Breslau und Neisse er angelegentlich förderte.

In diesen Jahren wurde – wie andere deutsche Länder – auch Schlesien durch die Verheerungen des Dreißigjährigen Krieges (1618–1648) schwer heimgesucht. Zunächst waren die Kriegsstürme an Schlesien vorübergezogen; 1632 aber fiel ein aus Schweden, Brandenburgern und Sachsen bestehendes Heer in das Land ein, Glogau wurde erobert, das Kloster Leubus geplündert und Liegnitz belagert. Im September des gleichen Jahres wurde die Breslauer Dominsel besetzt, zurückgebliebene Bewohner mußten Mißhandlungen erleiden, der Bischofshof wurde ausgeplündert, Glocken von Dom und Kreuzkirche geraubt. Die Krypta der Kreuzkirche machte man zum Pferdestall, die Altäre wurden abgebrochen. Im Dom hielt man protestantischen Gottesdienst. »Am meisten litt die reiche Dombibliothek, deren Schätze von der verrohten Soldateska zerrissen, verbrannt, in die Oder geworfen oder verkauft wurden. Damals gingen 298 Pergamenthandschriften, 218 Papiermanuskripte und 2213 Druckwerke, außerdem unersetzliche Archivalien und Akten der Domkapitelregistratur verloren. Ähnlich wie dem Dom erging es der Sandinsel. Das Kloster der Augustiner-Chorherren wurde ausgeplündert und die ansehnliche Bibliothek vernichtet« (Engelbert). Die Stadt Breslau selbst bewahrte Neutralität. Kurz darauf besetzten die feindlichen Truppen Neisse, Oppeln und Ratibor; man holte die protestantischen Geistlichen zurück und hielt evangelische Gottesdienste in katholischen Kirchen. Auch nach dem Tode des schwedischen Königs Gustav Adolf (16. November 1632) gingen die Verheerungen in Schlesien weiter. Am 26. November 1632 besetzten die kaiserlichen Truppen Neisse und unternahmen – geführt von dem General Hans Ulrich von Schaffgotsch – Streifzüge bis nach Ohlau, Brieg, Strehlen, Münsterberg und Grottkau. Feindliche Soldaten steckten jedoch zu Pfingsten 1633 die bischöfliche Stadt Wansen in Brand, zerstörten das Kloster Grüssau und töteten dort neben fünf Mönchen auch mehrere Bürger. Dem kaiserlichen Feldherrn Wallenstein gelang es während des Jahres 1633, den größten Teil Schlesiens zurückzugewinnen. Leider geriet dabei der Dom zu Breslau in Brand. Zu den Schrecken des Krieges kam im Sommer und Herbst des gleichen Jahres noch die Pest, die viele Opfer forderte, so daß manche Dörfer völlig ausstarben.

Wallenstein wurde am 25. Februar 1634 in Eger ermordet. Die protestantischen Stände Schlesiens erhofften sich nun Hilfe von den Schweden; dabei strebten sie die vollständige Trennung vom habsburgischen Kaiserhaus an, die Stadt Breslau sollte zur Reichsstadt erhoben werden. Praktisch handelte es sich also um eine Rebellion gegen den Kaiser. Obwohl dieser nun keine Gegenmaßnahmen ergriff, sondern lediglich die Schlesier zur Treue mahnte, wiesen die Stände den kaiserlichen Versöhnungsversuch zurück. So ist es nicht verwunderlich, daß der Kaiser im Frieden von Prag (30. Mai 1635) nur der Stadt Breslau und den Fürsten, die sich am Kampf gegen ihn beteiligt hatten, nicht aber den Standesherren Amnestie gewährte. »Die Stadt Breslau verlor die Hauptmannschaft über das Fürstentum Breslau mit der Landeskanzlei, zu dem die Weichbilder Neumarkt und Namslau gehörten. In den Erbfürstentümern Glogau, Sagan, Schweidnitz, Jauer, Münsterberg und Breslau mit Ausnahme der Stadt behielt sich der Kaiser eine Änderung der Religion vor, gestattete aber denen, die nicht katholisch werden wollten, binnen drei Jahren ihre Habe zu verkaufen und auszuwandern« (Engelbert). Durch den Frieden von Prag kam Schlesien wieder unter kaiserliche Gewalt. Im Juli 1635 wurden Sand- und Dominsel von der feindlichen Besatzung geräumt. Das geflohene Domkapitel kehrte freilich erst Ende August zurück.

Mit dem Frieden von Prag war der Krieg noch längst nicht beendet. 1639 fielen die Schweden erneut in das Neisser Land ein und eroberten die bischöflichen Schlösser Ottmachau, Johannesberg und Friedberg. Besonders furchtbar wüteten die Feinde im Westen Schlesiens, katholische Pfarrer wurden vertrieben und den Katholiken wiederum Gotteshäuser weggenommen. In den folgenden Jahren hielten die Schweden weiterhin das Land besetzt, wobei immer wieder Kämpfe aufflammten. »Sechs Jahre lang trieben die Schweden ihr Kriegsspiel in Schlesien . . . Den unglücklichen Einwohnern blieb beim Herannahen der Schweden die Flucht in die Wälder . . . Doch wurden sie auch dort von den beutegierigen Feinden aufgesucht und beraubt« (Engelbert). Erst der Westfälische Friede brachte ab 1648 dem entvölkerten und beinahe völlig erschöpften schlesischen Land Ruhe, wenn auch schwedische Garnisonen in manchen Orten noch fast zwei Jahre von den Bewohnern verpflegt werden mußten.

Die unermeßlichen Schäden und Verwüstungen, die in den Jahrzehnten des Krieges entstanden waren, hatten nicht nur wirtschaftliche und kulturelle Werte vernichtet; auch das kirchliche Leben war sehr schwer getroffen. Die aus dieser Zeit erhaltenen Visitationsberichte sprechen von den zerstörten Gotteshäusern, vom religiösen Tiefstand der wenigen Priester; das gesamte kirchliche Leben war zerrüttet, die Bevölkerung verfiel dem Aberglauben, vor allem dem unseligen Hexenwahn. 1653 wurde in Neisse eine Diözesansynode gehalten, die sich vorrangig um die Befolgung der Trienter Konzilsbeschlüsse bemühte, um die religiöse Lage zu bessern; für kranke und alte Priester sollte ein geistliches Haus gegründet werden.

Von 1628 an – also noch während der Kriegsjahre – war man in den Städten bestrebt, die Kirchen für die Katholiken zurückzugewinnen. Dabei scheute man auch nicht vor dem Versuch zurück, protestantische Gläubige gewaltsam zur katholischen Kirche zu bekehren. »Solche Vorkommnisse sind gewiß vom heutigen Standpunkt aus nicht zu billigen, wurden auch damals schon von vernünftig Denkenden u. a. von den Jesuiten verurteilt, sind aber verständlich in einer Zeit, in der von Protestanten (Schweden) oft die gleichen brutalen Methoden angewandt wurden« (Kaps). 1648 kam endlich der Westfälische Friede zustande, dessen Bestimmungen auch die kirchliche Lage in Schlesien berührten. Die evangelischen Herzöge von Brieg, Liegnitz, Münsterberg und Oels, dazu die Stadt Breslau – alles fast rein protestantische Gebiete – erhielten das Recht, ihre Konfession frei auszuüben. Dem Kaiser wurde in den Erbfürstentümern das Recht zugestanden, den katholischen Glauben zu erhalten bzw. wieder einzuführen. Dabei sollte jedoch kein protestantischer adliger Grundherr oder dessen Untertanen wegen ihrer Konfession zur Auswanderung gezwungen werden, vielmehr durften sie außerhalb der betreffenden Gebietsgrenzen in benachbarten Orten den evangelischen Gottesdienst besuchen. Dazu wurde ihnen erlaubt, außerhalb der Mauern der drei Städte Schweidnitz, Jauer und Glogau je eine sogenannte evangelische Friedenskirche zu erbauen.

Kaiser Ferdinand III. setzte unter Berufung auf diese Bestimmungen sogenannte Reduktionskommissionen ein, die dafür sorgen sollten, daß in den Erbfürstentümern die Gotteshäuser den Katholiken zurückgegeben wurden. »Insgesamt wurden 1653/54 656 Kirchen den Protestanten weggenommen. Diese Kirchen waren teilweise ebenso mit Gewalt seinerzeit den Katholiken entrissen und protestantisch gemacht worden, aber es war doch hart, daß die inzwischen ganz protestantisch gewordenen Gemeinden die Kirchen verlieren sollten, auch wenn gar keine oder nur wenige Katholiken am Ort waren. Da man für diese Kirchen nicht ausreichend Priester hatte, so wurden der Regel nach mehrere einem katholischen Pfarrer anvertraut, der aber meist ein recht undankbares Arbeitsfeld vorfand. Die Protestanten hielten sich natürlich vom Gottesdienst fern oder wohnten ihm nur gezwungen bei, während die sog. Buschprediger großen Zulauf hatten, die heimlich protestantischen Gottesdienst hielten und Taufen, Trauungen und Konfirmation vornahmen« (Kaps). 1668 wurde eine solche Kirchenreduktion auch im Fürstentum Sagan durchgeführt. Dasselbe geschah ab 1678 in den Herzogtümern Liegnitz, Brieg und Wohlau, als der letzte Piastenherzog Georg Wilhelm starb und seine Länder als erledigtes Lehen an den Kaiser fielen. Hier wurden etwa 110 Kirchen den Katholiken zurückgegeben. Das ganze Vorgehen war zwar juristisch einwandfrei, politisch aber war es unklug, denn die Protestanten wurden auf diese Weise mit Widerwillen gegen die habsburgische Herrschaft erfüllt. »Dieses Verfahren widersprach auch den Zusagen, die den Protestanten dieser Territorien im Westfälischen Frieden gemacht worden waren, aber es entsprach den damals herrschenden staatsrechtlichen Gedanken: man sah damals allgemein in der Einheit und Einigkeit des Glaubens das beste Mittel, um Frieden und Ruhe im Volk zu befestigen, man hielt es für Pflicht des Herrschers, für das Seelenheil der Untertanen zu sorgen, das man nur durch die Annahme der Religion des Landesherrn für gesichert erachtete. An Gewissensfreiheit und Parität dachte man damals noch nicht, weder in katholischen noch in protestantischen Staaten« (Seppelt).

Die katholische Kirche in Schlesien verdankt es also weitgehend dem habsburgischen Herrscherhaus, daß ihr ein erheblicher Teil des entrissenen Besitzes rückerstattet wurde. Freilich geriet sie dadurch in eine fast totale Abhängigkeit von der Regierung des Kaisers. Schwerer Druck wurde vor allem auf die Breslauer Bischofswahlen ausgeübt, aber auch sonst kamen bei der Vergabe von Benefizien und in Vermögensangelegenheiten staatliche Übergriffe vor.

Bischof Karl Ferdinand hatte bei seiner Wahl versprechen müssen, sich für die Exemtion des Bistums Breslau, d. h. für die Loslösung von der polnischen Kirchenprovinz Gnesen einzusetzen. Wie schon erwähnt, hatte Otto III. das Bistum bei seiner Gründung dem Erzbistum Gnesen unterstellt. Freilich waren die Rechte der Metropoliten (Erzbischöfe) den Suffraganbistümern gegenüber nicht sehr bedeutend; sie »bestanden in der Bestätigung und Weihe der Suffragane, der

Einberufung von Provinzialsynoden und der Visitation der ihnen unterstellten Bistümer«; die Metropoliten »übten die Oberaufsicht aus und waren Berufungsinstanz. Zugunsten der Päpste sind zudem diese Metropolitanrechte, insbesondere die Bestätigung der Bischofswahlen, wesentlich eingeschränkt worden« (Sabisch). Durch die Verträge der Jahre 1335 bis 1339 hatten sich die schlesischen Herzöge und das schlesische Land endgültig vom polnischen Staatsverband getrennt. Auch der Breslauer Bischof hatte den König von Böhmen als obersten Lehnsherren anerkannt. Im Bistum entstanden bald Strömungen, die auch auf eine kirchliche Trennung von Polen hinzielten. Es bestanden sogar Pläne seitens Kaiser Karls IV., Breslau dem böhmischen Erzbistum Prag zu unterstellen. Dieses Vorhaben kam jedoch nicht zur Ausführung, da sowohl der Erzbischof von Gnesen als auch der polnische König heftigen Widerstand leisteten, »hätte doch die Angliederung Breslaus an Prag für alle Zeiten eine völlige Zurückdrängung der alten polnischen Ansprüche Polens auf Schlesien bedeutet« (Sabisch). Das Bistum Breslau gehörte also weiter zur Kirchenprovinz Gnesen; die Beziehungen zur alten Metropole wurden nicht etwa schlechter, und die Breslauer Bischöfe erkannten fernerhin den Erzbischof von Gnesen als ihren Metropoliten an. Das änderte sich auch im 15. Jahrhundert nicht; vielmehr bestanden normale Beziehungen zwischen dem Bistum Breslau und seiner Metropole.

In den Jahrzehnten nach dem Beginn der Reformation ist sogar eine Verstärkung der Bindung an Gnesen festzustellen, hervorgerufen durch den Kampf gegen die protestantische Neuerung. Man suchte in der Metropole einen Rückhalt zu finden. Bis 1570 leistete das Bistum Breslau auch den Einladungen zur Teilnahme an den Provinzialsynoden der Gnesener Kirchenprovinz im großen und ganzen Folge. Nur in der ersten Hälfte des 16. Jahrhunderts sind – aus nicht eindeutig festzustellenden Gründen – die Provinzialkonzilien nicht von Breslauer Vertretern besucht worden.

Um das Jahr 1560 – vielleicht auch schon früher – unternahm der Kaiserhof in Wien Schritte in Rom, die eine Loslösung Breslaus von der Kirchenprovinz Gnesen zum Ziel hatten. Die Trennung wurde zwar von polnischer Seite verhindert, aber der Gedanke einer Lockerung der Verbindung zwischen Breslau und seiner Metropole blieb wohl lebendig. 1577 blieben die Breslauer der Provinzialsynode fern, und auch auf den späteren Synoden in den Jahren 1589, 1607, 1621, 1628 und 1634 war Breslau nicht vertreten. Damit hatte eine »Entwicklung begonnen, die zur allmählichen Lösung des Bistums von der Metropole führen und schließlich die faktische Exemtion erreichen sollte« (Sabisch). Das Breslauer Domkapitel sah in einer Verlautbarung von 1614 die Trennung Breslaus von der Gnesener Kirchenprovinz als vollendete Tatsache an, wenn auch der damalige Bischof Erz-

herzog Karl in zwei Schreiben von 1619 den Erzbischof von Gnesen als seinen Metropoliten anerkannte. Allerdings ist zu bemerken, daß Karl mit König Sigismund III. von Polen verschwägert war; zudem hatte er bei Beginn des Dreißigjährigen Krieges Warschau als Zufluchtsort gewählt, so daß seine Anerkennung Gnesens als Metropole leicht zu erklären ist. Als sich Karl 1624 vor seiner Abreise nach Portugal bemühte, seinen Neffen, den Prinzen Karl Ferdinand von Polen, zum Koadjutor zu erhalten, forderte das Domkapitel – freilich vergeblich – eine päpstliche Bestätigung der Exemtion des Bistums. Dafür erklärte König Sigismund III. selbst, er werde beim Erzbischof von Gnesen dahin wirken, daß Breslau nicht unter dessen Metropolitangewalt gezogen werde. Die tatsächliche Exemtion des Bistums Breslau wurde jedoch erst 1641 erreicht. Kaiser Ferdinand III. hatte auf dem Reichstag zu Regensburg im Jahre zuvor als Landesherr von Schlesien entschieden, die Breslauer Bischöfe sollten in Zukunft alle Verbindung mit Gnesen abbrechen. Rom fällte damals keine ausdrückliche Entscheidung. 1732 aber bezeichnete eine Urkunde Clemens' XII., mit der die Wahl des Grafen Philipp Ludwig von Sinzendorf zum Bischof von Breslau bestätigt wurde, das Bistum Breslau als dem Apostolischen Stuhl unmittelbar unterstellt, d. h. also als exemt. Juristisch verankert wurde diese Exemtion im Jahre 1821 durch die Bulle »De salute animarum«.
Bischof Karl Ferdinand starb im Alter von erst 42 Jahren am 9. Mai 1655 in seinem Wohnsitz Wyszków bei Warschau. In der Warschauer Jesuitenkirche fand er seine letzte Ruhestätte. Zu seinem Nachfolger wurde am 3. August des gleichen Jahres wiederum ein österreichischer Prinz gewählt: *Erzherzog Leopold Wilhelm* (1655–1662). Dieser war 1614 als zweiter Sohn Kaiser Ferdinands II. in Graz geboren worden. Noch als Kind wurde er Bischof von Straßburg und von Passau (1625); ein Jahr später erhielt er das Bistum Halberstadt und 1637 die Diözese Olmütz; dazu kamen noch die Bistümer Magdeburg und Bremen und die Reichsabteien Hersfeld und Marbach. Seit 1642 war er auch Hochmeister des Deutschen Ordens. Mit Recht also wird er bezeichnet als »einer der größten Pfründenbesitzer der deutschen Kirchengeschichte überhaupt« (bei Strnad). Leopold Wilhelm hatte niemals eine höhere Weihe empfangen. Dafür war er Feldherr im Dreißigjährigen Krieg gewesen; er war einer der größten Kunstsammler seiner Zeit. Die Wahl zum Bischof von Breslau kam natürlich auf kaiserlichen Einfluß hin zustande. Der Erzherzog erhielt erst einen Monat später – am 6. September 1655 – die Nachricht von seiner Erwählung, da er sich zu dieser Zeit im fernen Brüssel aufhielt. Seit 1646 hatte er das Amt eines Statthalters in Belgien innegehabt. Von dort kehrte er erst 1656 zurück, schlug aber seine Residenz in Wien auf und interessierte sich hauptsächlich für die Verwaltung seiner Pfründen. Das schlesische

Land besuchte er nur einmal für kurze Zeit im Herbst 1656. Um seine Aufgaben als Bischof von Breslau kümmerte er sich so gut wie gar nicht.
Aus seiner Zeit stammt das erste Breslauer Direktorium, ein noch heute jährlich herausgegebener Kalender mit Anweisungen für die tägliche Feier der Messe und des Stundengebetes. Auf der Diözesansynode von 1653 war das römische Brevier verpflichtend für das Bistum Breslau eingeführt worden. Einige Jahre später (1662) lag auch das neu von Rom approbierte Breslauer Proprium vor, das die Eigenfeste der Diözese enthielt. Um beide Ordnungen für die Praxis miteinander in Übereinstimmung zu bringen, wurde für das Jahr 1663 (also 1662 verfaßt) zum ersten Mal ein solches Direktorium herausgegeben, allerdings nicht vom Bischof, sondern vom Domdekan, der für den Gottesdienst in der Kathedrale, der Mutterkirche des ganzen Bistums, verantwortlich war und dessen Wappenbild das Titelblatt des Büchleins schmückte. – Bischof Leopold Wilhelm starb am 27. November 1662 in Wien und fand seine letzte Ruhestätte in der Kapuzinergruft, der Grabstätte der Habsburger.
Sein Nachfolger auf dem Breslauer Bischofsstuhl wurde abermals ein österreichischer Erzherzog: *Karl Joseph* (1663–1664). Er war ein Sohn Kaiser Ferdinands III.; 1649 geboren, erhielt er die Bistümer Passau und Olmütz und dazu das Amt des Hochmeisters des Deutschen Ordens. Bei der Wahl zum Breslauer Bischof am 23. Februar 1663 »hatte das Kapitel die kaiserliche Empfehlung widerstandslos angenommen« (Jedin), obwohl der Erzherzog erst dreizehn Jahre alt war. Karl Joseph starb aber schon im Jahr darauf in Linz an einem Krampfanfall und wurde ebenfalls in der Kapuzinergruft bestattet.
Obwohl diese beiden habsburgischen Bischöfe sich um die schlesische Diözese persönlich nicht kümmerten, wurde das Bistum Breslau während dieser Jahre nicht schlecht verwaltet. Vor allem waren es wieder Weihbischof *Balthasar Liesch von Hornau* († 1661) und dann sein Nachfolger, der aus Neisse gebürtige *Karl Franz Neander* (1662–1693), die sich große Verdienste um die Seelsorge im Bistum erwarben. Noch bedeutender freilich als die beiden Weihbischöfe wirkte der Domherr und Doktor der Theologie *Sebastian Rostock.* Er stammte ebenfalls aus Schlesien und war am 24. August 1607 in Grottkau als Sohn eines Hufschmiedes oder Seilers geboren. 1626 ging er an die Universität nach Olmütz. Dort war 1566 von den Jesuiten ein Gymnasium eröffnet worden, das Kaiser Maximilian II. 1574 zu einer Akademie für Philosophie und Theologie erhob; sie gelangte bald zu großer Berühmtheit. Da die Absicht des Bischofs Balthasar von Promnitz, in Neisse eine Jesuitenschule zu gründen, nicht verwirklicht werden konnte, studierten in der Folgezeit zahlreiche junge katholische Schlesier auf den Jesuitenakademien Prag oder Olmütz. 1633 wurde Sebastian Rostock zum Priester geweiht. Von 1635 bis

1649 war er Pfarrer in Neisse, erwarb 1636 den akademischen Grad eines Doktors der Theologie und wurde 1645 wegen seiner Verdienste während der Zeit der Pest und des Dreißigjährigen Krieges in den Adelsstand erhoben. 1641 erhielt er ein Kanonikat am Dom zu Breslau; 1649 wurde er Archidiakon und Prediger am Dom. Bischof Leopold Wilhelm ernannte ihn 1653 zum Generalvikar und Offizial, Bischof Karl Joseph erhob ihn zum Koadministrator. Rostock war ein ganz hervorragender Seelsorger – als Pfarrer wie als kirchlicher Verwalter. An dem schwierigen Werk der Kirchenreduktion von 1653/54 war er maßgeblich beteiligt.

Nach dem überraschend schnellen Tod des jugendlichen Bischofs Erzherzog Karl Joseph wollte das Kapitel wieder einmal einen Einheimischen zum Nachfolger wählen. Obwohl die kaiserlichen Wahlkommissare den Erzbischof von Prag als Kandidaten vorgeschlagen hatten, entschied sich das Domkapitel am 21. April 1664 – freilich erst im sechsten Wahlgang – für den Archidiakon *Sebastian Rostock* als neuen Oberhirten (1665–1671). 1665 empfing er – nach der Bestätigung durch den Papst – die Bischofsweihe. Das Kapitel hatte eine gute Wahl getroffen; Sebastian Rostock erwies sich als »der beste Breslauer Bischof der Gegenreformation« (Jedin), »der sich mit ganzer Hingabe der Erneuerung seiner Diözese widmete« (Rose). Bald nach seiner Wahl ernannte ihn der Kaiser zum Oberlandeshauptmann, was um so bemerkenswerter ist, als die Breslauer Bischöfe seit 1609 nicht mehr mit diesem Amt betraut worden waren. Der neue Bischof stand im wesentlichen vor zwei Problemen: einerseits Wiederaufbau des Bistums und Beseitigung der Kriegsschäden, andererseits innere Erneuerung durch Förderung des religiösen Lebens. Für diese Aufgaben brachte Sebastian von Rostock neben seiner langen seelsorglichen und administrativen Erfahrung einen zielbewußten Willen und tatkräftige, in ernster Selbstzucht gefestigte Energie mit, so daß sein hingebungsvolles Wirken bald eine merkliche Verbesserung der kirchlichen Lage in Schlesien herbeiführte. Zunächst gelang es dem Bischof, vom Kaiser den Erlaß eines Ediktes zu erreichen, das sich gegen die protestantischen Schullehrer richtete. Diese waren in den zum katholischen Glauben zurückgeführten, innerlich aber in der Regel protestantisch gebliebenen Gemeinden Rückhalt und Stütze des reformatorischen Geistes und hatten anstelle der ausgewiesenen evangelischen Pfarrer Gottesdienste gehalten. Jetzt wurden sie von ihren Stellen entfernt. Außerdem sollten nun endlich auch die protestantischen Patronatsherren zur Besetzung dieser »reduzierten« (d. h. zum katholischen Glauben zurückgeführten) Pfarrgemeinden und Kirchen katholische Geistliche vorschlagen. Von jetzt an wurde dafür Sorge getragen, daß in solchen Gemeinden alle nur noch den katholischen Gottesdienst besuchten. Die Teilnahme an Gottesdiensten in evangelischen Kirchen außerhalb der Grenzen des eigenen Landes wurde unter Strafe gestellt. Alle diese Maßnahmen sind aus der damaligen Zeit zu verstehen; sie waren damals legitim und nicht anzufechten. Die Protestanten handelten in ihren Gebieten ähnlich.

Um die Erneuerung zielgerecht in Angriff nehmen zu können, war es zunächst notwendig, in der ganzen Diözese eine Visitation durchzuführen, die Mißstände aufdecken und überhaupt die kirchlichen Zustände in den einzelnen Gemeinden ermitteln sollte. Diese allgemeine Bestandsaufnahme wurde 1666 durchgeführt. Im Anschluß daran kam es zu einer organisatorischen Neuordnung des Bistums: neue Archipresbyterate (Dekanate) wurden gebildet und bestehende neu umgrenzt. Um dem Priestermangel, der vor allem wegen der zahlreichen neuen, d. h. zurückgeführten Pfarreien sehr spürbar geworden war, baldmöglichst abzuhelfen, bemühte sich der Bischof um gute und gebildete Geistliche aus anderen Diözesen. Außerdem war es das besondere Anliegen des Breslauer Oberhirten, sittlich hervorragende und seelsorglich tüchtige Priester im eigenen Bistum heranzuziehen. Das Priesterseminar wurde nach Breslau verlegt, und die Priesteramtskandidaten erhielten nun ihre Ausbildung im Kolleg der Jesuiten. Ein besonderes Augenmerk mußte Bischof Sebastian auf die Wiederinstandsetzung der während der Kriegsereignisse beschädigten oder zerstörten Gotteshäuser und kirchlichen Gebäude richten. Religiöses Leben konnte nur gedeihen, wenn geeignete und schöne Kirchen zum Gottesdienst einluden. Durch alle diese einzelnen Schritte gelang es dem Bischof in verhältnismäßig kurzer Zeit, die Kirche im schlesischen Land zu festigen und die Seelsorge einer neuen Blüte entgegenzuführen.

Der kirchliche Aufschwung griff auch auf die Klöster über. In der Reformationszeit waren zahlreiche Klöster geschlossen worden. Das wurde jetzt zum Teil rückgängig gemacht; vor allem wurden verschiedene Häuser der Bettelorden wiedereröffnet. Dazu kamen Neugründungen, unter denen einige Karmeliterklöster zu nennen sind. Ganz besonders aber wurden die schlesischen Zisterzienserstifte von der Erneuerung ergriffen. Das Hauptverdienst daran trug zweifellos der damalige Abt des Klosters Grüssau, *Bernhard Rosa* (1660–1696). Dieser stammte aus Glogau, einer Stadt, die »mit Breslau und Neisse zu den Brennpunkten des kulturellen und wirtschaftlichen Lebens in Schlesien gehörte« (Rose). Bernhard Rosa wurde 1624 geboren, besuchte zunächst die Lateinschule seiner Heimatstadt, studierte kurz in Breslau und in den Jahren 1644 und 1645 in Köln Philosophie. Danach ging er zum Theologiestudium nach München, mußte aber wegen einer ernsten Erkrankung nach Schlesien zurückkehren und beendete seine theologische Ausbildung in der bischöflichen Stadt Neisse. Mit 25 Jahren trat er 1649 in die schlesische Zisterzienserabtei Heinrichau ein. Ein Jahr später legte er die Profeß ab und empfing 1651 die Priesterweihe. Schon nach kurzer Zeit – 1653 – wurde Bernhard Rosa zum Prior des Klosters ernannt. Als solchem war ihm die Möglichkeit gegeben, die monastische Disziplin des Klosters zu erneuern. Beispielsweise führte er die gemeinsamen Mahlzeiten der Mönche wieder ein. Unter seinem Priorat erreichte Heinrichau eine neue Blüte. 1660 wurde Bernhard zum Abt des Klosters Grüssau gewählt. Die Güter des Klosters brachten gute Einnahmen; der neue Abt verwendete sie hauptsächlich zum Bau von Kirchen und Spitälern und zur Einrichtung von Schulen. Große Summen wurden auch den Armen gegeben. Für den Neubau des Klosters errichtete Abt Bernhard eine Stiftsbauhütte. Mit dieser Bautätigkeit wurden Arbeitsplätze für Stiftsuntertanen, aber auch für Auswärtige geschaffen. So holte der Abt »den bedeutendsten Barockmaler seiner Zeit in Ostdeutschland, Michael Willmann (1630–1706)« nach Grüssau (Rose). 1669 errichtete Bernhard Rosa in Grüssau eine Lateinschule, die später zu einem Vollgymnasium erweitert wurde. Außerdem entstand für das Studium der jungen Mönche eine theologische Schule, an der auch auswärtige Mönche studierten.

1673 wurde Abt Bernhard vom Generalabt der Zisterzienser zum Beauftragten für die sieben schlesischen Klöster (Leubus, Kamenz, Heinrichau, Rauden, Himmelwitz, Grüssau und das Frauenkloster Trebnitz) und die vier Propsteien des Ordens (Kasimir, Seitsch, Warmbrunn, Würben bei Schweidnitz) bestimmt. Fast in jedem Jahr versammelte der Grüssauer Abt nun die anderen schlesischen Zisterzienseräbte zu einem Provinzialkapitel, das sich ganz besonders mit dem geistlichen Leben der Mönche befaßte. Die Visitationsprotokolle, die Bernhard Rosa zu führen hatte, »sind Zeugen, wie die schlesischen Zisterzen neu erblühten und erfolgreich für Kirche und Kultur tätig waren« (Rose). Freilich galt das nicht für Schlesien allein; die zahlreichen prächtigen Klosterbauten der Barockzeit, vor allem in Süddeutschland und in Österreich, zeigen den Aufschwung der Klöster überhaupt in der damaligen Zeit.

Abt Bernhard Rosa begann bald nach Antritt seines Amtes das Stiftsland des Klosters Grüssau zu rekatholisieren. Er wandte dabei in erster Linie religiöse Mittel an: in den in früheren Jahren an Adlige verpfändeten Dörfern, in denen Stiftsuntertanen gegen das Recht gezwungen worden waren, den reformatorischen Glauben anzunehmen, wurde versucht, durch Predigten auf die Bewohner einzuwirken und sie zur katholischen Kirche zurückzuführen, was auch in den meisten Fällen gelang. »Wir dürfen Abt Bernhard nicht mit dem Toleranzbegriff einer späteren oder unserer Zeit messen. Damals dachte und handelte man anders, gerade auch auf protestantischer Seite. Wir wollen manche Härten bei der Rekatholisierung des Stiftslandes nicht gering achten, doch darauf hinweisen, mit welcher Güte und Großzügigkeit gerade unser Abt allzeit für seine Untertanen gesorgt hat« (Rose). Abt Bernhard Rosa starb am 1. November 1696 im Alter von 73 Jahren.

Neben den Zisterziensern waren es vor allem die Orden der Kapuziner und der Jesuiten, die einen nicht geringen Anteil an der religiösen Erneuerung dieser Zeit hatten. Gerade die Gesellschaft Jesu konnte während des 17. Jahrhunderts im Bistum Breslau neun Kollegien mit zugehörigen Gymnasien und dazu eine Anzahl kleinerer Niederlassungen errichten.

Eine solche, innerlich erneuerte und äußerlich glänzend dastehende Kirche mußte naturgemäß eine große Anziehungs- und Werbekraft nicht nur auf eigene Glaubensangehörige, sondern auch auf Außenstehende ausstrahlen. Es ist die Zeit der großen, hervorragenden Konvertiten, die – zumeist hochgebildete und bedeutende Menschen – sich nun der katholischen Kirche zuwandten. Zu ihnen gehört der von Abt Rosa nach Grüssau geholte Maler *Michael Willmann,* der – in Königsberg geboren – 1660 in Leubus zum katholischen Glauben übertrat und außer in Grüssau auch noch in anderen schlesischen Zisterzienserklöstern seine prächtigen Werke schuf.

Einen anderen Lebensweg nahm der Jurist und Historiker *Gottfried Ferdinand Buckisch* (1641–1698). Er wurde in Oels als Sohn eines evangelischen Kaufmanns geboren und studierte Rechtswissenschaften in Leipzig und Jena. 1672 wurde er Ratsherr in Strehlen, 1675 trat er zur katholischen Kirche über. In kaiserlichem Dienst hatte er bis 1689/90 die Stellung eines Regierungssekretärs im Fürstentum Brieg inne, wo er sich eifrig für die Wiedereinführung des katholischen Glaubens einsetzte. 1691 erhob ihn der Kaiser in den Adelsstand, ein Jahr später war er Professor für Geschichte und Recht in Wien. Er starb 1698 in Mainz. Buckisch hat einige geschichtliche Werke, darunter sieben Bände »Schlesische Religionsakten«, verfaßt.

Noch bedeutender und weit über Schlesiens Grenzen hinaus bekannt ist der Mystiker *Johannes Scheffler,* genannt *Angelus Silesius* (1624–1677); er gehört »zu den großen Schlesiern, die nicht nur das deutsche Geistesleben entscheidend beeinflußten, sondern vor allem auch gültiger und dauernder Besitz des Volkes geworden sind« (K. Schindler). Scheffler wurde im Jahre 1624 in Breslau geboren und im lutherischen Glauben erzogen. Nach dem frühen Tod seiner Eltern und dem Besuch des Elisabethgymnasiums in Breslau studierte er Philosophie und Medizin in Straßburg, Leiden und Padua. Leiden war zu dieser Zeit ein Sammelpunkt mystisch-sektiererischer Gruppen, und Scheffler selbst beschäftigte sich hier während seines zweijährigen Aufenthaltes mit den Schriften der deutschen My-

stiker, besonders mit den Werken seines schlesischen Landsmannes Jakob Böhme. Dieses Studium wurde für seine weitere Entwicklung entscheidend. In Padua erwarb er dann den zweifachen Doktorgrad in Philosophie und Medizin. 1649 kehrte er nach Schlesien zurück; im gleichen Jahr wurde er Leibarzt des protestantischen Herzogs Silvius Nimrod von Oels. In Ludwigsdorf bei Oels schloß er Freundschaft mit einem persönlichen Freund Jakob Böhmes, Abraham von Frankenberg, mit dem er tiefe Gespräche über Fragen der Mystik führte. Dabei lernte Johannes Scheffler immer besser die katholischen Mystiker des Mittelalters, aber auch der neueren Zeit kennen und las Werke der Kirchenväter und andere theologische Schriften. All das brachte ihn dem katholischen Glauben näher. 1652 verzichtete er auf sein Amt als herzoglicher Arzt und ging nach Breslau; hier trat er schon im folgenden Jahr zur katholischen Kirche über und nahm bei der Firmung in der Matthiaskirche den Namen Angelus an. Vielleicht hat ihn das gründliche Studium theologischer und mystischer Fragen auf den Gedanken gebracht, nun auch Priester zu werden. Jedenfalls empfing er im Mai 1661 in Neisse die Priesterweihe. Die folgenden Jahre lebte er im Matthiasstift in Breslau, wo er 1677 im Alter von 53 Jahren starb. Mehrere Male war Scheffler Gast im Kloster Grüssau; er besuchte dort seinen Freund Bernhard Rosa.
Von seinen Schriften ist wohl am bekanntesten der »Cherubinische Wandersmann«, eine Gedicht- und Spruchsammlung, die erstmals 1657 erschien und in der »sich die gesamte Ideenwelt der Mystik zum erstenmal in deutscher Sprache verdichtet. Die Sprüche sind wie Blitze, die mit kurzem, blendendem Licht in die Abgründe menschlicher Gottbegegnung hineinleuchten« (W. Dürig). Neben anderen Werken sind noch etwa 55 theologische Streitschriften und eine Reihe von noch heute gesungenen Liedtexten (z. B. »Ich will dich lieben, meine Stärke«; »Morgenstern der finstern Nacht«; »Mir nach, spricht Christus, unser Held«) bedeutsam. Mehrere seiner Schriften erschienen noch zu seinen Lebzeiten in neuer Auflage. Leider gerieten seine Werke nach seinem Tod bald in Vergessenheit. Erst zu Beginn des 19. Jahrhunderts wurde der mystische Dichter – in erster Linie durch den Konvertiten Friedrich Schlegel – wiederentdeckt. Seit dieser Zeit aber hat Angelus Silesius bis in unsere Tage hinein zahlreiche Freunde, freilich auch manche Gegner gefunden.
Ein weiterer Konvertit war der Nachfolger des am 9. Juni 1671 in Breslau verstorbenen Bischofs Sebastian von Rostock, der *Kardinal Friedrich von Hessen* (1671 bis 1682). 1616 in Homburg v.d.Höhe als Sohn des Landgrafen Ludwig V. von Hessen-Darmstadt geboren, studierte er an der Universität Marburg und unternahm danach mehrere größere Reisen, unter anderem auch zwei Romfahrten. 1637 – mit 21 Jahren – trat er in Rom zum katholischen Glauben über, »wobei jedenfalls

die Aussicht auf Erlangung reicher Pfründen bei dem stets geldbedürftigen Fürstensohn mitbestimmend war« (Seppelt). Diese Pfründen ließen auch nicht lange auf sich warten: er trat in den Malteserorden ein, wurde General des Königs von Spanien, zeichnete sich im Kampf gegen die Türken aus, siegte 1640 mit der Flotte des Ordens bei Goletta und kämpfte in den spanischen Niederlanden. 1648 wurde er zum Großprior des Malteserordens ernannt und residierte als solcher in Heitersheim im Schwarzwald. Obwohl er nicht Priester war, erhob ihn Papst Innozenz X. 1652 zum Kardinaldiakon. Er nahm seinen Aufenthalt jetzt vorwiegend in Rom und beteiligte sich dort an vier Papstwahlen. Im übrigen »bemühte er sich eifrig um Pfründen in deutschen und außerdeutschen Domkapiteln, deren er auch schließlich eine stattliche Zahl – im ganzen sechzehn – in seiner Hand vereinte« (Seppelt), darunter (1666) ein Kanonikat am Breslauer Dom; 1668 wurde er Domdekan. Nach dem Tode Bischof Sebastian Rostocks wurde Friedrich von Hessen von Papst und Kaiser als Nachfolger nachdrücklich empfohlen, so daß ihn das Domkapitel am 3. September 1671 mit 16 von 22 Stimmen zum Bischof von Breslau wählte. In Rom ließ sich Friedrich die Priester- und Bischofsweihe erteilen, reiste aber noch nicht nach Schlesien. Erst nachdem ihm der Kaiser am 9. November 1675 auch das Amt des Oberlandeshauptmannes übertragen hatte, begab er sich in seine Diözese. »So trat er in Breslau als hervorragender Vertreter der Ecclesia triumphans in Erscheinung, als er 1675, erst 4 Jahre nach seiner Wahl zum Bischof, mit nie gesehener Pracht in die Hauptstadt einzog« (W. Baum). Diese Liebe zu aufwendigem Gepränge behielt er weiterhin bei, stets war er geldbedürftig und reichlich verschuldet; trotzdem aber bemühte er sich, seinen oberhirtlichen Pflichten nachzukommen. Er war ein echter barocker Kirchenfürst, der prachtvolle und festliche Gottesdienste im Stil der Zeit liebte. Er führte die feierliche Fußwaschung am Gründonnerstag, die seit anderthalb Jahrhunderten nicht mehr stattgefunden hatte, wieder ein und ebenso die öffentliche Prozession am Fronleichnamsfest. Zu Ehren der hl. Elisabeth von Thüringen, die zu seinen Vorfahren zählte, baute er an die Domkirche die Elisabethkapelle an, »die ein Glanzstück römischen Barocks auf ostdeutschem Boden ist« (Gottschalk). Seinen Domherren ließ der Bischof an Stelle des violetten einen roten Kragen bewilligen, der bis in unsere Zeit getragen wird. Der Rekatholisierung des Landes trug der Kardinal ebenfalls Rechnung. Als 1675 das Piastenhaus in den Fürstentümern Liegnitz, Brieg und Wohlau ausstarb, wurde die Kirchenreduktion auch auf diese Landesteile ausgedehnt; bis zum Jahre 1707 gingen hier 110 Kirchen wieder in katholische Hände über. 1677 führte Kardinal Friedrich eine umfassende Generalvisitation des Bistums durch, um einen Überblick über den Fortgang der seelsorglichen Erneuerung in den einzelnen Pfarrgemeinden zu erhalten. Gleich seinem

28. *Glogau. Dom*

29. *Glogau. Innenansicht des Doms*

30. *Beuthen O/S. St. Mariä Himmelfahrt*

Vorgänger förderte er die Kapuziner und Jesuiten, die sich in besonderem Maße für die Ausbreitung und Stärkung des katholischen Glaubens einsetzten. Der Kardinal starb am 19. Februar 1682 und wurde in der von ihm errichteten Elisabethkapelle des Domes beigesetzt.
In die Amtszeit Friedrichs von Hessen fällt die Einweihung der *Laurentiuskapelle* auf der *Schneekoppe*. Bauherr war der schlesische Graf Schaffgotsch, dessen Familie – seit Mitte des 13. Jahrhunderts in Schlesien nachweisbar – in der Reformationszeit protestantisch geworden war. Seit dem 17. Jahrhundert waren die Grafen wieder katholisch. 1665 begann Christoph Leopold Schaffgotsch mit dem Bau einer Kapelle auf dem höchstgelegenen Punkt seiner Ländereien: auf dem Gipfel der 1604 m hohen Schneekoppe. Nach einer Unterbrechung des Baues wegen Besitzstreitigkeiten konnte die Kapelle am Laurentiustag, dem 10. August 1681 vom Grüssauer Abt Bernhard Rosa eingeweiht werden. Gottesdienstlich versorgt wurde das Kirchlein von den Zisterziensern der Propstei Warmbrunn, die verpflichtet wurden, fünfmal im Jahr – an den sogenannten »Koppentagen« – auf der Schneekoppe die hl. Messe zu feiern. Diese Koppentage (Dreifaltigkeitsfest, Mariae Heimsuchung, Mariae Himmelfahrt, Mariae Geburt, Laurentius) entwickelten sich später zu richtigen Volksfesten und Wallfahrten. Erst die Säkularisation machte im Jahre 1810 diesen Festen ein Ende. Die Kapelle verfiel. 1824–1850 benutzte man sie als Unterkunft für Wanderer. Erst 1850 ließ Graf Schaffgotsch den Bau wieder für den Gottesdienst herrichten. Der Breslauer Fürstbischof Heinrich Förster weihte sie neu. Die Koppentage wurden nun wieder gefeiert. Seit 1945 ist das Kirchlein eine polnische Kapelle.
Nach dem Tode des Kardinals Friedrich von Hessen zog sich die Neuwahl zunächst hin. Der Kandidat des Kaisers war der 23 Jahre alte Bruder der Kaiserin, *Wolfgang Georg von Pfalz-Neuburg*. Die Mehrheit der Wähler (14 von 21) gab jedoch am 12. Mai 1682 dem vortrefflichen Bischof von Olmütz, *Graf Karl von Liechtenstein* ihre Stimme. Die Wahl war gültig, aber der Vertreter des Kaisers protestierte gegen den Erwählten. Dann wurde der Versuch unternommen, die päpstliche Bestätigung des neuen Bischofs zu verhindern. Mit fadenscheinigen Behauptungen – der angeblich schwache Gesundheitszustand des Gewählten, die Gefahr eines Schismas im Breslauer Bistum, die Warnung, daß die Diözese sonst möglicherweise in die Hand der Protestanten fallen könnte – bemühte man sich, von Rom doch die Zustimmung für Wolfgang Georg zu erreichen. Papst Innozenz IX. hatte sich von Beginn seines Pontifikates an entschlossen für die Verwirklichung der tridentinischen Bestimmung, die die Pfründenhäufung verbot, eingesetzt und ersuchte schließlich Karl von Liechtenstein, eines der beiden Bistümer aufzugeben. Karl wollte sein bisheriges Bistum (Olmütz) behalten und verzichtete auf

Breslau. So konnte es nun zu einer Neuwahl kommen. Inzwischen aber starb Wolfgang Georg nach der Rückkehr von einer Italienreise. So postulierte das Domkapitel am 30. Juni 1683 – natürlich auf Empfehlung des Kaisers hin – den Bruder des Verstorbenen, den erst 19 Jahre alten *Franz Ludwig, Pfalzgraf bei Rhein* zum neuen Breslauer Bischof (1683–1732); eine eigentliche Wahl war wegen seines jugendlichen Alters kanonisch nicht möglich.

Franz Ludwig war am 24. Juli 1664 als Sohn des Pfalzgrafen Philipp Wilhelm aus dem Hause Neuburg geboren worden. Seine Erzieher waren Jesuiten. »Am 1. Mai 1672 erhielt er – noch nicht 8 Jahre alt – die Tonsur. Damit wurde er in den geistlichen Stand aufgenommen, für den sechsten nachgeborenen Sohn einer fürstlichen Familie nichts besonderes« (J. Kumor). Mit 13 Jahren erhielt er durch den Augsburger Weihbischof die niederen Weihen. Wie seine unmittelbaren Vorgänger auf dem schlesischen Bischofsstuhl – ausgenommen Sebastian von Rostock – erwarb er neben dem Bistum Breslau noch eine beträchtliche Anzahl auswärtiger Pfründen: schon 1679 war er Domherr in Münster, Straßburg und Speyer geworden, später auch in Olmütz und Köln; 1694 erhielt er die Bistümer Worms und Lüttich, dazu die Propstei Ellwangen; im gleichen Jahr wurde er Hochmeister des Deutschen Ordens; 1716–1729 hatte er die Würde des Erzbischofs und Kurfürsten von Trier inne, 1729–1732 die des Erzbischofs von Mainz, damit war er gleichzeitig Erzkanzler des Deutschen Reiches. Von höheren Weihen hatte er freilich nur das Subdiakonat empfangen (1687), nicht aber die Priester- oder gar die Bischofsweihe. 1685 ernannte der Kaiser den neuen Breslauer Bischof zum Oberlandeshauptmann von Schlesien. Franz Ludwig von Pfalz-Neuburg gehört zu den tüchtigsten und besten Breslauer Oberhirten; »er war unzweifelhaft eine der markantesten Persönlichkeiten seiner Zeit« (P. Schinke). Zeitgenossen rühmen besonders seine Güte, die aber mit Tatkraft und unerschrockenem Eintreten für Gerechtigkeit und Recht vereint war. Dazu kamen ein durchdringender Verstand und ein großer Arbeitseifer. Freilich konnte er bei der großen Zahl seiner Ämter nicht alles persönlich erledigen. »Seine Größe zeigte er dadurch, daß er sorgfältig ausgewählte Stellvertreter bestellte, genaue Instruktionen gab und sich selbst die letzte Entscheidung vorbehielt« (Schinke). In Breslau waren es vor allem die Weihbischöfe *Johannes Brunetti* (1693–1703) und *Elias Daniel von Sommerfeld* (1714–1732), die dem Bischof bei der Ausübung der Seelsorge und in der Diözesanverwaltung zur Seite standen. Weihbischof Daniel visitierte von 1718 an im Auftrag des Fürstbischofs das ganze Bistum und berichtete darüber in ausführlichen Visitationsprotokollen.

Fürstbischof Franz Ludwig führte in Schlesien das Werk der Gegenreformation fort, so daß das kirchliche Leben weiter aufblühen konnte. Prachtvolle Barockbauten entstanden als äußerer Ausdruck dieses katholischen Lebensgefühls. Wie in anderen Gebieten des Reiches, so begannen auch im Breslauer Bistum die alten Klöster, neue und weitläufige Bauten zu errichten; zu nennen sind hier die Zisterzienserklöster in Leubus, Kamenz und Heinrichau, die Zisterzienserinnen in Trebnitz, die Prämonstratenser in Breslau, ebendort die Kreuzherren im Matthiasstift und die Augustiner-Chorherren auf der Sandinsel. Auch der Bischof entwickelte eifrige Bautätigkeit. Eine neue fürstbischöfliche Residenz in Breslau wurde von dem bekannten Barockbaumeister Johann Bernhard Fischer von Erlach geplant. Das Bauwerk wurde freilich nicht ausgeführt, da der Bischof seinen Wohnsitz oft wechselte und teils in Breslau, teils in Neisse oder auch auf seinem Sommersitz Ottmachau residierte. Dafür ließ Franz Ludwig in Ottmachau die stattliche barocke Pfarrkirche und am Breslauer Dom zu Ehren des heiligsten Altarssakramentes die Kurfürstliche Kapelle errichten, in der er selbst später seine letzte Ruhestätte finden sollte. Für adlige Waisenkinder gründete der Bischof an der Dombrücke das Orphanotropheum, später Franz-Ludwig-Konvikt genannt, und ein weiteres Haus für Waisen aus dem Bürgerstand. Viele Pfarrkirchen im Land wurden erweitert und durch barocke Ausstattung umgestaltet.

In das Jahr 1702 fällt die Erhebung des Breslauer Jesuitenkollegs zur Universität. Bereits 1638 war von den Jesuiten in Breslau ein Gymnasium gegründet worden, das bald zu einem akademischen Gymnasium – mit philosophischen und theologischen Kursen – ausgebaut wurde. 1687–1691 und dann wieder 1694–1697 leitete der aus baltischem Adel stammende Pater Friedrich Wolff von Lüdinghausen († 1708) als Rektor dieses Kolleg. Er war es vor allem, der die Umwandlung der Schule in eine Universität betrieb. Die Gründung gelang 1702; am 21. Oktober unterzeichnete Kaiser Leopold I. die Stiftungsurkunde; am 15. November wurde die nach ihm benannte »*Leopoldina*« feierlich eröffnet. Der Rat der Stadt setzte der Errichtung dieser Hochschule hartnäckigen Widerstand entgegen, konnte aber letztlich nichts ausrichten. Die neue Universität hatte nur zwei Fakultäten: die philosophische und die theologische. 1730–1740 wurden auch medizinische Vorlesungen gehalten. Bald ging man daran, ein eigenes Gebäude für die Universität zu errichten; 1728 wurde der Grundstein zu dem prächtigen Barockbau gelegt, der bis heute erhalten ist. Die Breslauer Universität hat freilich während des 18. Jahrhunderts, »im ganzen gesehen, keine große Rolle gespielt. Ihre Entwicklung zu einer vollen Universität begegnete von Anfang an vielerlei Hemmungen und Schwierigkeiten, die im Laufe des 18. Jahrhunderts nicht überwunden werden konnten; erst 1811 begann für sie eine andere, glücklichere Zeit«; allerdings darf man sagen: »ihre Aufgabe als Bildungsanstalt für den schlesischen Klerus hat sie durchaus erfüllt. Vergleichen wir die Leopoldina mit so manchen kleinen

Landesuniversitäten des 18. Jahrhunderts, so kann sie sehr wohl bestehen« (R. Haaß).

In dieser Zeit des aufblühenden religiösen Lebens entstand im Bistum Breslau auch eine Reihe neuer Klöster. 1711 gründeten die Barmherzigen Brüder unweit der Breslauer Mauritiuskirche ein Männerhospital, nachdem sie sich schon 1696 in Teschen niedergelassen hatten. 1736 folgten die Elisabethinerinnen mit einem Hospital für Frauen, ebenfalls in Breslau. Ein Institut für den Unterricht und die Erziehung von Mädchen eröffneten die Ursulinen an der Breslauer Schuhbrücke und ein anderes in der Stadt Schweidnitz.

Durch das sehr erfolgreiche Wirken Bischof Franz Ludwigs und das sich immer glänzender entfaltende kirchliche Leben wurde der Protestantismus beträchtlich zurückgedrängt. Die Protestanten erkannten den für sie so gefährlichen Stand der Dinge; sie wandten sich an auswärtige Mächte um Hilfe. Evangelische Fürsten, wie die Könige von Schweden und von Dänemark, die Königin von England, aber auch die Regierung der Holländischen Generalstaaten unternahmen Schritte beim Kaiser. Selbst König Friedrich I. von Preußen erklärte 1704, er werde an seinen eigenen katholischen Untertanen Vergeltung üben, wenn die schlesischen Protestanten noch weiter zu klagen hätten. Nun aber griff König Karl XII. von Schweden ein. Er begann einen Eroberungskrieg, besiegte Dänemark und Rußland und zog nach Polen, um die Absetzung des Kurfürsten August des Starken, der 1697 König von Polen geworden war, zu erzwingen. Im September 1706 rückte Karl XII. auf seinem Marsch nach Sachsen in Schlesien ein. Im Frieden von Altranstädt mußte der sächsische Kurfürst auf die polnische Krone verzichten. Anschließend verhandelte der schwedische König mit Kaiser Joseph I. über die Lage der Protestanten in Schlesien. In der *Altranstädter Konvention* von 1707 wurde beschlossen, die in den Herzogtümern Liegnitz, Brieg, Wohlau, Oels und Münsterberg und in der Stadt Breslau nach dem Westfälischen Frieden den Evangelischen abgenommenen 122 Kirchen diesen binnen sechs Monaten zurückzugeben. Außerdem wurde den Protestanten der Bau von sechs »Gnadenkirchen« in Sagan, Freystadt, Militsch, Landeshut, Hirschberg und Teschen zugestanden. An Orten, an denen evangelischer Gottesdienst nicht erlaubt war, sollten die Protestanten das Recht haben, Hausgottesdienste zu feiern.

Der Kaiser mußte notgedrungen diese Abmachungen unterzeichnen; er stand zu dieser Zeit im Spanischen Erbfolgekrieg und war durch einen Aufstand in Ungarn bedrängt; so konnte er nicht gleichzeitig einen Krieg mit dem König von Schweden führen. »Die Altranstädter Konvention kam demnach infolge des außenpolitischen, durch die militärische Lage verstärkten Druckes, also durch einen Gewaltakt, zustande, obwohl Schweden . . . im Westfälischen Frieden auf jede

Gewaltanwendung verzichtet hatte. Wenn wir heute jede Anwendung politischer Machtmittel in religiösen Fragen ablehnen, so dürfen wir nicht nur die Handlungsweise der Habsburger, . . . sondern ebenso die des Schwedenkönigs verurteilen« (Engelbert). Kaiser Joseph I. bemühte sich jetzt, den Katholiken für die ihnen wiederum abgenommenen Kirchen Ersatz zu schaffen; er errichtete 15 neue Seelsorgsstellen, die man »josephinische Kuratien« nannte. Auch sonst versuchte der Monarch, den Vertrag in der Ausführung abzuschwächen und die katholische Kirche in Schlesien nach Möglichkeit zu stützen und zu stärken. So wurden für Waisenkinder vielfach katholische Vormünder bestellt, was besonders bei Adelsfamilien mit großem Landbesitz bedeutungsvoll war. Vor allem trug man dafür Sorge, daß die maßgebenden Verwaltungsstellen nach Möglichkeit mit katholischen Beamten besetzt wurden. Im ganzen erreichten diese kaiserlichen Maßnahmen, daß bis zum Jahre 1740 etwa die Hälfte der Bevölkerung Schlesiens wieder katholisch war.

In der Verwaltung der Diözese führte Fürstbischof Franz Ludwig einige Änderungen ein. 1699 erließ er eine »pragmatische Sanktion«, die das Amt des Generalvikars von dem des Offizials (des Vorsitzenden des geistlichen Gerichtes) und vom Konsistorium trennte. Diese Ordnung hat sich im Bistum Breslau im wesentlichen bis 1945 erhalten. Franz Ludwig starb am späten Abend des 18. April 1732 in Breslau an einem Schlaganfall. Seine Bestattung fand zunächst provisorisch in der beim Nordportal des Domes gelegenen Gruft statt. Am 6. August 1733 wurde sein Sarg in die von ihm erbaute Kurfürstliche Kapelle überführt.

Wiederum wurde ein Nichtschlesier zum Nachfolger gewählt: *Kardinal Philipp Ludwig Graf Sinzendorf* (1732–1747). Er war in Paris als Sohn eines kaiserlichen Gesandten geboren worden, hatte in Wien und in Rom studiert, wo er den Doktor der Theologie und den der Rechte erwarb. Schon als Vierzehnjähriger hatte er ein Kanonikat in Köln inne, später auch eines in Salzburg und eines in Olmütz. 1722 empfing er die Priesterweihe. 1725 wurde er zum Bischof von Raab (Györ) in Ungarn erhoben, 1727 zum Kardinal ernannt. Nach dem Tod des Breslauer Fürstbischofs Franz Ludwig war im Domkapitel zunächst Weihbischof Elias Daniel von Sommerfeld als Nachfolger im Gespräch. Der Kandidat des Kaisers war jedoch Graf Sinzendorf. So erreichte denn auch der kaiserliche Wahlkommissar, Anton Graf von Schaffgotsch, daß das Kapitel am 14. Juni 1732 mit knapper Mehrheit den von Kaiser Karl VI. Empfohlenen zum neuen Bischof von Breslau wählte. »Seine Wahl wurde vom Kaiser gegen den Willen des Kapitels fast erzwungen, wie ja überhaupt in der österreichischen Zeit fast alle wichtigen Kirchenämter, auch die bedeutenderen Stellen der Klosteroberen, fast ausschließlich durch Ernennung seitens der Regierung besetzt wurden, ein Recht, das dann in der preu-

ßischen Zeit Friedrich der Große in noch ausgedehnterem Umfang für sich in Anspruch nahm« (Kaps). Sinzendorf war »ein welterfahrener Mann und typischer Hofbischof« (W. Baum). Bei der Ernennung neuer Domkapitulare zog er jedoch eine Reihe von Nichtschlesiern, besonders Wiener, ins Kapitel und verschärfte damit die Spannungen zwischen Kapitel und Bischof. Das führte dazu, daß das Kapitel, allerdings vergeblich, den Versuch machte, in Rom die Wahl Sinzendorfs für ungültig erklären zu lassen.
In die Amtszeit des neuen Bischofs fiel nun ein Ereignis, das man für die katholische Kirche in Schlesien mit Recht als eine Zeitenwende bezeichnen kann: die Eroberung Schlesiens durch Friedrich den Großen und damit die Angliederung des größten Teils des Bistums Breslau an das Königreich Preußen. Sicher war der Angriffskrieg des preußischen Königs und die Inbesitznahme des schlesischen Landes nach späteren Begriffen ein Unrecht. »Dem politischen Denken der Zeitgenossen lag aber eine solche moralisierende Betrachtungsweise ganz fern. Im 18. Jahrhundert war der unbeteiligte Beobachter an Friedensbrüche und Angriffskriege auf Grund fiktiver Rechtsansprüche viel zu sehr gewöhnt, um in ihnen mehr als alltägliche Auskunftsmittel der Politik zu erblicken« (St. Skalweit). Jedenfalls hat Friedrich mit der Eroberung Schlesiens für dieses Land, das damals immerhin fast zur Hälfte von Katholiken bewohnt war, nicht nur politisch, sondern auch in kirchlicher Hinsicht eine neue Lage geschaffen. Das wurde gleich bei Beginn des ersten Schlesischen Krieges erkennbar. Als die preußischen Truppen am 13. Dezember 1740 in Schlesien einmarschierten, wurden sie von den protestantischen Bewohnern des Landes als Befreier begrüßt, während der katholische Teil der Bevölkerung eine Wiederkehr der Zustände vor 1574 (Regierungsantritt des Bischofs Martin von Gerstmann) befürchtete. Diese Besorgnisse, aber auch die hoffnungsvollen Erwartungen der Protestanten erfüllten sich freilich nur zum Teil. Zunächst hatte Friedrich sich im Friedensvertrag von Breslau und Berlin (1742), in welchem Maria Theresia von Österreich auf fast ganz Schlesien zugunsten Preußens verzichten mußte, der Kaiserin gegenüber verpflichtet, die Rechte der katholischen Kirche in den eroberten Gebieten nicht anzutasten, sondern alles beim status quo zu belassen. Das landesherrliche Recht des »cuius regio, eius religio« sollte also nicht zum Nachteil der katholischen Religion angewandt werden. Der König versicherte wiederholt, er werde der katholischen Kirche und ihren Gläubigen keinen Schaden zufügen. Friedrich huldigte »persönlich . . . einer deistisch gefärbten Aufklärungsphilosophie und erging sich in Spott über jeden übernatürlichen Glauben, hielt aber das Volk noch nicht für reif zu dieser Anschauung und sah darum für dies die Religionen und ihre kirchlichen Einrichtungen noch als notwendig an« (Kaps). Freilich zeigte sich bald in einzelnen Verfü-

gungen des Königs, daß jetzt die katholische Religion nur noch geduldet, keineswegs aber weiterhin die bevorzugte Staatsreligion war. Der Protestantismus wurde dagegen überall gefördert und begünstigt.
Das Bistum Breslau war durch den Friedensvertrag größtenteils an Preußen gefallen, nur ein verhältnismäßig kleiner Bezirk im Südosten verblieb unter österreichischer Herrschaft, der sogenannte »österreichische Anteil« der Diözese, der aber beinahe den gesamten alten Grundbesitz des Bistums umfaßte. Kardinal Philipp Ludwig von Sinzendorf hatte zwar vorgeschlagen, diesen österreichischen Anteil gegen dasjenige Gebiet des Bistums Olmütz, das zu Preußen gekommen war, auszutauschen, wobei der beiderseitige Güterbesitz gewahrt bleiben sollte, doch dieser Vorschlag wurde nicht angenommen. Dank seiner langen bisherigen Zugehörigkeit zum Herrschaftsbereich Österreichs war Schlesien nun die erste preußische Provinz, die eine festausgebildete katholische Kirchenorganisation besaß und deren Bischof zugleich Landesherr in seinem Gebiet war und den Fürstenrang besaß; dazu kamen ein Domkapitel mit reichem Besitz und eine Reihe von Klöstern und Abteien, die ausgedehnte Ländereien zu eigen hatten und eine große katholisch-religiöse Ausstrahlungskraft besaßen. Preußen dagegen war von alters her ein evangelischer Staat und fühlte sich gewissermaßen als Schutzmacht des Protestantismus. Obwohl Friedrich der Große an die sich aus dem Vertrag mit Maria Theresia ergebenden Verpflichtungen gebunden war und im ganzen eine religiös tolerante Haltung pflegte (»denn hier muß ein jeder nach seiner Fasson selig werden«), waren Spannungen mit der katholischen Kirche in Schlesien unvermeidlich.
Friedrich huldigte »Staatsvorstellungen, in denen die sogenannte Staatsraison den Höchstwert allen politischen Handelns darstellte. Gerade die politische Kategorie ›Räson des Staates‹ konnte Maximen begründen, die völlig auf der Linie des uneingeschränkten Staatsabsolutismus liegen« (Brzoska). So unterstellte er das neuerworbene Schlesien nicht den einzelnen Ministerien in Berlin, sondern ernannte für diese Provinz einen eigenen Provinzialminister, dem so gut wie alles unterstand. Für das Bistum Breslau und die Diözesanverwaltung hing also sehr vieles von der religiösen Einstellung dieses Ministers ab. In den ersten Jahren – 1742 bis 1753 – hatte dieses Amt ein Mann von gemäßigter Gesinnung, Ludwig Wilhelm Graf von Münchow, inne. Schwierig dagegen wurde es unter Ernst Wilhelm von Schlabrendorff (1755–1769), einem ausgesprochenen Gegner der Katholiken. Den Protestanten wurde bald die Genehmigung zum Bau von eigenen Kirchen erteilt, dagegen lehnte es der König ab, ihnen katholische Kirchen zu überweisen. Der Monarch machte jedoch den Versuch, die direkte Verbindung der kirchlichen Behörde mit Rom zu unterbinden; der Briefwechsel sollte über ein

Berliner Ministerium gehen. Friedrich dachte dabei an eine allmählich völlige Lösung der katholischen Kirche Schlesiens von Rom. An dessen Stelle sollte als Zentralbehörde für alle Katholiken Preußens ein katholisches Generalvikariat in Berlin entstehen, dessen Leitung der Bischof von Breslau übernehmen sollte. In Wirklichkeit hätte dies jedoch den König von Preußen zum summus episcopus, d. h. zum kirchlichen Oberhaupt seiner katholischen Landsleute gemacht. Schon war auch Bischof Graf Sinzendorf mit diesem Vorhaben einverstanden, er hatte bereits selbst einen königlichen Erlaß entworfen, mit dem der Breslauer Bischof zum Generalvikar der katholischen Gläubigen Preußens ernannt werden sollte, da machte Papst Benedikt XIV. durch seinen energischen Widerstand diesem Plan ein Ende. Vielleicht hatte der Bischof – das muß ihm zugute gehalten werden – die Absicht des Königs gar nicht recht durchschaut; andererseits »besaß er, da er nicht gerade durch Charakterfestigkeit ausgezeichnet war, nicht die nötige Entschlossenheit, derartigen Forderungen entgegenzutreten« (Seppelt). »Er lebte ganz in den Aufklärungsideen seiner Zeit und erwies sich in der oft peinlichen Zwischenstellung zwischen Papst und König doch zu sehr als treuer Diener des letzteren . . . Trotz seiner hervorragenden Geistesgaben und seinen feinen Umgangsformen war er nicht frei von menschlichen Schwächen. Er hoffte, durch persönliche Beziehungen mit dem Berliner Hofe von der Gunst des Monarchen mehr für seine Anvertrauten zu erlangen als durch zielbewußtes, entschiedenes Auftreten« (L. v. Pastor). Diese Nachgiebigkeit des Bischofs erlaubte es denn Friedrich auch, trotz allem die staatliche Vorherrschaft auch im Bereich der Kirche wenigstens teilweise durchzusetzen.

So hielt der König die katholischen Schlesier für nicht staatstreu und verdächtigte sie der Hinneigung zu Österreich. Den gesamten kirchlichen und klösterlichen Besitz belegte er mit einer hohen Steuerlast, die die bisher zu zahlenden Beträge um ein beträchtliches überstieg. So mußten beispielsweise für die bischöflichen Güter anfänglich 15 Prozent, nach Bischof Sinzendorfs Tod $33^1/_3$, später sogar 50 Prozent des Ertrages als Steuern gezahlt werden. Auch die Klöster hatten diesen hohen Satz von 50 Prozent ihres Einkommens abzuführen, so daß sie fast alle in schwere Verschuldung gerieten. Dazu befahl Friedrich den Klöstern, industrielle Werke und Fabriken anzulegen, mit denen wirtschaftliche Unabhängigkeit vom Ausland erreicht werden sollte. Aber diese Anlagen waren häufig unrentabel und arbeiteten mit Verlust. Die Aufnahme jedes einzelnen Novizen wurde von einer königlichen Genehmigung abhängig gemacht, die aber nur in seltenen Fällen erteilt wurde. Die Folge davon war, daß die Zahl der Mönche und Ordensleute beträchtlich zurückging und manche Klöster geradezu vom Aussterben bedroht waren. Das Recht, die Abteien und Prälaturen zu besetzen, be-

32. *Breslau. Dom. Grabmal für Bischof Johannes V. Turzo*
33. *Neisse. Jakobuskirche. Grabmal für Bischof Martin Gerstmann*

Vorhergehende Seite:
31. *Breslau. Dom. Grabplatte für Bischof Johannes IV. Roth. 1496 von Peter Vischer d. Ä.*

34. Jauernig mit Schloß Johannesberg. Lithographie 1. Hälfte 19. Jh.
35. Rosenberg O/S. Wallfahrtskirche

Umseitig:
36. Breslau. Dom. Hochaltar 1590/91

AGNUS DEI
QUI TOLLIS PECCATA MUNDI
DONA NOBIS PACEM

hielt sich der König vor; Proteste des Domkapitels blieben ohne Erfolg. Bischof Sinzendorf unterbreitete dem Papst sogar den Vorschlag, dem Staat die Besetzung aller kirchlichen Pfründen zu gestatten; der Papst aber wies dieses Ansinnen natürlich entschieden zurück. Erst im Jahre 1748 erteilte der Papst dem preußischen König die Genehmigung, das Patronatsrecht über diejenigen Stellen auszuüben, die bereits unter der habsburgischen Herrschaft vom Landesherrn besetzt worden waren.

In den Städten wurden die Stellen der obersten Beamten fast nur an Protestanten vergeben. »Schon am 28. Juni 1741 hatte das General-Feld-Kriegs-Kommissariat verfügt, daß in das Ratskollegium jeder Stadt zwei Protestanten aufgenommen werden sollten. Das war nicht unbillig; denn mit Recht hatten sich die Protestanten beklagt, daß auch in den niederschlesischen Städten, in denen die Katholiken oft nur die verschwindende Minderheit bildeten, die Magistrate fast ausschließlich mit Katholiken besetzt worden waren. Aber am 10. Oktober 1741 erging ein Kabinettsbefehl, daß in den niederschlesischen Städten die ersten Bürgermeister, Syndizi und Kämmerer mit ›subjectis, welche der evangelischen Religion zugetan seind‹, besetzt werden sollten, während sich die Katholiken mit den zweiten Konsulats- und Ratsherrnstellen begnügen müßten« (Seppelt). Diese Anordnung wurde aber gelegentlich auch in rein katholischen Orten durchgeführt; so zwang man 1743 der Stadt Neustadt O/S, in der kein Protestant lebte, einen evangelischen Ratsherrn auf. 1750 wurde bestimmt, daß nur Protestanten auf freiwerdende Beamtenstellen nachrücken sollten; in unmittelbar dem König unterstehenden Städten und Marktorten, in denen Katholiken und Protestanten wohnten, sollten nur die letzteren Beamte werden. König Friedrich holte auch von auswärts Siedler nach Schlesien, da die Bevölkerungszahl in den Kriegen stark zurückgegangen war. Diese Ansiedler waren fast ohne Ausnahme Lutheraner, Reformierte oder Hussiten, so daß der katholische Volksteil im Verhältnis zu den Protestanten abnahm.

Zu einem neuen Schlag gegen die katholische Kirche holte der König 1744 aus, als er den *Grafen Philipp Gotthard von Schaffgotsch,* seinen Günstling, in den Fürstenstand erhob und selbstherrlich zum Koadjutor des Breslauer Bischofs ernannte. Diese Ernennung war insofern ein Skandal, als der Graf nicht nur ein recht ungeistliches Leben führte, sondern obendrein seit 1742 Mitglied der Breslauer Freimaurerloge war. Von Kardinal Sinzendorf war Schaffgotsch – 1716 in Jauer geboren und 1738 in Wien zum Priester geweiht – zum Breslauer Domherrn berufen worden; das Domkapitel weigerte sich jedoch, mit ihm zusammen den Dom zu betreten, denn der Graf galt wegen seiner Zugehörigkeit zur Loge als exkommuniziert. Benedikt XIV. gab die Erlaubnis, Schaffgotsch von der Kirchenstrafe loszusprechen, sobald er Reue gezeigt und sich von den Freimaurern gelöst habe. Trotzdem betätigte sich Schaffgotsch noch bis 1746 als Freimaurer. Der Papst widersetzte sich seiner Ernennung zum Koadjutor und verbot unter Strafandrohung die Weihe des Grafen zum Bischof.

Durch seine grundsätzliche Nachgiebigkeit hatte Kardinal Sinzendorf immerhin ein erträgliches Verhältnis zum preußischen König und seiner Verwaltung zustande gebracht. Doch als er nun auch in der Koadjutorfrage – wie früher schon in der Angelegenheit des katholischen Generalvikariats – in Rom nichts hatte erreichen können, verscherzte er sich Friedrichs Gunst und fiel in Ungnade, verlor aber auch das Vertrauen des Papstes. Sein Wunsch, Schlesien zu verlassen und zum Erzbischof von Salzburg gewählt zu werden, ließ sich nicht verwirklichen. »Traurigen Herzens kehrte Sinzendorf (von Salzburg) nach Breslau zurück. Das Mißgeschick, das ihn auf Schritt und Tritt – leider nicht ohne eigene große Schuld – verfolgt hatte, brach den Kardinal in kurzer Frist gänzlich. Sein erbaulicher Tod, am 28. September 1747, versöhnte ihn mit seinem Domkapitel« (L. v. Pastor). In Breslau fand er seine letzte Ruhestätte.

Noch am Todestag des Bischofs wandte sich Graf Schaffgotsch an König Friedrich mit der Bitte, ihm nun das Bistum Breslau zu übertragen. Er war wohl der Ansicht, der Papst werde einer vollendeten Tatsache die Anerkennung nicht versagen. Schon zwei Tage später entschied der König zugunsten des Grafen, obwohl das Domkapitel die Zulassung des freien Wahlrechtes erbat. Schaffgotsch sollte mit der Vermögens- und Diözesanverwaltung betraut werden, während für die rein kirchlichen und geistlichen Angelegenheiten der Weihbischof Franz Dominikus Graf von Almesloe zuständig sein sollte. Um vom Kapitel die Zustimmung zum Entscheid des Königs zu erzwingen, wurden durch den königlichen Beauftragten Graf von Münchow verschiedene Zugeständnisse gemacht. Schließlich hatte Schaffgotsch »unter Zittern und Tränen . . . die Würde abgelehnt und angesichts seiner ›Unwürdigkeit‹ einen Protest zu den Akten gelegt, den ihm der Minister vorher überreicht hatte. Dieses Theater sollte, wie Münchows Bericht zugibt, nur Rom und die Öffentlichkeit über den wahren Sachverhalt hinwegtäuschen« (Pastor). Friedrich aber genehmigte die vom Domkapitel gestellten Bedingungen und ernannte Schaffgotsch am 5. Oktober 1747 zum Bischof von Breslau. Das Kapitel protestierte sofort gegen diese königliche Eigenmächtigkeit, erreichte aber nichts anderes als einen scharfen Verweis Friedrichs. Benedikt XIV. lehnte die Ernennung zunächst ab. Er beauftragte vielmehr den Nuntius in Polen, den gegenwärtigen Lebenswandel des Kandidaten zu überprüfen. Der Bericht des Nuntius lautete günstig; Graf Schaffgotsch änderte sein ungeistliches und leichtfertiges Leben und gab zumindest kein öffentliches Ärgernis

mehr. So billigte der Papst schließlich – wenn auch mit Bedenken – die Ernennung und erhob Schaffgotsch am 5. März 1748 zum Bischof von Breslau. Fast ein halbes Jahrhundert (1748–1795) sollte der Graf dieses Amt innehaben.
Am Beginn seiner Amtszeit widmete sich Bischof Schaffgotsch mit spürbarem Eifer seinen oberhirtlichen Dienstpflichten und setzte sich für die Rechte der Kirche ein. So konnte es nicht ausbleiben, daß sich seine Beziehungen zum König, in dessen besonderer Gunst er bisher gestanden hatte, zu trüben begannen. Friedrich hatte von ihm unbedingte Fügsamkeit erwartet. Der endgültige Bruch zwischen Bischof und König trat im Jahre 1757 ein, als sich Friedrich während des Siebenjährigen Krieges in sehr bedrängter Lage befand und die Österreicher wieder Breslau besetzt hatten. Schaffgotsch unterwarf sich der Kaiserin, die den Bischof ersuchte, seinen Sitz auf dem Schloß Johannesberg im österreichischen Anteil des Bistums zu nehmen. Der preußische König konnte das nur als Landesverrat und Überlaufen zum Feind verstehen und begegnete in der Folgezeit den schlesischen Katholiken mit großem Mißtrauen.
In diesem Zusammenhang muß der Glatzer *Kaplan Andreas Faulhaber* erwähnt werden. Er war zwar kein Priester des Bistums Breslau – die Grafschaft Glatz gehörte bis 1972 zum Erzbistum Prag –, aber der Fall zeigt klar, wohin damals die katholikenfeindliche Stimmung in Schlesien führte. Faulhaber wurde am 30. Dezember 1757 auf Befehl König Friedrichs durch den Strang hingerichtet mit der Begründung, er habe aus der Beichte Kenntnis von der beabsichtigten Fahnenflucht zweier preußischer Soldaten gehabt und diese nicht angezeigt. Zur gleichen Zeit wurde für evangelische Gläubige der sogenannte Pfarrzwang außer Kraft gesetzt. Bisher waren sie verpflichtet gewesen, die Stolgebühren – das sind Abgaben für bestimmte Amtshandlungen – an den jeweiligen Ortspfarrer, auch wenn er katholisch war, zu entrichten. Das sollte nun fortfallen. Umgekehrt waren aber die Katholiken gegenüber den protestantischen Pfarrern weiterhin an diese Pflicht gebunden. Erst Proteste des Domkapitels hatten 1765 auch die Befreiung der Katholiken vom evangelischen Pfarrzwang zur Folge.
Nach dem Ende des Siebenjährigen Krieges und dem Frieden von Hubertusburg (15. Februar 1763) durfte Bischof Schaffgotsch nach Preußisch-Schlesien zurückkehren. Er mußte seinen Wohnsitz im Minoritenkloster zu Oppeln aufschlagen. Von dort konnte der Bischof allerdings 1766 entfliehen; er residierte von nun an bis zum Ende seines Lebens auf Schloß Johannesberg. Nach der Flucht wurden die Einkünfte des Bischofs aus dem preußischen Bistumsgebiet vom König beschlagnahmt. Den Geistlichen wurde jeder Kontakt mit ihrem Oberhirten verboten.
Das Bistum war also – wenn auch nicht rechtlich, so doch tatsächlich – verwaist.

Die Verwaltung der Diözese lag nun wieder einmal in den Händen des Weihbischofs. Dieses Amt bekleidete seit 1761 *Johann Moritz von Strachwitz*. Er war Absolvent des römischen Germanicums und auf Empfehlung des Ministers Schlabrendorff und des Königs vom Papst 1761 zum Weihbischof und 1766 zum Apostolischen Vikar (päpstlichen Administrator) für das preußische Gebiet des Bistums erhoben worden. Zwar hielt er dem König und der Regierung die Treue, aber der Warschauer Nuntius Garampi konnte anläßlich einer Durchreise durch Schlesien bemerken, daß dort trotz der nichtkatholischen Regierung das Ansehen des Heiligen Stuhles groß sei und sich andere, katholische Regierungen daran ein Beispiel nehmen könnten. Strachwitz starb im Jahre 1781; zu seinem Nachfolger bestimmte Friedrich *Anton Ferdinand von Rothkirch und Panthen* (1781–1805), und Rom ernannte diesen daraufhin zum Weihbischof und Apostolischen Vikar. Er war ebenfalls Germaniker. Nach seiner Weihe unternahm er bald Visitations- und Firmungsreisen. Bis zum Tode des Bischofs Schaffgotsch (1795) verwaltete er den preußischen Bistumsanteil.
König Friedrich stand den katholischen Geistlichen, vor allem den oberschlesischen, mit tiefem Mißtrauen gegenüber. Er überwachte sie durch gedungene geistliche Spitzel und verlangte nach Abschluß des Siebenjährigen Krieges sogar einen besonderen Eid von ihnen. Wer ihn nicht leisten wollte, sollte nach Böhmen ausgewiesen werden. »Trotz alledem ist die Stimmung der katholischen Bevölkerung Schlesiens, namentlich in den letzten Jahrzehnten der Regierung Friedrichs des Großen, der preußischen Regierung gegenüber im allgemeinen freundlich und dankbar gewesen« (Seppelt). Das hatte verschiedene Gründe. In Österreich hatte Joseph II., der Sohn Maria Theresias (von 1765 bis 1780 Mitregent, ab 1780 Kaiser) einen Großteil der Klöster aufheben lassen; Friedrich dagegen folgte diesem Beispiel nicht. In einem Brief an den Breslauer Weihbischof von Rothkirch versicherte er vielmehr, daß die Ordenshäuser und die Geistlichkeit von ihm nichts zu fürchten hätten. Als der Papst auf Drängen liberaler Staaten 1773 den Jesuitenorden aufhob, ließ der preußische König diese Verfügung trotz gegenteiliger Bitten des Breslauer Bistumsadministrators von Strachwitz erst 1776 in seinem Land verkünden. Schon 1769 hatte Friedrich in einem Brief an den französischen Philosophen Jean-Lerond d'Alembert geschrieben: »Was mich anbetrifft, so rechne ich es mir zum Ruhme, ihre Trümmer in Schlesien zu erhalten und ihr Unglück nicht noch schwerer zu machen, obwohl ich ein Ketzer bin. Wer in Zukunft einen Ignatianer sehen will, wird sich nach Schlesien begeben müssen, der einzigen Provinz, wo er Überbleibsel des Ordens finden kann« (zit. b. Pastor). 1776 faßte er die in Preußen – zumeist an Schulen – tätigen Jesuiten zu einer »Korporation der Priester des Königlichen Schuleninstituts für Schlesien« zusammen

und ließ sie – nunmehr unter staatlicher Aufsicht – an den katholischen Gymnasien und an der Breslauer Universität weiterarbeiten. Auf diese Weise wurde Friedrich geradezu als »Beschützer der Kirche« angesehen.

Um das allgemeine Schulwesen Schlesiens und weit darüber hinaus hat sich in dieser Zeit *Johann Ignaz von Felbiger,* Abt des Augustiner-Chorherren-Stiftes Sagan (1758–1788), verdient gemacht. Felbiger war in Groß-Glogau in Niederschlesien 1724 als Sohn eines königlichen Beamten geboren worden. Sein Vater wurde 1733 geadelt. Eine Trivialschule hat Johann Ignaz nie besucht, vielleicht aber das Jesuitengymnasium in Glogau. Später setzte er seine Schulausbildung in Breslau fort, wo er dann auch das Studium der Theologie begann. 1746 trat er in das Saganer Kloster ein. Damals war die Bevölkerung der Stadt und des Herzogtums Sagan zum größten Teil nicht katholisch. Ostern 1748 wurde Felbiger zum Priester geweiht. Er war im Kloster nie seelsorglich tätig, sondern in der Stiftsverwaltung und als Sekretär des Abtes beschäftigt. 1758 wurde er auf Vorschlag des Ministers Schlabrendorff zum Abt gewählt. Neben den wirtschaftlichen Belangen seines Stiftes, die ihm wegen der Belastungen durch den Krieg nicht wenig Sorge bereiteten, lag dem neuen Abt recht bald die Ausbildung der Jugend am Herzen. Theologiestudium, Schule und Religionsunterricht bedurften seiner Ansicht nach dringender Verbesserungen. So reformierte er zunächst die dem Stift gehörenden Schulen im Kreis Sagan und gab dazu eigene Verordnungen, aber auch von ihm selbst verfaßte oder bearbeitete Schulbücher heraus. In Sagan gründete er das erste katholische Seminar für die Ausbildung von Lehrern. Dieses sein Wirken fiel den staatlichen Stellen auf, und der Saganer Abt wurde mit dem Entwurf einer allgemeinen Schulordnung für ganz Schlesien betraut, dem sogenannten »Generallandschulreglement« (1765). 1766 gab er die erste vollständige Schulbibel heraus. Selbst Kaiserin Maria Theresia wurde auf das schulische Organisationstalent Felbigers aufmerksam. Sie lud den Abt nach Wien ein, und 1774 verfaßte er auch hier eine »Allgemeine Schulordnung«. 1778 ernannte ihn die Kaiserin zum »Oberdirektor des Schulwesens«. Aber schon wenige Jahre später wurde er von ihrem Nachfolger Joseph II. entlassen.

In Breslau hatte der Philosophieprofessor und Jesuitenpater *Anton Zeplichal* – aus Trebitsch bei Iglau in Mähren gebürtig und seit 1765 als Rektor des adeligen Konvikts in der schlesischen Hauptstadt tätig – an dem »Schul-Reglement für die Universität in Breslau und die katholischen Gymnasien in dem Herzogthum Schlesien und der Grafschaft Glatz« einen wesentlichen Anteil. Überhaupt setzte er viele Ideen und Vorschläge Felbigers in die Wirklichkeit um. Felbigers und Zeplichals Bemühungen um eine Reform des schlesischen Schulwesens wären nicht denkbar gewesen, wenn ihnen nicht Absicht und Planung Friedrichs des

Großen entgegengekommen wären. Der König trug selbst Sorge um gute Schulen in seinem Land und führte die allgemeine Schulpflicht ein. Allein 250 katholische Volksschulen wurden bis zum Jahre 1765 in Schlesien errichtet.

Nicht so günstig war die Lage, was die Erziehung der Kandidaten für das Priestertum betraf. Es gab kein für alle verpflichtendes Theologenkonvikt. Damit fehlte aber den jungen Studenten die geistlich-aszetische Formung für das angestrebte Priesteramt und ebenso das Leben in einer Gemeinschaft. Die Universitätsausbildung dauerte vier Jahre, dann folgte die etwa dreivierteljährige unmittelbare Vorbereitung auf Priesterweihe und seelsorgliches Wirken in dem auf dem Domplatz gelegenen Alumnat, dessen Rektor von 1771 bis 1790 *Ignaz Franz* war. Mit seinem ausgeglichenen, rücksichtsvollen Wesen leitete er in dieser schwierigen Zeit der Aufklärung und des Rationalismus das Seminar mit großem Verantwortungsbewußtsein. Darüber hinaus wirkte Franz durch seine Gebet- und Gesangbücher, durch Predigtwerke, vor allem aber durch die zahlreichen, von ihm verfaßten Kirchenlieder. »Das Hauptwerk von Ignaz Franz . . . ›Allgemeines und vollständiges Catholisches Gesangbuch‹ (1778) wurde trotz aller Schwächen noch 1837 in dritter und 1850 in vierter Auflage herausgegeben, und das ihm zugeschriebene ›Großer Gott, wir loben dich‹, steht bis zur Gegenwart in allen deutschen Gesangbüchern« (Gottschalk). Aus dem Breslauer Alumnat dieser Zeit ist eine ganze Reihe guter und tüchtiger Priester hervorgegangen.

Noch während der Regierungszeit Friedrichs des Großen begann der aus Schweidnitz stammende Jurist Carl Gottlieb Svarez mit der Ausarbeitung des »Allgemeinen Landrechts«, in dem die preußische Kirchenpolitik gemäß den Grundsätzen Friedrichs in Gesetzesform festgelegt wurde. Dieses Gesetzeswerk sicherte zwar eine allgemeine Gewissens- und Glaubensfreiheit zu; alles Recht aber, auch das religiöse, wird darin auf die staatliche Macht zurückgeführt. Der Staat wiederum kann eine gewisse Selbstverwaltung der Kirchen durch Kollegien gestatten, wobei jedoch die Oberaufsicht immer beim Staat verbleibt. Das Allgemeine Landrecht trat erst unter dem Nachfolger Friedrichs, Friedrich Wilhelm II., im Jahre 1794 in Kraft. Die preußischen Regierungen hielten bis zum Jahre 1850 daran fest und wendeten es vor allem gegenüber den Katholiken an.

Bischof Schaffgotsch gelang es auch unter Friedrich Wilhelm II. nicht, die Genehmigung zur Rückkehr nach Breslau zu erhalten. So erklärte er sich mit der Ernennung eines Koadjutors cum iure successionis (mit dem Recht der Nachfolge) einverstanden. Der König wünschte für dieses Amt den Prinzen *Joseph Christian Franz von Hohenlohe-Waldenburg-Bartenstein,* den das Domkapitel dann am 12. November 1787 wählte. Der Prinz ließ sich im folgenden Jahr die Priesterweihe und nach der päpstlichen Bestätigung seiner Wahl am 27. September 1789 in Straßburg, wo er sich zu dieser Zeit aufhielt, auch die Bischofsweihe erteilen. Die Verwaltung des Bistums Breslau lag bis zum Tode des Bischofs Schaffgotsch weiterhin in den Händen von Weihbischof Rothkirch.

Die katholische Kirche Schlesiens war in diesen Jahrzehnten nicht frei vom Zeitgeist; die Gedanken der Aufklärung hatten vor ihr nicht haltgemacht. Konfessionelle Unterschiede wurden eingeebnet, die Mischehen nahmen zu, immer weniger wurde das eigentlich Katholische betont. »Es ist z. B. bezeichnend, daß, wie die Schlesischen Provinzialblätter im Jahre 1785 zu berichten wußten, ein Erzpriester den Protestanten, die eine neue Kirche bauen wollten, erklärte, sie könnten sich durch Benützung der katholischen Kirche die Baukosten sparen; andererseits wurde es als grobe Unduldsamkeit getadelt, wenn die Benützung katholischer Kirchen während des Umbaues von protestantischen Kirchen verweigert wurde« (Seppelt). Diese Haltung kam der Absicht der preußischen Regierung entgegen; es lag ihr daran, im alltäglichen Leben den Unterschied zwischen den christlichen Bekenntnissen zu verwischen.

Doch darf man nicht meinen, daß aus dieser Zeit über das religiös-kirchliche Leben nur Nachteiliges zu berichten wäre. Zuzugeben ist, daß über Leben und Haltung des einfachen Volkes nur wenige Quellenzeugnisse vorliegen; aber das gilt mehr oder weniger für alle Zeitabschnitte der Geschichte. Das schlesische Kirchenvolk war »seinem Wesen nach bäuerlich, konservativ, gemütvoll, dem Religiösen zugetan« (Gottschalk). Das war in besonderer Weise in der Barockzeit so. Nicht nur die prächtigen Bauwerke dieser Epoche bringen das zum Ausdruck. Einen großen Einfluß auf die Volksfrömmigkeit hatten beispielsweise die zahlreichen kirchlichen Bruderschaften. Diese religiösen Vereinigungen »sammelten die Gläubigen, gaben ihnen das schützende, tröstende, stärkende Gefühl der Gemeinschaft, entrissen sie der lähmenden Vereinzelung, stellten ihnen Aufgaben, reihten sie ein in eine unübersehbare Schar von Arbeitern für Gottes Reich, förderten den Sakramentenempfang und das Gebetsleben und waren eine der Zeit entsprechende Mobilisierung der Laien in der Kirche« (H. Hoffmann). Diese Bruderschaften hatten ihre Wurzeln im späten Mittelalter; in der Barockzeit aber entfalteten sich diese religiösen Gemeinschaften reich und mannigfaltig. In der Stadt Breslau bestand z. B. eine Rosenkranz-Bruderschaft, die sich Pflege und Verbreitung des Rosenkranzgebetes zur Aufgabe gemacht hatte; die Jesuiten förderten die Marianischen Kongregationen, die Aloisius-Bruderschaft und die Todesangstbruderschaft; am Dom wurde die Sakramentsbruderschaft gepflegt (Anbetung des Altarssakramentes und theophorische Prozessionen), an der Sandkirche bestand die Sebastiansbruderschaft (Sebastian als Schutzpatron gegen die

Pest); weiter sind die Bruderschaften der Minoriten (Franziskus-, Antonius-, Barbarabruderschaft), die Herz-Jesu-Bruderschaft an der Corpus-Christi-Kirche, die Ursulabruderschaft, die Bruderschaft der Schmerzhaften Mutter Gottes, die Theresien-Bruderschaft im Matthiasstift zu nennen. Jeder Gläubige konnte also das finden, was seiner Neigung und Frömmigkeitsform entsprach. Die Mitglieder dieser Vereinigungen hatten festgesetzte Gebetsverpflichtungen und konnten bestimmte Ablässe gewinnen; sie übernahmen daneben seelsorgliche Aufgaben (im Sinne des späteren Laienapostolates) und spendeten Almosen. Getragen wurden die Bruderschaften im allgemeinen von Ordensleuten, die die geistliche Betreuung der Mitglieder übernahmen. Erst die Aufklärung machte dem Bruderschaftswesen – bis auf wenige Ausnahmen – ein Ende. In späterer Zeit – als das Verständnis für diese Frömmigkeitsform wieder zunahm – kamen die Bruderschaften zu neuer Blüte.

9. Kapitel

Das 19. Jahrhundert: Säkularisation, Wiederaufbau, Kulturkampf (1795–1886)

Das Jahr 1789 brachte ein Ereignis, das weit über die Grenzen eines einzelnen Landes hinaus die ehedem so festgefügte Ordnung der abendländischen Welt, aber auch die bisherige äußere Organisation der katholischen Kirche – vor allem in Deutschland – zutiefst erschüttern und verändern sollte: die Französische Revolution. Zunächst blieben die Vorgänge auf Frankreich selbst beschränkt und waren anfänglich auch keineswegs gegen die Kirche gerichtet. Erst als der Staat von den Geistlichen einen Eid auf die sogenannte Zivilkonstitution verlangte, kam es zu Verhaftungen, Ausweisungen, aber auch zu zahlreichen Hinrichtungen von Eidverweigerern. Der Staatsstreich des Generals Napoleon Bonaparte machte diesen Verfolgungen ein Ende. Nachdem jedoch Napoleon 1804 Kaiser geworden war, trat er in scharfen Gegensatz zu Papst Pius VII. Im Zuge seiner Eroberungen besetzte der Franzose nicht nur halb Europa, sondern auch den Kirchenstaat. Erst in den Befreiungskriegen (1813/14) wurde die Herrschaft Napoleons gestürzt.
Der französische Kaiser hatte das deutsche linke Rheinufer Frankreich angegliedert. Die deutschen Fürsten sollten für die Gebietsverluste, die sie dort erlitten hatten, mit kirchlichem Land und Eigentum entschädigt werden. So bestimmte es der Reichsdeputationshauptschluß zu Regensburg vom 25. Februar 1803. In der Folgezeit wurden daraufhin zahlreiche deutsche Bistümer, Stifte und Klöster enteignet. »Dabei erhielten die einzelnen Staaten viel mehr, als sie auf dem linken Rheinufer verloren hatten, Preußen fünfmal, Bayern siebenmal mehr. Die Einkünfte, die damit der Kirche in Deutschland entzogen wurden, schätzt man auf 21 Millionen Gulden jährlich, wobei die Klostergüter nicht mitgerechnet sind. Vieles Wertvolle, auch Kunstwerke und namentlich Klosterbibliotheken, wurden dabei verschleudert. Widerstand regte sich kaum« (L. v. Hertling). Nur in Österreich ging man etwas gemäßigter vor.
In Breslau war zunächst durch den Tod des im Exil weilenden Bischofs Philipp Gotthard von Schaffgotsch (gestorben am 5. Januar 1795 auf Schloß Johannesberg) endlich die Neubesetzung des Bischofsstuhles möglich geworden. *Joseph*

Christian Franz von Hohenlohe-Waldenburg-Bartenstein, der bereits Koadjutor-Bischof war, wurde am 27. August 1795 inthronisiert und übernahm nun als neuer Oberhirte das Bistum Breslau (1795–1817). Schon vorher besaß er Kanonikate in Köln, Straßburg und Salzburg. Es ist erwiesen, daß er 1776 Mitglied einer Freimaurerloge in Bonn gewesen ist. Trotz großer Bemühungen hatte er 1781 nicht Koadjutor von Köln werden können. Friedrich der Große holte ihn nach Schlesien, wo er 1787 zum Koadjutor gewählt wurde. Der neue Bischof verfügte über gute Beziehungen zu den staatlichen Behörden, da sein Vetter Friedrich Ludwig zu Hohenlohe-Ingelfingen eine Zeitlang Stadtkommandant von Breslau war und die Tochter des Provinzialministers für Schlesien, des Grafen von Hoym, zur Frau hatte. Allerdings mußten sich diese guten Beziehungen in dem Maße verschlechtern, wie der Staat in die kirchlichen und bischöflichen Rechte eingriff. Zunächst förderte die preußische Regierung in konfessionell gemischten Orten die Mitbenutzung katholischer Gotteshäuser durch die Protestanten. So wurden den Protestanten häufig keine Zuschüsse für den Bau einer eigenen Kirche gewährt, um sie dadurch zur Mitbenutzung des katholischen Gotteshauses zu veranlassen. An manchen Orten mit sehr geringer Katholikenzahl wurde die katholische Kirche den Protestanten überwiesen, wenn diese einen entsprechenden Antrag stellten. 1805 protestierte der Fürstbischof gegen diese Maßnahmen und beauftragte den Domherrn Johannes Schoepe, die Ungesetzlichkeit dieses Vorgehens in einer besonderen Denkschrift aufzuzeigen. König Friedrich Wilhelm III. ließ daraufhin diese gesetzwidrigen Übereignungen einstellen.

Inzwischen war 1794 das »Allgemeine Landrecht« in Kraft getreten, »welches grundsätzlich davon ausging, daß der König die Quelle alles Rechtes im Lande sei, auch des kirchlichen und zwar des katholischen und protestantischen. Die Kirche ist daher Staatsanstalt, die Geistlichen sind Staatsdiener. Der Staat trifft Anordnungen über die internsten Angelegenheiten der Kirche wie: Prüfung der Lehre, Anordnung von Feiertagen, Prüfung und Genehmigung von päpstlichen und bischöflichen Erlassen, Ernennung der Bischöfe und bischöflichen Beamten, Festsetzung der Rechte und Pflichten der Domkapitel, Errichtung und Besetzung von Pfarreien, Oberaufsicht über die Verwaltung des Kirchenvermögens. Die Kirche darf keine eigene Gewalt und Gerichtsbarkeit ohne ausdrückliche Einwilligung des Staates ausüben« (Negwer).

Am 21. November 1803 erließ Friedrich Wilhelm III. (1797–1840), während dessen ganzer Regierungszeit diese Bestimmungen des Landrechtes angewandt wurden, eine »Kabinettsorder«, die die Religionszugehörigkeit der Kinder aus konfessionellen Mischehen festlegte. Danach sollten alle Kinder in der Religion des Vaters erzogen werden. Auf diese Weise wurde der Ausbreitung des katholischen Glaubens ein Riegel vorgeschoben, da in der Mehrzahl der gemischten Ehen der Mann evangelisch war. Die Regierung sorgte dafür, daß in katholische Gegenden im allgemeinen evangelische Beamte geschickt wurden, die dann zumeist einheimische katholische Mädchen heirateten. Freilich legten die Katholiken gegen diese sie selbst benachteiligende Methode keinerlei Widerspruch ein.

Der schonungsloseste und folgenschwerste Eingriff des Staates in die Rechte der katholischen Kirche war, wie im übrigen Deutschland so auch in Schlesien, die rücksichtslos durchgeführte *Säkularisation.* Schon bald nach dem Reichsdeputationshauptschluß von 1803 hatte Preußen mit der Enteignung der kirchlichen Güter in den neuerworbenen Gebieten im Westen seines Landes begonnen. 1804 wurde die Säkularisierung des schlesischen Kirchen- und Klosterbesitzes geplant, jedoch vorerst »bis zum Eintritt eines günstigeren Zeitpunktes« aufgeschoben. Einige Jahre später war Preußen gezwungen, im Frieden von Tilsit (1807) alles Land westlich der Elbe abzutreten und an Frankreich hohe Kriegsentschädigungen zu zahlen. Nun wurde auch auf das schlesische Kirchengut zurückgegriffen. Zunächst sandte man den Regierungsrat Friedrich Theodor von Merckel nach Breslau, um dort die Säkularisation vorzubereiten. Merckel war zweifellos ein vortrefflicher Staatsbeamter, vertrat aber doch ein ausgeprägtes Staatskirchentum und ließ es sich angelegen sein, die katholische Kirche auch in Schlesien unter staatliche Vormundschaft zu bringen. Diesem fähigen Verwaltungsbeamten stand auf kirchlicher Seite Bischof Joseph Christian von Hohenlohe gegenüber, »ein persönlich intakter und vornehmer Vertreter des alten Hochadels, ein romtreuer Bischof, aber schwacher Theologe und energieloser Verteidiger der kirchlichen Interessen, . . . der dem vielfachen Ansturm auf die Kirche nicht gewachsen war« (Negwer).

Am 30. Oktober 1810 veröffentlichte die Regierung das *Säkularisationsedikt:* Das Eigentum des bischöflichen Stuhles in Breslau, der Besitz des Domkapitels, alle Klöster, Kollegiatkapitel und sonstigen Stifte wurden in Staatseigentum überführt; ihre Ländereien wurden Staatsgüter. Von der Säkularisation waren 68 schlesische Klöster betroffen; nur Ordenshäuser, die der Krankenpflege dienten oder Institute zur Erziehung der Jugend unterhielten, waren ausgenommen, so die Konvente der Barmherzigen Brüder, der Ursulinen und der Elisabethinerinnen. Bald nach der Verkündigung des Ediktes begannen eigens dazu eingesetzte königliche Spezialkommissare mit der Beschlagnahmung der Güter. Die Ordensleute bekamen für die Räumung ihrer Häuser eine Frist von vier Wochen gesetzt; die jüngeren und noch rüstigeren unter ihnen erhielten Aufgaben als Weltpriester zugewiesen; ältere und nicht mehr arbeitsfähige bezogen für ihren

Lebensunterhalt eine dürftige staatliche Pension. Als einziges Kloster wurde Liebenthal nicht aufgelöst. Es sollte als Zufluchtsstätte für ausgewiesene Ordensfrauen dienen. Später erhielten es die Ursulinen übertragen. Die Kommissare erklärten zudem das Domkapitel überhaupt für aufgelöst, was eindeutig ihren Vollmachten widersprach.

Besonders groß war der Verlust für den Bischof selbst. Er verlor das Fürstentum Neisse, das Herzogtum Grottkau und die acht sogenannten »Halte« (größere Landgüter, die sich um ein Dorf oder einen Marktflecken scharten), dazu eine Anzahl einzelner, verstreuter Güter. »Von 5174 Hauptdörfern, die damals in der Provinz Schlesien gezählt wurden, hatten 163 dem Bistum, 672 den Stiftern und Klöstern und 81 zu den Kommenden gehört« (Seppelt). Sie wurden vom Staat geraubt. Dabei ging man einseitig allein gegen das Eigentum der katholischen Kirche vor, wohingegen die protestantischen Gemeinden unangetastet blieben. Wenn man schon die Kriegsschulden zum Vorwand der Enteignung nahm, so hätten aus Gründen der Gerechtigkeit alle Staatsbürger gleichmäßig zur Aufbringung der Kosten herangezogen werden müssen. Die der Kirche weggenommenen Güter gerieten übrigens vorwiegend in protestantische Hände, da die Katholiken im allgemeinen Bedenken hatten, beschlagnahmtes kirchliches Eigentum käuflich zu erwerben. »Die Säkularisationskommission rechnete – sehr niedrig – den Wert der eingezogenen Güter ohne Gebäude auf 13000000 Taler, dazu 2000000 Taler an Hypotheken und Pfandbriefen mit einem Jahresertrag von 539000 Talern, von denen 182000 sofort für den Staat verfügbar waren, die mit dem allmählichen Wegfall der Pensionen (durch Todesfälle) auf 400000 Taler jährlich anwachsen sollten« (Kaps). Die Gebäude der Klöster – oft große Komplexe – verwendete der Staat entweder für seine Zwecke oder ließ sie abreißen. Die oft reichen klösterlichen Bücherbestände dienten – soweit sie nicht verschleudert wurden – dem Aufbau der Staats- und Universitätsbibliothek; die Archivalien, Urkunden, Handschriften usw. kamen in das Staatsarchiv. Ein Teil der enteigneten Klosterkirchen, vor allem in Oberschlesien, ging in protestantische Hände über; es handelte sich zumeist um evangelische Minderheiten in sonst fast ganz katholischer Umgebung für die nun überall eigene Pfarreien errichtet wurden. Andererseits wurden in über hundert Fällen katholische Pfarreien mit sehr kleiner Seelenzahl vom Staat einfach aufgehoben mit der Begründung, sie seien »erloschen«. Das schuf bei den katholischen Gläubigen zusätzliche Verbitterung.

Diese schweren materiellen Einbußen, die die katholische Kirche in jener Zeit zu erleiden hatte, begleitete ein merklicher Rückgang ihres äußeren Einflusses und Ansehens innerhalb der Gesellschaft. Die der Kirche gehörenden Ortschaften hatten nicht nur wirtschaftliche Erträge gebracht, sondern die kirchlichen Besitzer hatten dort auch auf die Ortsverwaltungen und auf die bürgerliche Ordnung beträchtlich einwirken können. Diese Möglichkeiten wurden der Kirche jetzt genommen. Außerdem mußte eine Reihe von Klosterschulen geschlossen werden, unter ihnen die Zisterzienser-Gymnasien in Rauden und Grüssau und die Lateinschulen in Himmelwitz und in Heinrichau. Diese Lehranstalten hatten vor allem ärmeren Schülern ausgezeichnete Bildungsmöglichkeiten geboten; nun war für diese Volksschichten der Zugang zum Studium und zu höheren Berufen ganz erheblich erschwert, ja in den meisten Fällen gänzlich versperrt worden.

Indessen boten die Auswirkungen der Säkularisation nicht *nur* Schattenseiten. Die Kirche war arm geworden, sehr arm, aber sie hatte nun die einzigartige Möglichkeit gewonnen, sich von alten Fesseln zu befreien. Der Entzug der materiellen Grundlage erschwerte zwar die Erfüllung der geistlichen und seelsorglichen Aufgaben. Die Kirche lebt in der Welt, wirkt unter den Menschen und besteht aus Menschen. Sie war und ist nie spiritualistisch, rein geistig, sondern immer auch irdisch und den Dingen verhaftet. So ist sie auch an die Lebensgesetze der Welt, die Ordnung der Wirtschaft und des Vermögens gebunden. Ohne Geldmittel kann sie keine Gotteshäuser bauen, keine Schulen unterhalten, keine Mitarbeiter bezahlen, also nur sehr eingeschränkt Seelsorge treiben. Insofern wurden der Kirche durch die Säkularisation schwere Wunden geschlagen und ihrer Tätigkeit mitunter kaum zu überwindende Hindernisse in den Weg gelegt. Auf der anderen Seite hatten manchmal eine zu starke Bindung an umfangreichen Besitz und die notwendige Verwaltung der ausgedehnten Ländereien gerade bei Klöstern und Stiften die eigentlichen religiösen Aufgaben etwas in den Hintergrund treten lassen. Die Folge war ein Nachlassen im geistlichen Leben und in der klösterlichen Ordnung. So hatte nun die – wenn auch gewaltsame – Befreiung vom materiellen Besitz »im ganzen auf das kirchliche Leben eher wohltätig gewirkt, den Sinn mehr auf die ewigen Güter gelenkt und viele, auch berechtigte Vorwürfe wegen der Verweltlichung der Kirche zum Verstummen gebracht« (Kaps). Die Kirche konnte und mußte sich nun wieder auf ihre eigentliche Sendung besinnen, die sie freilich nie aus den Augen verloren hatte, die aber gelegentlich doch hinter den weltlichen Belangen hatte zurücktreten müssen.

Vor der katholischen Kirche – wie im gesamten Deutschland so auch in Schlesien – stand also eine doppelte Aufgabe: 1. die äußere, materielle Neuordnung, d. h. die Neuorganisation der Bistümer und die Sorge für eine ausreichende wirtschaftlich-finanzielle Grundlage; 2. die Erneuerung des inneren, religiös-kirchlichen Lebens. Beides erforderte Mut zu neuen Wegen und Freisetzung neuer

Kräfte. Für die Diözese Breslau erwies es sich als günstig, daß der Bischof den größeren Teil seines Landbesitzes, den österreichischen Anteil des Bistums, und damit auch den Fürstentitel nicht verloren hatte, da Österreich dieses Gebiet nicht enteignete. Der preußische Staat hatte im Säkularisationsedikt von 1810 zugesagt, die katholischen Pfarreien aus dem beschlagnahmten Kirchenvermögen finanziell zu versorgen. Freilich wurde diese eingegangene Verpflichtung nicht überall vollständig erfüllt. »Doch gehen darauf auch die staatlichen Gehaltszuschüsse für die Pfarrer zurück, durch die in Pfarreien mit unzureichendem Stelleneinkommen das Pfarrgehalt bis zu einer gewissen Grenze ergänzt wurde. Auch das staatliche Patronat und die damit verbundene Bauunterhaltspflicht geht bei vielen Kirchen darauf zurück, daß diese früher von einem 1810 aufgehobenen Kloster unterhalten wurden« (Kaps).

Der Breslauer Fürstbischof Joseph Christian erhob gegen die Beraubung seines Bistums nur schwachen Widerspruch. Des dauernden Protestes müde, bot er zweimal seinen Rücktritt an, wurde aber jedesmal dazu überredet, sein Amt zu behalten. Schließlich setzte er sich dann noch einmal für sein vom Staat aufgehobenes Domkapitel ein und wandte sich in dieser Angelegenheit an den König selbst. 1812 konnte die Einrichtung eines sogenannten *Interimskapitels* erreicht werden. Papst Pius VII., der sich zu diesem Zeitpunkt in der Gefangenschaft Napoleons befand, konnte nicht um die Bestätigung angegangen werden. Das Interimskapitel amtierte bis zur Neuordnung der Diözese durch die Bulle »De salute animarum« (1821).

Bischof Joseph Christian von Hohenlohe erbaute während seiner Amtszeit das heutige Bischöfliche Palais auf der Dominsel; außerdem hat er in Breslau den Scheitniger Park mitbegründet. Seine letzten Lebensjahre verbrachte der Fürstbischof auf seinem Schloß Johannesberg im österreichischen Bistumsanteil, das er ebenfalls so ausbaute, wie es bis heute besteht. Dort ist er dann am 21. Januar 1817 gestorben; seine letzte Ruhestätte fand er auf dem Friedhof in Jauernig. In ebendemselben Grab sollte 128 Jahre später der letzte Fürstbischof von Breslau, Adolf Kardinal Bertram, beigesetzt werden. Bischof Hohenlohe war trotz seiner frommen und tadellosen Haltung nicht sehr tatkräftig gewesen; ihm standen jedoch einige tüchtige Prälaten zur Seite, wie der Kanonikus *Johannes Schoepe,* der seit 1798 in der Verwaltung der Diözese mitgearbeitet und sehr viel Gutes geleistet hatte. Er war Verfasser der meisten Eingaben, die in dieser Zeit an die preußische Regierung gesandt wurden. Obwohl Schoepe eine umfangreiche Verwaltungstätigkeit entfaltete, konnte er daneben noch Zeit zu schriftstellerischer Arbeit erübrigen. 1803 gründete er das »Diöcesanblatt für den Clerus der Fürstbischöflichen Breslauer Diöcese«. Breslau war eines der wenigen Bistümer Deutschlands, das in der damaligen Zeit eine solche Zeitschrift für die Geistlichkeit besaß. Das Blatt erschien bis zum Jahre 1820 mit vier Heften im Jahr. Glücklicherweise ist diese seltene Vierteljahresschrift heute noch in der Universitätsbibliothek zu Münster in Westfalen vorhanden. Schoepe selbst schrieb für diese Zeitschrift eine Reihe von kirchengeschichtlichen Aufsätzen.

Neben Schoepe wirkte besonders der Generalvikar des Bischofs von Hohenlohe, *Emanuel von Schimonsky-Schimoni.* Er stammte aus Brzeznitz, Pfarrei Lubowitz, in Oberschlesien. Als Sohn des Erbherrn auf Brzeznitz 1752 geboren, studierte er zunächst in Breslau, ab 1771 im Germanicum in Rom. 1775 wurde er in der Laterankirche zum Priester geweiht. Anschließend war er als Pfarrer und Erzpriester in Lohnau bei Cosel seelsorglich tätig. 1793 wurde er zum residierenden Domherrn in Breslau und zum Generalvikar ernannt; 1798 erhielt er die Bischofsweihe und das Amt eines Weihbischofs von Breslau. Schimonsky hatte eine gründliche theologische Bildung erworben und zeichnete sich durch eine unbedingt romtreue Haltung aus.

Um 1800 erschien eine Reihe guter Gesang- und Gebetbücher. Auch schlesische Priester widmeten sich der wichtigen seelsorglichen Aufgabe, Handreichungen dieser Art für das Volk und für eine volkstümliche Gottesdienstgestaltung zu verfassen. Der Pfarrer von Hirschberg, *Johannes Putze,* ein Aufklärer im guten Sinne des Wortes, gab im Jahre 1800 ein solches Gesang- und Gebetbuch heraus und verstand es, dieses in seiner Gemeinde heimisch und beliebt zu machen. Sein Mitbruder *Kaspar Rachner,* der von 1797 bis 1832 als Kuratus in Harpersdorf, Kreis Goldberg, tätig war, verbesserte das ältere Gesangbuch von Ignaz Franz und fügte eine Reihe neuer Lieder hinzu. Ähnliche Werke erschienen 1815 in Greiffenberg und 1826 in Liegnitz. Der Breslauer Professor der Kirchengeschichte und des Kirchenrechts, *Dr. Martin Pelka,* verfaßte 1791 ein polnisches Gebetbuch und fertigte 1792 eine polnische Ausgabe des Saganer Katechismus an. »Auch sonst ist für die in Oberschlesien ansässigen Gläubigen, meist polnischer Umgangssprache, durch den Druck von polnischen Gebet- und Gesangbüchern mancherlei geschehen« (Gottschalk).

In die Zeit des Fürstbischofs Hohenlohe fiel ein Ereignis, das für die Zukunft der theologischen Bildung in Schlesien von Bedeutung sein sollte: 1811 ordnete König Friedrich Wilhelm III. die Verlegung der Universität Frankfurt/Oder nach Breslau und die Verschmelzung mit der dortigen Hochschule Leopoldina zu einer Volluniversität an, die am 19. Oktober 1811 feierlich eröffnet wurde. Die Theologische Fakultät übernahm die Professoren der bisherigen Leopoldina; die Fakultät hatte im ganzen sechs Lehrstühle: Dogmatik, Moral, Kirchenrecht mit Kirchengeschichte, Pastoraltheologie, Altes Testament, Neues Testament. Diese

Zahl war für die damaligen Verhältnisse nicht zu gering; die Theologische Fakultät der Universität Tübingen besaß beispielsweise nur fünf Lehrstühle. Die Übernahme der bisherigen Professoren hatte zur Folge, daß neue Ideen bei den Breslauern nicht zum Tragen kamen. Die Regierung bemühte sich, beim Freiwerden von theologischen Lehrstühlen bedeutendere Professoren von auswärts nach Breslau zu holen. So erging 1812/13 ein Ruf an Professor Johann Michael Sailer, den späteren Bischof von Regensburg, der jedoch ablehnte, ebenso wie der Freiburger Exeget Johann Leonard Hug und der in Münster tätige Dogmatiker Georg Hermes. Schließlich wurde 1814 Thaddäus Anton Dereser, Professor an der theologischen Hochschule in Luzern und Regens des dortigen Priesterseminars, berufen. Er war ein Freund des Konstanzer Generalvikars Ignaz Heinrich von Wessenberg. Mit Dereser, der Ende 1815 in Breslau eintraf, zog antirömischer Geist in die Theologische Fakultät ein. Generalvikar von Schimonsky begegnete dem neuen Professor von vornherein mit Mißtrauen. Dereser war ein Theologe »von großer geistiger Selbständigkeit und ausgeprägter Eigenart« (Kleineidam). Seine Schüler verehrten ihn, denn er verstand sie mit seinem Vortrag zu fesseln. Sicher war er der führende Kopf der Fakultät. Trotzdem war auch das Mißtrauen Schimonskys ihm gegenüber – besonders wegen seiner Polemik gegen die römische Kurie und seiner freisinnigen Haltung – nicht unberechtigt.
Nach dem Tode des Fürstbischofs Joseph Christian von Hohenlohe (1817) wählte das Interimskapitel den bisherigen Generalvikar und Weihbischof von Schimonsky zum Kapitelsvikar. Der Kapitelsvikar – in anderen Diözesen auch Kapitularvikar genannt – hat die Aufgabe, mit gewissen Einschränkungen das Bistum bis zur Ernennung eines neuen Bischofs zu leiten. Da die rechtliche Lage des Interimskapitels unklar war, konnte vorläufig kein neuer Diözesanbischof gewählt werden. Weihbischof von Schimonsky wurde deshalb zum Administrator des Bistums ernannt und wirkte als solcher sieben Jahre (bis 1824).
In dieser Zeit beginnt sich nun für die Kirche allmählich eine Wende zum Besseren abzuzeichnen. »In der Tat haben die Rückkehr des seit 1809 in Napoleonischer Gefangenschaft lebenden Papstes Pius VII. nach Rom am 25. Mai 1814, die Wiederzulassung des Jesuitenordens am 7. August 1815, die Wiederherstellung des Kirchenstaates auf dem Wiener Kongreß und die seit 1817 mit Bayern, Sardinien und Frankreich und 1818 mit Neapel und Rußland abgeschlossenen Konkordate zur Belebung der Verbindung mit dem Papsttum beigetragen und mit der Restauration Europas auch eine Restauration der durch die Aufklärung zeitweise unterbrochenen kirchlichen Tradition eingeleitet« (Gottschalk). Vermutlich ist die katholische Wiedererneuerung in Schlesien auch von außen, von anderen Bistümern und von Gruppen und Kreisen in West- und Süddeutschland, die sich

37. *Annaberg. Gnadenbild*

38. *Wartha. Wallfahrtskirche. Gnadenbild*

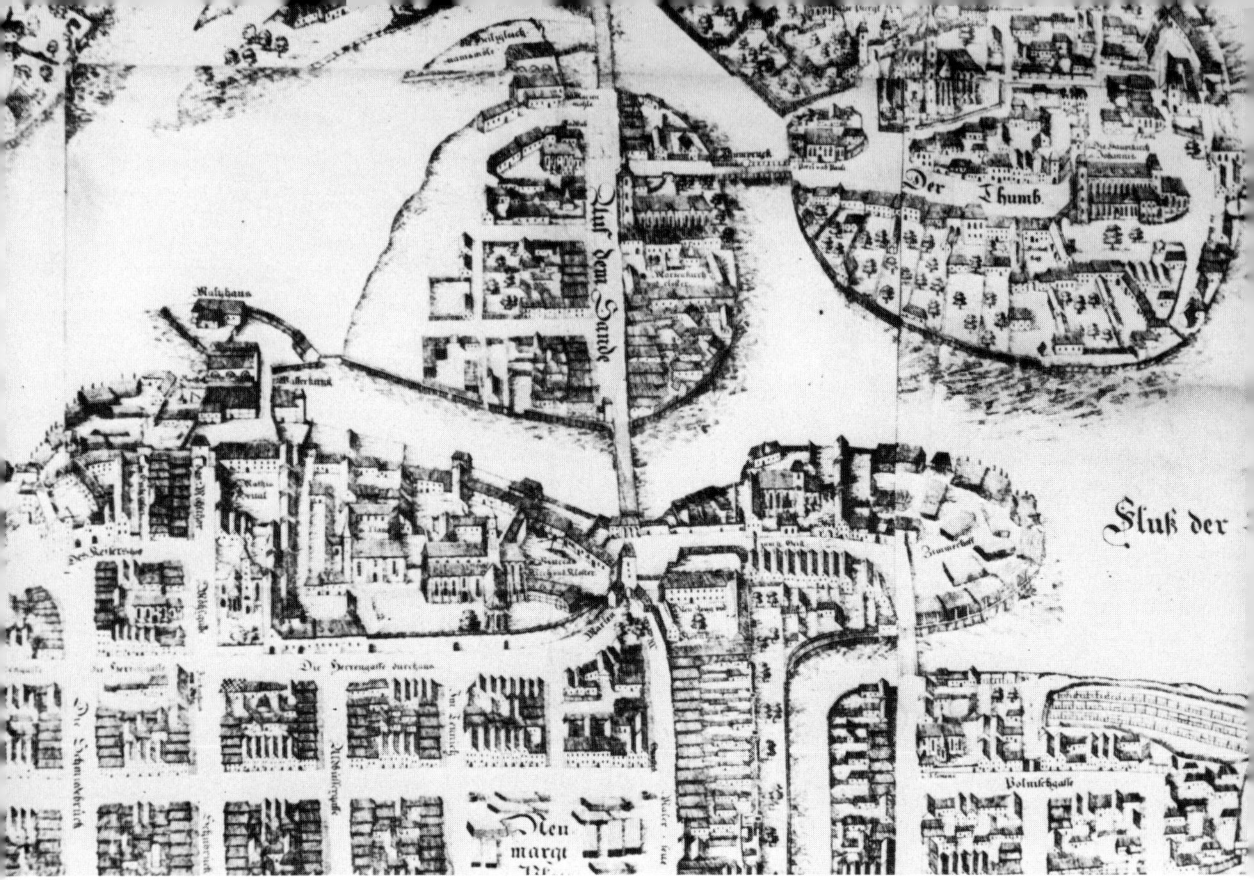

39. Breslau. Stadtplan von Barth. Weihner (Weyner). 1562. Ausschnitt: Nordöstliche Teile der Altstadt mit Sand- und Dominsel
40. Erzherzog Karl, Bischof von Breslau. Medaille, 1621

41. Liegnitz. Johanneskirche. Piastengruft

42. Oberglogau. Bartholomäuskirche. Gräfl. Oppersdorfsche Grabkapelle

43. Heinrichau. Klosterkirche. Chorgestühl an der Epistelseite. Um 1700–1709

der Erneuerung des katholischen Lebens besonders angenommen hatten, beeinflußt worden. So war in Mainz eine neue Theologenschule entstanden; in Wien hatte sich um den Redemptoristenpater Klemens Maria Hofbauer ein Freundeskreis gebildet; von Straßburg aus wirkte Joseph von Görres, in Süddeutschland Johann Michael Sailer, dessen Schriften in Schlesien gelesen wurden. Das schlesische Kirchenvolk selbst war und blieb im Religiösen verwurzelt; viele religiösen Bräuche wurden trotz Aufklärung und Staatskirchentum beibehalten, Vereine und Kongregationen arbeiteten weiter. Der Stimmung des katholischen Volkes gab *Joseph Freiherr von Eichendorff*, der große schlesische Dichter, in seiner juristischen Prüfungsarbeit (1819) Ausdruck, worin er die Säkularisation ausdrücklich ablehnt und über das Papsttum schreibt: »Eine solche Sonne, eine solche immerwährende Offenbarung und feste Burg des christlichen Glaubens war die ursprüngliche Idee des Statthalters Christi auf Erden, des Papstes, dessen Primat daher die Katholiken, durchdrungen von der Notwendigkeit einer solchen Einheit, schon als vom göttlichen Stifter der Kirche selbst eingesetzt annehmen« (zit. bei Gottschalk).

Das Jahr 1821 brachte endlich auch die langersehnte rechtliche Neuordnung der katholischen Kirche in Preußen. Die Verhandlungen der Kurie mit der preußischen Regierung hatten sich über längere Zeit hingezogen. Nun kam es schließlich zum Abschluß eines Konkordates und zur Veröffentlichung der Bulle »De salute animarum«, in der die Kirchenprovinzen und Bistümer in den preußischen Provinzen neu umschrieben wurden. Das Bistum Breslau wurde nun auch rechtlich aus der Gnesener Kirchenprovinz herausgelöst und zu einem exemten Bistum gemacht, d. h. es wurde dem Papst unmittelbar unterstellt. Es behielt im wesentlichen seinen bisherigen Umfang. An seiner Nordost-Grenze wurden die beiden Dekanate Kempen und Schildberg (Ostrzeszow) abgetrennt und dem Erzbistum Posen-Gnesen angegliedert. Dafür kam fast das gesamte oberschlesische Industriegebiet, d. h. die bisher zum Bistum Krakau gehörenden Dekanate Beuthen und Pleß, dazu im Westen Neuzelle und einige Pfarreien der Lausitz, die bis dahin dem Kollegiatstift Bautzen unterstanden hatten, zur Breslauer Diözese. Der österreichische Anteil verblieb weiterhin bei Breslau. Die Provinzen Brandenburg und Pommern – in diesem weiten Gebiet bestanden damals überhaupt nur sechs Pfarreien – wurden als sogenannter *Delegaturbezirk* der Verwaltung des Bischofs von Breslau unterstellt. Delegat des Fürstbischofs sollte jeweils der Propst und Pfarrer der St.-Hedwigs-Kirche in Berlin sein. Dieser Delegaturbezirk blieb zwar strenge Diaspora, das katholische Leben nahm aber dort nach dem Anschluß an Breslau einen stetigen Aufschwung, so daß das Gebiet 100 Jahre später zu einem eigenen Bistum, der Diözese Berlin, erhoben werden konnte.

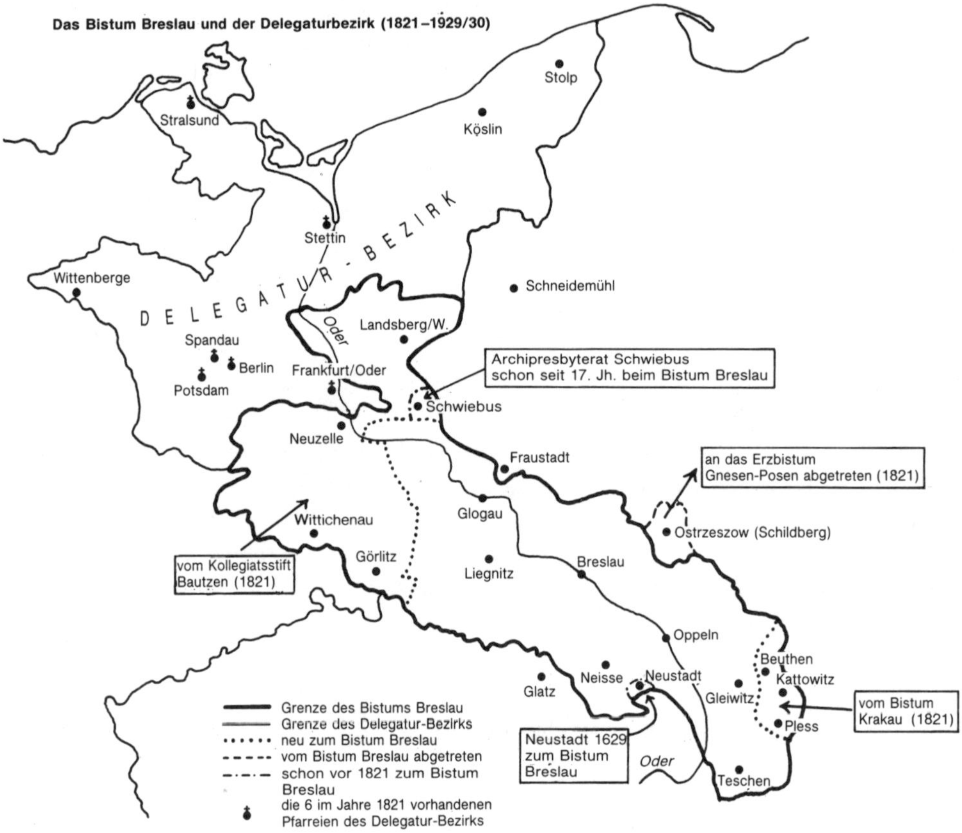

Das Bistum Breslau und der Delegaturbezirk (1821–1929/30)

Die Bulle »De salute animarum« bestimmte auch die Wiedererrichtung des Breslauer Domkapitels. Neben dem Dompropst und dem Domdechant waren zehn residierende Domherren und sechs Ehrenkanoniker, unter die immer der Propst von St. Hedwig in Berlin und der Großdechant der Grafschaft Glatz aufgenommen werden sollten, vorgesehen. Ferner wurden die staatlichen Zuwendungen für das Bistum, die allerdings verhältnismäßig gering ausfielen, geregelt. Die Bulle wurde auch im Preußischen Gesetzblatt veröffentlicht und erhielt damit von Staats wegen einen rechtlich-bindenden Charakter.

Nun war auch die Wahl eines neuen Breslauer Fürstbischofs möglich geworden: sie fand statt am 18. Oktober 1823. Auf Vorschlag des königlichen Wahlkommissars wurde der bisherige Bistumsadministrator und Weihbischof *Emanuel von*

Schimonsky zum neuen Oberhirten von Breslau gewählt. Die päpstliche Bestätigung folgte erst sieben Monate später, im Mai 1824. Schimonsky war damals bereits 71 Jahre alt. Die Jahre seines fürstbischöflichen Amtes (1824–1832) sollten für ihn schwierige Jahre werden, zumal da ihm tatkräftige Helfer aus den Reihen des Domkapitels zunächst fehlten, denn das Kapitel war noch nicht errichtet. Trotz der äußeren Regelung und des innerkirchlichen Erwachens blieben die inneren Zustände des Bistums vorerst noch traurig; freilich darf man die Schuld daran nicht dem Bischof anlasten.

1813 bis 1816 und dann 1825 bis 1845 war *Friedrich Theodor von Merckel* Oberpräsident von Schlesien. »Sicher ein hervorragender und verdienter Staatsbeamter«, war Merckel »in seiner Haltung der katholischen Kirche gegenüber wenig wohlwollend; er war durchaus befangen in den Ideen des überkommenen und noch in Geltung befindlichen Staatskirchentums und setzte daher die Politik des Mißtrauens und der Zurücksetzung gegenüber den schlesischen Katholiken fort« (Seppelt). Er fürchtete, daß nach der Rückkehr des Papstes aus dem Exil nach Rom die katholische Hierarchie den Ideen der Aufklärung entgegentreten würde. »Darum hielt er es für eine unerläßliche Aufgabe des Staates, strengste Aufsicht über die Kirche zu führen, und erachtete es für seine Pflicht, alle gegen die Hierarchie und die herrschenden Zustände in der Kirche sich richtenden Strömungen und Bewegungen zu fördern« (Seppelt). So begünstigte der Oberpräsident alle Bestrebungen in der schlesischen Geistlichkeit, die sich auf Einebnung der konfessionellen Unterschiede richteten, wie den Gebrauch der deutschen Sprache in der Liturgie und die Abschaffung des Priesterzölibates. Dazu kam, daß die Ausbildung der Theologiestudenten im argen lag, denn die Breslauer Theologische Fakultät war immer noch nicht mit guten Professoren besetzt; die Studierenden waren z. B. auf die Vorlesungen in Philosophie bei zwei ehemaligen Priestern oder bei einem protestantischen Professor angewiesen. 1826 faßte der Theologieprofessor *Anton Theiner* die Anliegen der Neuerer in einer Schrift zusammen, die er freilich anonym erscheinen ließ: »Die katholische Kirche, besonders in Schlesien, und ihre Gebrechen, dargestellt von einem katholischen Geistlichen«. Das Buch erregte ungeheures Aufsehen. »Der Umfang von 424 Seiten mit zahlreichen Belegstellen aus der Hl. Schrift, den Kirchenvätern und der Literatur zeigt, daß es schon längere Zeit vorbereitet war. Es wollte zur Reform der Kirche beitragen, enthielt manche berechtigte Kritik und viele brauchbare Vorschläge. Aber durch seinen gehässigen Ton und seine Einseitigkeit mußte es als unkatholisch und als Schmähung der Kirche empfunden werden, besonders in Schlesien« (Gottschalk).

Johann Anton Theiner stammte aus Breslau, wo er 1799 als Sohn eines Schuhmachermeisters geboren wurde. Nach dem Besuch des Matthiasgymnasiums studierte er von 1818 bis 1822 an der Universität Breslau Theologie. 1823 empfing er die Priesterweihe. Einen Monat später erwarb er den akademischen Grad eines Doktors der Theologie. Nach kurzer Kaplanszeit in Zobten am Bober und Liegnitz wurde er zum außerordentlichen Professor an der Breslauer Theologischen Fakultät ernannt, wo er ab 1824 Vorlesungen im Kirchenrecht und in der Pastoraltheologie, aber auch im Alten und Neuen Testament und in der Christlichen Archäologie hielt. Seine Vorlesungen fußten auf gallikanischen und josephinistischen Gedanken. Das ist nicht zu verwundern, war Theiner doch schon von seinem Studium her vom aufklärerischen Geist der Breslauer Universität beeinflußt. Aus dieser seiner Haltung heraus ist die Abfassung der obengenannten Schrift «Die katholische Kirche, besonders in Schlesien« zu erklären. Theiner zeigte sich »als Aufklärer und Antikurialisten. Er gehörte zu jenen, denen der Papst der Feind der Kirche war. Als Aufklärer erschien ihm die Kirche wie eine Angeklagte, die vor jedem ›aufgeklärten‹ Christen, besonders wenn er ein Professor ist, im Anklagezustand steht und die von ihm gerichtet, verurteilt und gereinigt werden darf und muß« (H. Hoffmann). Ein Zusammenstoß mit dem Bischof konnte nicht ausbleiben. Auch aus den Reihen der Studenten wurden Klagen über seine unkirchlichen Auffassungen laut. Auf den Einspruch des Bischofs hin wurden Theiner vom staatlichen Ministerium die kirchenrechtlichen und pastoraltheologischen Vorlesungen verboten, so daß er nur noch biblische Lehrveranstaltungen halten konnte. Theiner gab jedoch keine Ruhe: 1828 ließ er zusammen mit seinem vier Jahre jüngeren Bruder Augustin ein dreibändiges Werk mit dem Titel »Die Einführung der erzwungenen Ehelosigkeit bei den christlichen Geistlichen und ihre Folgen« erscheinen, das den Priesterzölibat, aber auch den Breslauer Fürstbischof und den Kultus der Kirche angriff. Auch dieses Buch erregte Aufsehen und Ärgernis. Zahlreiche Geistliche wandten sich an den Bischof und baten um Einschreiten gegen Theiner. Der Pfarrer von Goldberg, Karl von Dittersdorf, später Spiritual am Priesterseminar, gründete eine eigene Zeitschrift »Von der Katholischen Kirche«; er wollte mit diesem Blatt die aufklärerischen und rationalistischen Zeitströmungen bekämpfen und die schlesische Geistlichkeit im echten kirchlichen Geist neu beleben. Der Fürstbischof beantragte beim Minister die Entfernung Theiners aus dem akademischen Lehramt, da er es nicht mehr gestatten könne, daß die Theologiestudenten von einem Professor, der solche Ansichten vertrete, ausgebildet würden. Theiner spürte nun selbst, daß er an der Fakultät untragbar geworden war, legte am 8. September 1830 sein Lehramt nieder und ging in die Seelsorge. Er wurde Pfarrer in Polsnitz, übernahm 1836 die Pfarrei Grüssau und im Jahr darauf die Pfarrei Hundsfeld bei Breslau. 1845 legte Theiner

auch sein Pfarramt nieder und schloß sich den von Johannes Ronge begründeten Deutschkatholiken an, worauf er vom Bischof exkommuniziert wurde. Er erhielt später eine Stelle als Sekretär an der Breslauer Universitätsbibliothek. 1855 trat er zur evangelischen Kirche über; 1860 ist er in Breslau gestorben.
Zu bemerken ist noch, daß sein Bruder *Augustin* – ebenfalls in Breslau geboren – einen anderen Lebensweg nahm. Zunächst folgte er den aufklärerischen Ideen Antons, wandte sich vom Studium der Theologie ab und studierte Rechtswissenschaft. Zusammen mit seinem Bruder verfaßte er 1828 das obenerwähnte Werk gegen den Priesterzölibat. Auf einer längeren Reise bekehrte sich Augustin Theiner jedoch unter dem Einfluß des französischen Priesters und Theologen La Mennais und des Tübinger Professors Johann Adam Möhler wieder zur katholischen Kirche. In Rom ließ er sich zum Priester weihen und trat in das Oratorium des hl. Philipp Neri ein. 1855 zum Präfekt des Vatikanischen Geheimarchivs ernannt, veröffentlichte er eine große Zahl von kirchengeschichtlichen Quellentexten. 1870 wurde er seines Amtes wieder enthoben; »entgegen dem ausdrücklichen Verbot Papst Pius' IX. hatte Theiner während des Vatikanischen Konzils dem ihm seit zwei Jahrzehnten befreundeten Kardinal Hohenlohe und damit der Opposition den Text der Geschäftsordnung des Trienter Konzils zugänglich gemacht, der sofort publiziert und als Waffe gegen die vatikanische Geschäftsordnung verwendet wurde« (Jedin). Theiner wurde durch die Absetzung schwer getroffen. Er nahm Verbindung mit den Altkatholiken auf, fand jedoch dann den Weg zur Kirche zurück. 1874 starb er und wurde auf dem deutschen Camposanto in Rom nahe der Peterskirche begraben.
Fürstbischof von Schimonsky hatte nicht nur den Streit mit und gegen Anton Theiner auszutragen; in der Folge der Veröffentlichung von Theiners Schriften wandten sich schon im Jahre 1826 elf schlesische Geistliche unter Führung des Pfarrers von Falkenhain, Kreis Schönau, Joseph Neukirch mit einer Denkschrift an den Bischof und forderten die Einführung der Muttersprache in der Liturgie, die Herausgabe eines Diözesangesangbuches und die Reform des Rituales und des Meßbuches. Die Denkschrift, in Sprache und Form ehrerbietig, erklärte, daß verschiedene Geistliche schon eigenmächtig in ihren Kirchen diese Neuerungen eingeführt hätten. Der Bischof erließ sofort eine Anordnung, die jede unbefugte Änderung des Ritus der hl. Messe und der Sakramente unter Strafandrohung verbot. Die elf Priester unterwarfen sich den Forderungen des Bischofs, vor allem als sie spürten, daß sie auch bei den staatlichen Stellen keine Unterstützung finden würden, »und der Fürstbischof erklärte, ›das Vergangene der Vergessenheit übergeben zu wollen‹« (Seppelt). Bischof Schimonsky erkannte, daß die schlechte theologische Ausbildung der Priesteramtskandidaten eine der Haupt-

ursachen solcher rebellischer Haltungen war; er verlangte jetzt von der Regierung eine ordnungsgemäße und gute Besetzung der Theologischen Fakultät. Seit dem Tod Deresers (1827) lehrten dort nur noch drei ordentliche Professoren, dazu der antikirchliche Anton Theiner. Tatsächlich gelang es dann auch in den nächsten Jahren, tüchtige theologische Universitätslehrer nach Breslau zu holen.

Unter Bischof Schimonsky konnte nun endlich im Jahre 1831 das seit der Bulle »De salute animarum« in Aussicht genommene neue Domkapitel errichtet werden. Zum Dompropst wurde der Domherr Leopold Graf von Sedlnitzky ernannt, der ein Freund des Oberpräsidenten Merckel war. Bischof Emanuel von Schimonsky starb am 27. Dezember 1832 in seiner Bischofsstadt Breslau; dort fand er auch seine letzte Ruhestätte.

Als neuen Fürstbischof wünschte die Regierung den Dompropst Sedlnitzky. Rom war mit diesem Vorschlag zunächst nicht einverstanden, da Sedlnitzky als »Neuerer« galt. Der preußische König befahl daraufhin den Aufschub der Bischofswahl. Erst als Sedlnitzky durch eine Erklärung den auf ihn gefallenen Verdacht beseitigte und Rom der Kandidatur des Dompropstes zustimmte, gestattete die Regierung die Wahl. Am 27. Oktober 1835 wurde Sedlnitzky zum Fürstbischof von Breslau gewählt, aber erst 1836 von Rom bestätigt. Im gleichen Jahr empfing er in Breslau aus der Hand des Erzbischofs von Gnesen die Bischofsweihe.

Leopold Graf Sedlnitzky von Choltitz (1836–1840), 1787 in Geppersdorf (Österreichisch-Schlesien) geboren, war seit 1798 Domherr (Domizellar) in Breslau. Zum Priester wurde er 1811 geweiht. Seine Wahl zum Bischof war verhängnisvoll. Man wundert sich, daß die zum Teil angesehenen und tüchtigen Domherren Sedlnitzky ihre Stimme – wenn auch unter staatlichem Druck – gegeben haben. Seine mangelnde theologische Bildung, seine enge Freundschaft mit dem Oberpräsidenten Merckel, seine aufklärerischen und staatskirchlichen Anschauungen waren doch bekannt. »Sedlnitzky war persönlich ohne Tadel, auch in seiner Art fromm, nicht ungläubig, aber seine dogmatischen Ansichten waren verschwommen. Es fehlte ihm auch die Festigkeit und Entschlossenheit . . . Die Wähler haben ihm keinen guten Dienst erwiesen. Er ist wohl seines Bischofsamtes niemals froh geworden. Er war für dieses Amt unfähig und ahnte es wohl auch« (Negwer). Der Bischof war von weicher, nachgiebiger Natur und hatte für ein entschlossenes Handeln und Durchgreifen nichts übrig. Wohl hielt er Visitationen ab und unternahm Firmungsreisen, schrieb aber nie einen Hirtenbrief und hielt auch keine Predigten. Die Geistlichkeit und das katholische Volk warteten vergeblich auf eine bischöfliche Weisung, und die Priester sahen sich gezwungen, zur Selbsthilfe zu greifen.

Schon 1835 hatte *Dr. Joseph Sauer* eine Wochenzeitung, das »Schlesische Kirchenblatt«, ins Leben gerufen. Sauer, 1803 in Spurwitz bei Wansen geboren, aber in Breslau aufgewachsen, hatte 1827 die Priesterweihe empfangen, war dann Kaplan in Neisse und an der Sandkirche in Breslau und habilitierte sich 1829 für das Fach Pastoraltheologie. 1830 verzichtete er aber auf seine Lehrtätigkeit und arbeitete wieder in der Seelsorge. 1843 wurde er zum Rektor des Alumnates (Priesterseminars) und 1848 zum Domkapitular ernannt. Er starb im Jahre 1868. Zeitgenossen bezeichneten ihn als eine durchgeistigte, heiligmäßige Priesterpersönlichkeit. Sauer leitete persönlich das Kirchenblatt bis 1846. Das Blatt behandelte dogmatische, moraltheologische, liturgische und pädagogische Fragen und brachte daneben viele Meldungen und Berichte aus der Gesamtkirche und den einzelnen Pfarrgemeinden, aus den kirchlichen Vereinen und den Missionen.

Für die Ausbreitung des Glaubens in den Missionsgebieten setzte sich besonders der Kirchenhistoriker Professor *Joseph Ignaz Ritter* ein. Er stammte aus Schweinitz, Kreis Grünberg, wurde 1811 zum Priester geweiht und war anschließend Kaplan in Grottkau und später an der Hedwigskirche in Berlin. 1823 wurde er als Professor der Kirchengeschichte nach Bonn berufen. Diese Berufung erwies sich als überaus glücklich. Bei seiner außerordentlichen Begabung fielen Ritter die wissenschaftliche Arbeit und die Lehrtätigkeit leicht. Neben der Kirchengeschichte hielt er auch noch Vorlesungen in Pastoraltheologie, Homiletik und neutestamentlicher Exegese. Daneben fand er noch Zeit zur seelsorglichen Tätigkeit. 1830 wurde Ritter als Professor nach Breslau berufen und gleichzeitig zum Domherrn ernannt. Um der Heidenmission Hilfe zu leisten, führte er das »Werk der Glaubensverbreitung«, das schon in Frankreich bestand, in Schlesien ein. »Ritter öffnete den Katholiken die Augen für die Weltweite der Kirche, aber auch für die Not der Diaspora« (Negwer). Noch eine andere Einrichtung sozial-seelsorglicher Art geht auf Ritter zurück: die sogenannten »Kleinkinderschulen«, das sind die ersten Kindergärten. Auch sonst kamen aus den Reihen des Domkapitels gute seelsorgliche Anregungen. 1840 wurde eine Vereinigung ins Leben gerufen mit dem Ziel, gute Bücher zu verbreiten. Im gleichen Jahr wurde die katholische Bevölkerung aufgerufen, für die Gründung eines Theologenkonviktes zu spenden. Fürstbischof Sedlnitzky erhob einige gute und fähige Priester zu Domkapitularen, darunter den Pfarrer von Landeshut, Heinrich Förster, der 1853 Fürstbischof werden sollte und besonders durch seine Predigtbegabung auffiel. Jahrelang übte er das Amt des Dompredigers aus.
Trotz allem dauerten die Schwierigkeiten im Breslauer Bistum an, und Bischof Sedlnitzky war ihnen nicht gewachsen. Es ist bereits auf die seit Beginn des Jahr-

hunderts durchgeführte Enteignung von katholischen Kirchen in Diasporagebieten und ihre Überweisung an die Protestanten hingewiesen worden. 1833 wurde durch einen königlichen Erlaß dieses zunächst ungesetzliche Vorgehen auf eine rechtliche Grundlage gestellt. Der Bischof hatte nun dagegen Einspruch zu erheben und den Kampf durchzufechten. Aber hierbei versagte Sedlnitzky. Der Staat war sehr rasch vorgegangen. 1839 waren bereits 123 Kirchen enteignet und die Pfarreien für »erloschen« erklärt worden, bei 30 weiteren Kirchen lief das Verfahren noch. »Gleichzeitig wurden in katholischen Gegenden protestantische Pfarrsysteme geschaffen, auch wenn die Seelenzahl wie in Patschkau nur 34 oder in Habelschwerdt 52 betrug, während z. B. die katholische Pfarrei Eulau wegen ihrer nur 116 Seelen oder Pläswitz mit 81 Seelen für erloschen erklärt wurden« (Kaps). Die katholischen Gläubigen und die Geistlichkeit waren wegen dieser Maßnahmen zutiefst erbittert. Der Bischof unternahm jedoch nichts. Erst als der Erzpriester Neukirch und der Regierungspräsident von Liegnitz, Graf zu Stolberg, beim preußischen König Beschwerde einlegten, konnte eine einstweilige Einstellung der Überweisungen der Kirchen an die Protestanten erreicht werden. Der den Katholiken freundlicher gesinnte neue preußische König Friedrich Wilhelm IV. (1840–1861) befahl in einer Kabinettsorder (14. Oktober 1842), daß keine katholischen Kirchen mehr überwiesen werden sollten, ohne daß eine ministerielle Zustimmung erteilt sei; eine Beschwerde an den König sei zulässig; außerdem sollte der Bischof vorher gehört werden. So war durch diesen Erlaß für den Bischof die Möglichkeit des Eingreifens und der Verteidigung der kirchlichen Rechte gegeben. Die Verhandlungen konnten aber erst von dem Nachfolger Sedlnitzkys, Fürstbischof Joseph Knauer, geführt werden.

Noch größere Schwierigkeiten brachte für Bischof Sedlnitzky der Streit in der *Mischehenfrage.* Nach einer königlichen Verordnung aus dem Jahre 1803 sollten in konfessionell gemischten Ehen die Kinder grundsätzlich die Religion des Vaters annehmen. Zunächst hatte man sich infolge der aufklärerischen Zeitströmungen auch katholischerseits mit dieser Regelung abgefunden und solche Mischehen kirchlich eingesegnet, ohne daß eine Zusicherung der katholischen Kindererziehung gefordert wurde. Freilich gab es eine Anzahl Priester, die eine strengere Auffassung vertraten. Als nun das religiös-kirchliche Selbstbewußtsein im katholischen Volk und Klerus weiter erstarkte, wollte man sich wieder auf die kirchlichen Bestimmungen rückbesinnen. Papst Pius VIII. gab 1830 ein Breve heraus, in dem die früheren Entscheidungen erneut eingeschärft wurden: Mischehen dürften nur eingesegnet werden, wenn sichergestellt war, daß alle Kinder katholisch erzogen würden. Wenn dieses Versprechen nicht gegeben werde, dann dürfe der Priester nur passive Assistenz leisten, d. h. nur das Eheversprechen ohne jede Feierlichkeit entgegennehmen. Bischof Sedlnitzky hatte nicht den Mut, diese kirchliche Entscheidung gegenüber den staatlichen Stellen zu vertreten. Einige Domkapitulare, allen voran Heinrich Förster, wandten sich daraufhin gegen den Bischof. Sie waren der Meinung, daß unbedingt eine Möglichkeit gefunden werden müsse, um die staatlichen Bestimmungen mit dem kirchlichen Standpunkt in Übereinstimmung zu bringen. Aber weder von seiten des Bischofs noch seines Generalvikars und Weihbischofs Daniel Latussek wurde eine klare Entscheidung gefällt.

Inzwischen spitzte sich in den rheinischen Gebieten Preußens die Situation zu. Der Erzbischof von Köln, *Klemens August von Droste-Vischering,* gebot seinen Priestern, nicht nach den Bestimmungen des Staates, sondern nach den Weisungen der Kirche zu handeln. Am 20. November 1837 wurde er daraufhin in der Festung Minden gefangengesetzt. Dieses »Kölner Ereignis« ließ in den preußischen Provinzen bei Klerus und Gläubigen die Widerstandskraft lebendig werden. Bischof Sedlnitzky jedoch konnte sich nicht zu einer Änderung seiner bisherigen Haltung entschließen. Wieder waren es die Domkapitulare, vor allem der Domprediger Heinrich Förster, die vom Bischof die Durchführung der päpstlichen Vorschriften verlangten. Auch die Pfarrgeistlichkeit der Diözese, an ihrer Spitze der Pfarrer von Frankenstein, Ehrendomherr Nikolaus Fischer, und Pfarrer Franz Heide von Ratibor, forderte von ihrem Oberhirten bindende Weisungen und das Verbot der bedingungslosen Einsegnung der Mischehen. »Der Fürstbischof war in peinlicher Lage. Er wagte nicht, offen gegen den Papst Stellung zu nehmen und andererseits nicht gegen die Regierung zu handeln. Er wagte überhaupt nicht, eine Anordnung zu treffen« (Negwer). Schließlich verschärfte sich die Lage so, daß Papst Gregor XVI. – nachdem er Sedlnitzky vergeblich gemahnt hatte – sich gezwungen sah, den Fürstbischof zur Niederlegung seines Amtes zu bewegen. Der glücklose Sedlnitzky verzichtete am 10. Juni 1840 auf das Bistum; er wurde vom König zum wirklichen Geheimen Staatsrat ernannt und verlegte seinen Wohnsitz nach Berlin. Allmählich lockerte sich seine Verbindung mit der katholischen Kirche, und seine protestantische Umwelt übte einen immer stärker werdenden Einfluß auf ihn aus. 1862 trat er auch formell zur evangelischen Kirche über. Er stand »im 76. Lebensjahre, als er sich zu dem Schritt entschloß, der in der Geschichte der deutschen Bischöfe seit der Reformationszeit einzigartig dasteht« (Gottschalk). Am 25. März 1871 starb Sedlnitzky in Berlin; bestattet wurde er in der Gruftkapelle der Grafen von Harrach auf dem Friedhof zu Rankau, Kr. Breslau.

Nach dem Rücktritt Sedlnitzkys wählte das Domkapitel den Domherrn Professor *Joseph Ignaz Ritter* zum Kapitelsvikar. Da Ritter schon vorher für den kirchlichen

Standpunkt in der Mischehenfrage in einer Schrift eingetreten war, bestätigte ihn die Regierung nicht in diesem Amt. Nichtsdestoweniger leitete der gewählte Kapitelsvikar die Diözese Breslau bis zur Bestellung eines neuen Fürstbischofs, ja er gab nun – was Bischof Sedlnitzky bisher versäumt hatte – endlich eine klare und überzeugende Verfügung für die Trauung von Mischehen heraus. Danach sollte die Einsegnung nur dann stattfinden, wenn die Forderungen des päpstlichen Breve erfüllt würden: es mußte das Versprechen geleistet werden, die Kinder katholisch zu erziehen. König Friedrich Wilhelm IV. erklärte diese Entscheidung eines von ihm nicht anerkannten Bistumsverwesers als nicht gültig.

In Ritters Amtszeit als Kapitelsvikar wurde eine umfassende Innenrenovation des Domes vorgenommen. Der Bau war durch einen großen Brand im Jahre 1759 erheblich beschädigt worden. 1762 war das Dach wiederhergestellt, seine Kupferbedeckung erhielt es aber erst 1784. Das Innere des Domes besserte man zunächst nur notdürftig aus. Erst 1842 konnte die eigentliche Restaurierung in Angriff genommen werden. Das gesamte Innere sollte frisch geweißt und die Altäre, Bilder und Statuen erneuert und aufgefrischt werden. Eine Kommission aus vier Domkapitularen, darunter Ritter und Förster, sollte die Renovation in Gang setzen und überwachen.

Nach langwierigen Vorbesprechungen, in die sich die staatlichen Stellen immer wieder einmischten, kam es am 27. August 1841 endlich zur Wahl eines neuen Fürstbischofs. Gewählt wurde der schon betagte Pfarrer von Habelschwerdt und Großdechant der Grafschaft Glatz, *Joseph Knauer,* geboren 1764 in Rothflössel bei Mittelwalde. 1789 war er zum Priester geweiht worden. Erst im Januar 1843 wurde Knauers Wahl von Rom bestätigt. Die Bischofsweihe fand am 23. April des gleichen Jahres statt. Der neue Bischof ernannte Ritter zu seinem Generalvikar. Knauer starb schon ein Jahr später, am 16. Mai 1844, in Breslau, wo er im Dom sein Grab fand. Seine kurze Amtszeit hat keine tiefen Spuren hinterlassen. Zu erwähnen ist, daß Fürstbischof Knauer mit dem Regierungsbeauftragten Verhandlungen über die gezielten Aufhebungen der sogenannten »erloschenen Pfarreien« führte; allerdings kam es dabei auch jetzt zu keinem Erfolg. Das Gesamturteil über Bischof Knauer kann etwa lauten, daß er »sicherlich fromm und guten Willens, aber weder körperlich noch geistig seinem hohen Amte gewachsen war« (Negwer).

Am 15. Januar 1845 fand die Neuwahl des Breslauer Oberhirten statt; aus ihr ging im ersten Wahlgang der Regensburger Domdechant *Melchior von Diepenbrock* hervor, der jedoch zunächst ablehnte. Zwei Breslauer Domherren reisten nach Regensburg, um von Diepenbrock doch die Annahme der Wahl zu erreichen, aber der Domdechant blieb bei seiner Weigerung. »Er hat in diesen Tagen viel gekämpft, gebetet und geweint. Die beiden Breslauer gewannen die Überzeugung, daß in seiner Person ein wahrhaft hochwürdiger Mann auf den Breslauer Bischofsstuhl berufen werden würde. Diepenbrock schrieb ihnen nach Breslau, daß er sich so schwerer Aufgabe nicht gewachsen fühle, das ungeheure Bistum zu übernehmen, das in diesem Augenblick durch einen Zusammenfluß von Umständen wohl zu den schwierigsten der ganzen katholischen Welt gehöre« (Negwer). Erst auf eine ausdrückliche Mahnung Papst Gregors XVI. hin erklärte er sich bereit, das Amt des Breslauer Oberhirten zu übernehmen. Am 8. Juni 1845 empfing er im Dom zu Salzburg aus der Hand des Erzbischofs Kardinal Fürst Schwarzenberg die Bischofsweihe.

Melchior von Diepenbrock wurde am 6. Januar 1798 im westfälischen Bocholt geboren. Er besuchte zunächst die Militärschule in Bonn. 1815 machte er den Feldzug gegen Napoleon als Offizier der preußischen Landwehr mit. Nach dem Krieg ging Diepenbrock (1817) nach Landshut, wo er unter dem Einfluß Johann Michael Sailers, aber auch Clemens von Brentanos Theologie zu studieren begann. 1823 empfing er die Priesterweihe in Regensburg. Bischof Sailer machte ihn zu seinem Sekretär, später zum Domkapitular und zum Generalvikar.

Auch als Fürstbischof von Breslau blieb er mit ganzem Herzen seiner westfälischen Heimat verbunden. Für Besucher aus seiner Heimat hatte er immer eine offene Tür. In den Briefen an seine Geschwister flossen ihm immer wieder westfälisch-plattdeutsche Sätze in die Feder. »Er war ein Mann hoher Geisteskultur, Schriftsteller und Poet, Freund vieler großer Männer seiner Zeit, auch des Königs Friedrich Wilhelm IV., der ihm geistesverwandt war« (Negwer). So begann nun mit dieser ausgezeichneten bischöflichen Persönlichkeit eine neue und bessere Zeit für das Bistum Breslau. Als zutiefst kirchlich gesinnter Bischof bemühte er sich um eine Belebung des katholischen Lebens in Schlesien. Durch hervorragende Hirtenbriefe und mitreißende Predigten verstand er Volk und Geistlichkeit anzusprechen. Eines seiner Hauptanliegen war die Heranbildung guter Priester. In Breslau gründete er ein Schülerkonvikt, um Kindern einfacher Herkunft den Weg zum Priestertum zu erleichtern. Das Konvikt für die Theologiestudenten ließ er ausbauen.

Gleich zu Beginn seiner Amtszeit wurde das energische Handeln des Fürstbischofs gefordert: in der Auseinandersetzung mit dem sogenannten *Deutschkatholizismus*. Der Grottkauer Kaplan *Johannes Ronge*, 1840 zum Priester geweiht, wurde am 30. Januar 1843 vom Kapitelsvikar Ritter suspendiert, weil er in einem üblen Zeitungsbeitrag schwere und ungerechte Angriffe gegen das Breslauer Domkapitel gerichtet hatte. Ronge nahm daraufhin eine Hauslehrerstelle im oberschlesischen Laurahütte an. 1844 richtete er an den Bischof von Trier einen

Brief voller Schmähungen, die die Ausstellung des heiligen Rockes betrafen. Ronge forderte in dem Schreiben zum Abfall von der Kirche auf und nannte die Hl.-Rock-Wallfahrt ein Verbrechen. Er selbst gründete die »Deutsch-katholische Kirche«, die zunächst auch von der Regierung gefördert wurde. 1845 entstand eine Gemeinde dieser Sekte in Breslau. Der Domprediger Heinrich Förster machte sich in seiner berühmten Predigt vom 10. Oktober 1844 »Als aber die Leute schliefen, kam der Feind und säte Unkraut« zum Sprecher der Geistlichkeit des Bistums. Die Predigt wurde auch im Druck verbreitet und fand in ganz Schlesien stärksten Widerhall. Bischof Diepenbrock exkommunizierte die Deutschkatholiken und trug durch diese klare Entscheidung dazu bei, daß Anhänger und Unentschiedene zur Besinnung gebracht wurden. Schließlich wandte sich auch die Regierung von der neuen Bewegung ab, denn bei der Revolution von 1848 stellte es sich heraus, daß viele Mitglieder umstürzlerischen Ideen anhingen und auch politisch gefährlich wurden. Ronge floh zunächst nach England, verfaßte dort nochmals eine antikirchliche Schrift und nahm seinen Wohnsitz schließlich in Wien, wo er 1887 starb.

Melchior von Diepenbrock gelang es auch, die Frage der »erloschenen Pfarreien« zu einem guten Abschluß zu bringen. Die Unentschlossenheit Sedlnitzkys, aber auch die mangelnde Erfahrung und die Ungeschicklichkeit Knauers hatten sich in dieser Angelegenheit ungünstig ausgewirkt. Diepenbrock brachte 1848 eine Einigung mit den staatlichen Stellen zustande, die auch für Rom annehmbar war. »Der Fürstbischof entwarf . . . einen neuen Umpfarrungsplan mit einem Regierungsvertreter, reichte ihn durch den Münchener Nuntius nach Rom ein, und der Plan wurde von Rom genehmigt. Danach wurden sechs Pfarreien neu errichtet, 59 Pfarrkirchen in Filialen umgewandelt und 56 Pfarreien für erloschen erklärt« (Negwer). Das Hauptzugeständnis, das der Staat machen mußte, war die Einrichtung eines zentralen Fonds, der aus dem Vermögen der für aufgehoben erklärten Pfarreien gebildet wurde; die dort eingehenden Gelder sollten zur Unterstützung der Pfarreien und Schulen sowie für die Kirchengebäude verwendet werden. Die Verwaltung dieser Geldmittel wurde der Diözese und einem katholischen Regierungsvertreter übertragen. Außerdem wurde bestimmt, daß keine Pfarrei mehr für erloschen erklärt werden dürfe.

Enge Verbindung hielt Fürstbischof von Diepenbrock mit dem österreichischen Anteil seines Bistums, wo er häufig Visitationen und Firmungsreisen durchführte und sich der Verwaltung des dort gelegenen kirchlichen Besitzes annahm; die Einkünfte davon spendete er zumeist für mildtätige Zwecke. Jedes Jahr reiste er nach dem Schloß Johannesberg. Um die Zugehörigkeit des österreichischen Diözesangebietes zum Bistum Breslau zu unterstreichen, sollte der jeweilige Generalvikar für dieses Gebiet zum »Titulardomherrn« des Breslauer Domes ernannt werden.

Das Wirkungsvermögen und die Ausstrahlungskraft der Persönlichkeit Diepenbrocks traten besonders während der Revolutionstage des Jahres 1848 in Erscheinung. Das Volk erhob sich gegen das absolutistische Regiment der Fürsten, und es kam zu Unruhen, zu Zerstörungen und Verwüstungen. In Breslau wurden auf den Straßen Barrikaden errichtet. Oberpräsident und Magistrat der Stadt ließen sich von den aufgeregten Gemütern einschüchtern; Diepenbrock aber veröffentlichte ein Hirtenwort, in dem er die Bürger mahnte, Ruhe und Ordnung zu halten und das Leben und Eigentum der Mitmenschen nicht anzutasten. Dieses bischöfliche Mahnschreiben hatte – vor allem in Oberschlesien – Erfolg. Als im November des gleichen Jahres die preußische Nationalversammlung beschloß, die Steuern zu verweigern, war es allein der Breslauer Bischof, der dieser für die Allgemeinheit außerordentlich verhängnisvollen Entscheidung einen wirksamen Aufruf entgegensetzte. Darin nannte der Bischof den König »unsere von Gott gesetzte Obrigkeit« (Negwer) und wies auf die Pflicht zum Gehorsam hin. Dieses Bischofswort wirkte über den Raum der katholischen Kirche hinaus beruhigend; selbst von protestantischen Geistlichen wurde es aufgegriffen und verlesen, und das Ministerium ließ es vervielfältigen und verbreiten.

Auf der anderen Seite leitete das Jahr 1848 neue Beziehungen zwischen Staat und Kirche ein. »Der Begriff der Kirche als einer hörigen Staatsanstalt war nicht länger tragbar« (Negwer). Als die Nationalversammlung nach Frankfurt am Main einberufen wurde, erhielt Diepenbrock ein Mandat für den Wahlkreis Oppeln, das er freilich zunächst nur widerstrebend und auf Drängen des Domkapitels annahm. In der Parlamentsarbeit setzte sich der Breslauer Bischof besonders für die Beachtung christlicher Werte ein, aber bei seiner im wesentlichen unpolitischen Wesensart trat er in den Debatten nicht weiter hervor. Sein Gesundheitszustand nötigte den Fürstbischof, noch im gleichen Jahr das Mandat niederzulegen. Er hatte noch den Zusammenschluß der katholischen Parlamentsabgeordneten zu einem »katholischen Verein« veranlaßt, aus dem 1852 die katholische Fraktion und 1870 das Zentrum hervorgehen sollte.

Bei einem Gespräch in Köln zwischen Diepenbrock und dem Kölner Oberhirten Johannes von Geissel wurde es beiden Bischöfen klar, daß der deutsche Episkopat viele seelsorgliche Probleme, aber auch Fragen der Beziehungen zwischen Kirche und Staat nur gemeinsam zu lösen imstande war. Eine Versammlung aller deutschen Bischöfe war dringend zu wünschen. Es wurde vereinbart, daß Erzbischof Geissel die westdeutschen, Diepenbrock aber die ostdeutschen Oberhirten für eine solche allgemeine Bischofsversammlung gewinnen sollte. Im November 1848 trat diese erste Konferenz der deutschen Bischöfe in Würzburg zusammen. Fürstbischof von Diepenbrock konnte wegen seines schlechten Gesundheitszustandes nicht an den Beratungen teilnehmen. An seiner Stelle vertraten der Domkapitular Heinrich Förster und der Ehrendomherr Franz Heide (Ratibor) das Bistum Breslau in Würzburg. Förster hielt auf der Konferenz ein vielbeachtetes Referat »über das Verhalten der Kirche gegenüber dem Staat, wenn dieser den Schutz zur Durchführung kirchlicher Aufgaben verweigere« (J. Köhler), und beteiligte sich auch sonst rege an den Diskussionen. Am Ende der Beratungen wurden ein Bericht für den Papst, eine Denkschrift an die Regierungen der deutschen Staaten und ein weisunggebendes Wort an die Geistlichkeit ausgearbeitet; Heinrich Förster verfaßte im Auftrag der Bischöfe einen Hirtenbrief an das katholische Volk, in dem Aufschluß über die Zeitströmungen und die der Kirche drohenden Gefahren, aber auch über Ziel und Beschlüsse der Bischofsversammlung gegeben wurde. Die Gläubigen wurden zur Standhaftigkeit im Glauben, zu Gebet und tatkräftiger Nächstenliebe und zur Treue gegenüber der Kirche aufgerufen.

Im Gefolge der Ereignisse des Jahres 1848 blühte das katholisch-kirchliche Leben in Deutschland auf. Der Mainzer Domkapitular *Adam Franz Lennig* gründete im gleichen Jahr den nach dem damaligen Papst Pius IX. benannten »Piusverein für religiöse Freiheit«, dessen Zweck es war, »die neuerrungenen Freiheiten der Versammlung . . ., der freien Rede und Presse mit Entschlossenheit in die Hand zu nehmen und sich ihrer zugunsten der Religion und der Kirche zu bedienen« (Seppelt). In kurzer Zeit entstanden ähnliche Vereine auch in anderen Diözesen. In Breslau begründete schon 1848 der Dozent und spätere Domkapitular *Joseph Lorenz Wick* den »Katholischen Zentralverein« und im Anschluß daran zahlreiche Zweigvereine in der Provinz. Wick gab eine Schrift heraus – »Über Katholikenfeinde und Katholikenvereine« – die für die Vereinsarbeit Richtlinien aufstellen wollte. Die einzelnen Vereine entfalteten bald eine rege Tätigkeit, nicht nur in ihren Versammlungen, sondern auch in der Beschäftigung mit sozialen und caritativen Aufgaben. Ziel der Vereinsarbeit war neben dem unbedingten Eintreten für die kirchliche Freiheit die Erziehung und Weiterbildung der Katholiken. Im Anschluß an die Vereine entstanden Volksbüchereien, Handwerkerschulen, in denen Möglichkeit zur Fortbildung in Religion und Geschichte, aber auch in praktischen Fächern – wie Rechtsfragen und Geschäftskunde – gegeben war, ferner Vinzenzvereine, die Sorge für Arme, Kranke und Notleidende trugen. Auch Frauenvereine wurden gegründet, die sich die religiöse Bildung der Frauen und Mädchen angelegen sein ließen: daraus entwickelte sich 1859 die Genossenschaft der *Hedwigsschwestern*.

Besonders dringend war aber nun für die katholischen Gläubigen Schlesiens die Herausgabe einer katholischen Zeitung. Das Fehlen eines geeigneten Presseorgans, das die katholischen Belange gegen alle Angriffe verteidigte, aber auch den inneren Aufbau des katholischen Lebens fördern konnte, wurde zunehmend als ein Mangel empfunden. Zwar erschien wöchentlich das von Joseph Sauer 1835 begründete *Schlesische Kirchenblatt,* das sich – zumal im Kampf gegen Ronge und seine Bewegung – große Verdienste erworben hatte, aber die Auseinandersetzung mit den täglich erscheinenden politischen Zeitungen konnte es als Wochenblatt nicht ausreichend führen. Bischof Diepenbrock hatte dann die Herausgabe einer katholischen konservativen Tageszeitung angeregt, die ab April 1846 als *Allgemeine Oderzeitung* erschien; im März 1848 aber änderte die Redaktion ihren Kurs, wechselte auf die Seite der Revolution hinüber und bildete das Blatt in eine radikal-sozialistische Zeitung um. Kaum ein Jahr hielt sich das 1848 von dem Pfarrer *von Roschütz* redigierte *Katholische Sonntagsblatt für Schlesien und die Grafschaft Glatz.* So blieb nach wie vor das »Schlesische Kirchenblatt« das einzige Presseorgan, das die katholischen Fragen vertrat; seit 1852 wurde es von dem tüchtigen *Dr. Franz Lorinser* (1821–1893), Sohn des bekannten Oppelner Geheimen Regierungs-Medizinalrates Dr. Karl Ignaz Lorinser (1796–1853), herausgegeben. Franz Lorinser, später Domherr in Breslau, war ein begabter Publizist und bemühte sich, dem Blatt einen breiteren politischen Inhalt zu geben. Aber erst 1863 gelang der Durchbruch: in diesem Jahr ließ Dr. Josph Wick die *Breslauer Hausblätter für das Volk* erscheinen, zunächst zweimal wöchentlich, ab 1. April 1869 als Tageszeitung, die später in *Schlesische Volkszeitung* umbenannt wurde.
Die großartige Arbeit der schlesischen Piusvereine und nicht zuletzt die mitreißende Persönlichkeit von Dr. Joseph Wick ermöglichten es, den zweiten deutschen Katholikentag (»Generalversammlung der deutschen Katholiken«) vom 8. bis 11. Mai 1849 in Breslau zu begehen. Freilich traten diesem Vorhaben zunächst Hindernisse entgegen: in Schlesien waren Unruhen ausgebrochen, in Breslau herrschte Belagerungszustand. Man dachte daran, den Katholikentag nach Oppeln oder Neisse zu verlegen, entschied sich aber dann doch für Breslau. Es war nur verboten, politische Themen zu behandeln. Die Veranstaltung wurde zu einem großen Erfolg, sie gab der katholischen Kirche in Deutschland neue Impulse. Zum ersten Male wurde die Arbeit der Laien am Wiederaufbau des katholischen Lebens hervorgehoben. Ein eindrucksvolles Urteil über die katholischen Schlesier gab der Mainzer Professor *Franz Christoph Ignaz Moufang* ab: »Großes hat Schlesien gewirkt, das uns so viele Sorgen gemacht, von dem wir fürchteten, es habe aufgehört katholisch zu sein. So hat Deutschland erlebt, wie diese fast verloren geglaubte Provinz für die hl. Sache der Kirche mit einem Male

dasteht – voller Kraft – eine Musterprovinz für ganz Deutschland« (zit. bei v. Löwenstein).

Dieses wachsende kirchliche Leben fand seinen Ausdruck auch in einem Aufblühen der Orden in Schlesien. 1842 entstand die Kongregation der *Grauen Schwestern von der hl. Elisabeth,* die sich vor allem der ambulanten Krankenpflege widmeten; 1848 kamen die *Borromäerinnen* nach Neisse, wo Bischof Diepenbrock ihnen das fürstbischöfliche Hospital übergab. Aus Bayern berief der Bischof die *Armen Schulschwestern;* nach Oppeln holte er *Franziskanerinnen* aus Münster, die das neue Krankenhaus betreuen sollten. 1852 gründeten *Alkantariner* auf dem Annaberg in Oberschlesien eine Niederlassung.

Fürstbischof Diepenbrock ließ eine große Anzahl von Kirchen erbauen, zum Teil aus seinen eigenen Mitteln. Seine besondere Sorge galt Oberschlesien. Hier hatte der Pfarrer von Deutsch Piekar, *Alois Fietzek,* den Kampf gegen den weitverbreiteten übermäßigen Genuß von Branntwein aufgenommen und zu diesem Zweck Mäßigkeitsvereine gegründet. Er wurde hierin vom Bischof tatkräftig unterstützt. 1847, als infolge einer Mißernte Hungersnot ausbrach und eine Typhusepidemie zahlreiche Opfer forderte, rief Diepenbrock die Bevölkerung auch außerhalb Schlesiens zur Hilfe für das bedrängte Oberschlesien auf. Es war also die verdiente Ehrung eines hervorragenden Oberhirten, als Pius IX. Diepenbrock im September 1850 den Kardinalshut verlieh. Leider konnte sich das Bistum Breslau nicht lange dieser Würde seines Bischofs erfreuen: Am 20. Januar 1853 starb der Kardinal an Unterleibskrebs auf Schloß Johannesberg, über die Grenzen seines Bistums hinaus betrauert. Er wurde im Breslauer Dom beigesetzt.

Die Nachfolge trat nun ein Mann an, der sich in den vorhergehenden Jahren die bedeutendsten Verdienste um das Bistum Breslau erworben hatte und das volle Vertrauen des Domkapitels besaß: der Domkapitular und Domprediger *Heinrich Förster* (1853–1881). Wie kein anderer war er geeignet, die Arbeit Diepenbrocks weiterzuführen. Heinrich Förster stammte aus Glogau, wo er am 24. November 1799 als Sohn eines Kunstmalers geboren wurde. In Glogau besuchte er auch das Gymnasium, war aber anfangs kein guter Schüler, so daß er zwei Klassen wiederholen mußte. An der Universität Breslau studierte er Theologie und empfing 1825 die Priesterweihe. 1828 übernahm er die Pfarrei Landeshut. Schon damals fielen seine ausgezeichneten Predigten auf, so daß Förster 1837 von Bischof Sedlnitzky ins Domkapitel berufen und zum Domprediger ernannt wurde. 1845 verlieh ihm die Theologische Fakultät der Universität Breslau wegen seiner Verdienste um die Erneuerung des kirchlichen Lebens die Ehrendoktorwürde. An der Wahl Diepenbrocks zum Fürstbischof war Förster entscheidend beteiligt, und er stand dem Oberhirten stets freundschaftlich mit Rat und Tat zur Seite. Nach Die-

44. Gleiwitz. Die hl. Maria schützt die Stadt 1626/27 vor den Mansfeldischen Truppen. Gemälde 1. Hälfte 17. Jh.

Umseitig:
45. Neisse. Jakobuskirche. Denkmal für Bischof Sebastian von Rostock. 1674

47. Angelus Silesius

Vorhergehende Seite:
46. Abt Bernardus Rosa. Gemälde von M. Willmann

penbrocks Tod wurde Heinrich Förster zunächst Kapitelsvikar; am 19. Mai 1853 wählte ihn das Domkapitel zum Fürstbischof von Breslau; die Bischofsweihe empfing er am 18. Oktober im Breslauer Dom.

Förster bemühte sich mit ganzer Kraft, die von seinem Vorgänger in Angriff genommene Erneuerung des katholisch-kirchlichen Lebens fortzusetzen. Für eine geordnete Seelsorge sind Gotteshäuser notwendig; wie Diepenbrock, so ließ auch Förster zahlreiche Kirchen erbauen. Für den Neubau und den Unterhalt von katholischen Schulen, besonders an Orten, in denen die katholischen Gläubigen in der Minderzahl waren, hatte der Bischof immer eine offene Hand. Seine besondere Sorge galt dem Priesternachwuchs: Knabenkonvikt, Theologenkonvikt und Alumnat wurden ausgebaut bzw. erhielten neue Gebäude. Um die Seelsorge anzuregen und den Priestern für ihre Arbeit Leitlinien zu geben, ließ Förster in den Jahren 1854, 1856 und 1859 sogenannte Diözesankonferenzen für den Klerus abhalten, deren Ergebnisse und Beschlüsse er nach Rom einsandte. Weitere klösterliche Niederlassungen entstanden, vor allem solche, deren Tätigkeitsfeld auf dem Gebiet des Unterrichts und der Krankenpflege lag. So wurden 1866 die *Mägde Mariens* nach Poremba berufen; ihr Kloster wurde zum Mutterhaus zahlreicher Filialen. Im Jahre 1859 zogen *Franziskaner* auf dem Annaberg in Oberschlesien ein, die das Kloster der Alkantariner übernahmen.

Freilich hatte Heinrich Förster von Anfang an mit Schwierigkeiten und unerquicklichen Angelegenheiten zu kämpfen, zumal da er selbst zur Unausgeglichenheit neigte. Große Sorge bereitete ihm die Theologische Fakultät, die in den Jahren seines Oberhirtenamtes »auf den wohl beklagenswertesten Tiefstand ihrer Geschichte abgesunken« ist (H. Schiel). Es kam soweit, daß der Bischof ernstlich überlegte, ob er seinen Theologiestudenten nicht überhaupt die Ausbildung an der Universität untersagen sollte. 1864 mußte Professor *Carl Stern* (Altes Testament) sein Lehramt wegen Trunksucht niederlegen; im gleichen Jahr wurde *Franz Pohl* (Pastoraltheologie) wegen hoher Schulden zu einer Gefängnisstrafe verurteilt. Von 1860 bis 1867 entzog Förster dem Moraltheologen *Franz Seraph Bittner* die missio canonica wegen schwerer Anschuldigungen gegen den Bischof. Ebenso mußte der Bischof mit dem Dogmatikprofessor *Johann Baptist Baltzer* verfahren, da dieser die kirchlich verurteilte Lehre des Philosophen Anton Günther vertrat. Wenig kirchliche Gesinnung zeigte auch der Kirchenhistoriker *Joseph Hubert Reinkens,* einer der späteren Mitbegründer der altkatholischen Kirche; mit einem gehässigen Beitrag – eher einem Pamphlet – setzte er in einer Festschrift zum 50jährigen Jubiläum der Universität im Jahre 1861 Klerus und Kirchenvolk Schlesiens in ungerechter Weise herab. Es war daher notwendig, neue Gelehrte für die Theologische Fakultät zu gewinnen. 1864 konnten der Schwabe *Ferdinand Probst*

für Pastoraltheologie und Liturgik und der junge ermländische Konvertit *Hugo Laemmer*, zunächst für Dogmatik, später für Kirchenrecht und Kirchengeschichte berufen werden, mit denen ein neuer Geist in die Fakultät einzog.
Schlimm waren in diesen Jahren auch die Verleumdungen und Angriffe gegen die Kirche von seiten liberaler, freimaurerischer und leider auch protestantischer Kreise. Der Superintendent Eichler in Raudten, Kr. Steinau/Oder, richtete eine Kampfschrift gegen die Katholiken, in der er schrieb: »Kein wohlgeordneter Staat kann die römisch-katholische Kirche frei nach ihren Gesetzen leben lassen« (Seppelt). Auch der päpstliche Syllabus von 1864 war Anlaß, die Kirche anzugreifen, und nach dem preußisch-österreichischen Krieg von 1866 wurden die Katholiken wieder verräterischer Haltungen verdächtigt. König Wilhelm I. zeigte nicht das Wohlwollen seines Vorgängers gegenüber der katholischen Kirche, und Bismarck versuchte in Preußen eine Nationalkirche zu errichten, die selbstverständlich unter Führung der Protestanten stehen sollte.
Das bedeutendste allgemeinkirchliche Ereignis während der Amtszeit Heinrich Försters war das *Erste Vatikanische Konzil* (1869/70), an dem auch der Fürstbischof von Breslau teilnahm. Neben der Widerlegung von Irrlehren sollten auf dem Konzil die Fragen der Unfehlbarkeit des Papstes und des päpstlichen Jurisdiktionsprimates eine besondere Rolle spielen. Die Meinung der Konzilsväter war nicht einheitlich. Eine Mehrheit war für die Definition (Verkündigung als Glaubenssatz) dieser beiden Lehren; eine kleine, aber um so streitbarere Minderheit sprach sich gegen eine solche Festlegung aus, wobei die meisten Bischöfe dieser Richtung diese Lehren nicht etwa für falsch oder theologisch unbeweisbar hielten, sondern weil nach ihrer Meinung diese Definition – zumindest zu diesem Zeitpunkt – unzweckmäßig war und das Verhältnis der Kirche zum Staat erheblich belasten mußte. Die Mehrzahl der deutschen und österreichischen Bischöfe gehörte zu dieser ablehnenden Gruppe. Von ihnen nahmen die weitaus meisten an der entscheidenden Abstimmungssitzung (18. Juli 1870) nicht teil, auch Heinrich Förster nicht. Nach Breslau zurückgekehrt, bot Förster dem Papst seinen Rücktritt an, aber Klerus und Volk der Diözese baten den Bischof, im Amt zu bleiben. Papst Pius IX. nahm die Resignation nicht an und sprach dem Bischof in einem Schreiben Mut zu. Wie die anderen Bischöfe der Konzilsminderheit, so unterwarf sich dann auch Heinrich Förster den Beschlüssen des Ersten Vatikanums und verkündigte die Konzilstexte in seiner Diözese.
Eine Anzahl katholischer Intellektueller und Geistlicher, in erster Linie Universitätsprofessoren, glaubte, die vom Vatikanischen Konzil definierten Glaubenslehren nicht anerkennen zu können, an ihrer Spitze der Münchener Kirchenhistoriker *Ignaz von Döllinger*. Unter ihnen waren weitere Theologieprofessoren, so in

Breslau die Rheinländer *Joseph Hubert Reinkens, Johann Baptist Baltzer* und *Peter Joseph Elvenich.* Die Gegner des Konzils schlossen sich zur sogenannten *altkatholischen Bewegung* zusammen, aus der 1871 die *Altkatholische Kirche* gebildet wurde. Erster Bischof der Altkatholiken wurde der Breslauer Professor Joseph Hubert Reinkens. Bald entstanden auch in Schlesien verschiedene altkatholische Gemeinden, die dem Breslauer Bischof verständlicherweise große Sorgen bereiteten. Die preußische Regierung förderte die neue Bewegung, weil sie sich davon die allmähliche Entwicklung einer allgemeinen romfreien Kirche versprach, und räumte den Altkatholiken das Recht ein, katholische Gotteshäuser mitzubenutzen. Daraufhin untersagte Bischof Förster seinen katholischen Gläubigen die Weiterbenutzung dieser Kirchen. So kam es, daß dadurch einige Kirchen gänzlich an die Altkatholiken übergingen wie z. B. die Corpus-Christi-Kirche in Breslau und die Kreuzkirche in Neisse. In späterer Zeit, als die Zahl der Altkatholiken immer mehr abnahm – sie war freilich von Anfang an nicht sehr beträchtlich gewesen –, wurden diese Gotteshäuser schließlich wieder der katholischen Kirche übergeben.

Zu neuen Schwierigkeiten für die katholische Kirche kam es im sogenannten Kulturkampf. »Die Spannungen zwischen den (protestantisch-preußischen) Kleindeutschen, deren Führer Bismarck war, und den (zumeist katholischen) Großdeutschen in der Reichspolitik, die Feindseligkeit des Liberalismus gegen die Kirche, besonders seit dem Syllabus und dem Vaticanum und nicht zuletzt auch die kirchliche Opposition der Altkatholiken in Deutschland, die den Kampf gegen die katholische Kirche zu ihren eigenen Gunsten lebhaft schürten« (A. Franzen), trugen zu dieser neuen Auseinandersetzung zwischen dem Staat und der Kirche bei. Es begann damit, daß die preußische Regierung die katholische Abteilung im Kultusministerium auflöste. Die Kirche, die durch das Vatikanische Konzil einen neuen inneren Aufschwung erfahren hatte, sollte nach Bismarcks Willen erneut stärker an den Staat gebunden werden. Am 10. Dezember 1871 wurde der sogenannte Kanzelparagraph erlassen, der die Freiheit der Predigt auch im Kirchenraum einschränkte. Es folgten Gesetze zur Beaufsichtigung der Schulen und zum Verbot des Jesuitenordens und verwandter Orden wie etwa der Redemptoristen. Endlich kam es im Mai 1873 zu den »Maigesetzen«, die die Ausbildung und die Anstellung der Priester regeln sollten. Der Austritt aus der Kirche wurde erleichtert. 1875 wurden alle Ordenshäuser aufgelöst. Die finanziellen Zuwendungen an die Kirche, zu denen der Staat verpflichtet war, wurden gesperrt. »Die Bischöfe leisteten heroischen Widerstand, ließen sich bestrafen wegen Nichtbefolgung der Gesetze, gingen ins Gefängnis, wurden abgesetzt. Sie bestürmten den Kaiser mit Immediateingaben, doch diesen ungerechten Gesetzen die Zustim-

mung zu versagen. Klerus, Volk, katholische Presse und (Zentrums-)Fraktion waren einig im Kampfe für die Kirche. Alles war vergebens« (Negwer).
Diese Kulturkampfgesetze trafen das Bistum Breslau schwer. Priester wurden mit Gefängnisstrafen oder Geldbußen belegt; das Priesterseminar und die Konvikte mußten ihre Tätigkeit einstellen und waren gezwungen, zu schließen; viele Priestergehälter wurden gesperrt, der Religionsunterricht erschwert oder ganz untersagt. Das Gesetz über die Vorbildung und Anstellung der Priester von 1873 hatte solche Bedingungen gesetzt, daß eine Anstellung von neuen Geistlichen fast unmöglich wurde. Da die Priesterausbildungsstätten geschlossen waren, verminderte sich auch die Zahl der Neupriester ganz erheblich. So kam es, daß zahlreiche Pfarr- und Kaplansstellen nicht besetzt werden konnten. Das gläubige Volk hielt jedoch der Kirche unverrückbar die Treue. Wo Priester fehlten, sprangen oft Laien ein und hielten Wortgottesdienste. So wurde eine Entfremdung des Kirchenvolkes verhindert. Es gab freilich auch einzelne Priester, die sich nicht vom Bischof, sondern vom Staat in freie Pfarrstellen einweisen ließen. Die Gläubigen mieden aber nach Möglichkeit solche »Staatspfarrer«, von denen es übrigens in Schlesien im ganzen nur zwölf gab; von diesen stammten lediglich sieben aus dem Bistum Breslau, die andern fünf kamen aus fremden Diözesen.
Ein besonders schweres Los traf den Fürstbischof. Er hatte gegen die Kulturkampfgesetze Verwahrung eingelegt und sich dabei sogar an den Kaiser persönlich gewandt. Aber es nützte nichts: Förster selbst wurde mehrfach vor Gericht gestellt, weil er Anstellungen und Versetzungen von Priestern nicht gemeldet hatte. Der Bischof wurde zu Gefängnis bzw. hohen Geldstrafen verurteilt, die Möbel in seinem Palais wurden gepfändet und die Gehaltszahlung an ihn gesperrt. Schließlich forderte man ihn Ende März 1875 auf, sein Bischofsamt niederzulegen »wegen seines prinzipiellen Widerstandes gegen die Kirchengesetze« (A. Strnad). Um seiner Verhaftung zu entgehen, entschloß sich Heinrich Förster, nach Schloß Johannesberg im österreichischen Bistumsgebiet zu fliehen (6. Mai 1875). Kurz zuvor hatte er noch in Breslau sein 50jähriges Priesterjubiläum unter Anteilnahme des katholischen Volkes feiern können. Aus diesem Anlaß wurde ihm vom Papst – auf die Bitte des Breslauer Domkapitels hin – das Pallium verliehen, ein etwa drei Finger breites Band aus weißer Wolle, das mit schwarzen Kreuzen geschmückt ist und allein den Erzbischöfen vorbehalten ist. Gelegentlich gewährt der Papst dieses Pallium auch besonders verdienten Bischöfen.
Heinrich Förster konnte nicht mehr nach Breslau zurückkehren. Er leitete sein Bistum – so gut es ging – von Schloß Johannesberg aus. Die Diözesanbehörden in Breslau – das Generalvikariat, das Offizialat und die Geheime Kanzlei – löste der Fürstbischof im Oktober 1875 auf, um weitere Schikanen des Staates gegenüber

den Bistumsbeamten zu verhindern. »Der Syndikus des Domkapitels Rudolf Dittrich oder seine Frau fuhren immer wieder nach Patschkau, um sich Weisungen des Bischofs zu holen und Dispensen usw. zu erbitten. Diese wurden dann geheim den Pfarrern zugestellt. Naturgemäß arbeiteten auch die Räte der kirchlichen Behörden in der Stille weiter« (Negwer). Vor seiner Flucht aus Breslau hatte Förster für den Domkapitular *Hermann Gleich* das Amt des Weihbischofs erbeten. Förster erteilte ihm in der Pfarrkirche zu Jauernig die Bischofsweihe. So konnte Gleich im preußischen Bistumsanteil anstelle des Fürstbischofs die bischöflichen Funktionen wahrnehmen, jedenfalls soweit dafür eine Möglichkeit bestand. Am 20. Oktober 1881 starb Heinrich Förster auf Schloß Johannesberg im hohen Alter von fast 82 Jahren. Kaiser Wilhelm erlaubte die Beisetzung im Breslauer Dom, wo Förster neben Sebastian von Rostock und Melchior von Diepenbrock seine letzte Ruhestätte fand.
Während der Regierungszeit Fürstbischof Försters starb in Breslau ein Priester, der in einer Geschichte des Bistums nicht unerwähnt bleiben sollte: der Historiker *Johann Heyne.* Er war eigentlich ein gescheiterter Priester, ein »komischer Kauz« (Sabisch), der aber für die Geschichtsschreibung der Diözese Breslau eine große Bedeutung gewonnen hat. Heyne stammte aus Leobschütz, wo er 1804 als Sohn eines Uhrmachers geboren wurde. 1824 legte er in Neisse die Reifeprüfung ab und wandte sich dann dem Theologiestudium zu. In der Martinskirche auf der Breslauer Dominsel empfing er 1828 die Priesterweihe. Nach der Kaplanszeit in Altreichenau, Kr. Waldenburg, Schweidnitz und Grüssau wurde er 1834 Pfarrer in Giesmannsdorf, Kr. Jauer. Jedoch: »Ein verhängnisvolles Erbteil mütterlicherseits hatte ihm ein ungezügeltes, rechthaberisches, eigensinniges und zanksüchtiges Temperament hinterlassen, das er infolge vieler Verbitterungen und angeblicher Kränkungen nur schwer zu zügeln vermochte« (Sabisch). Damit aber kam er in der Seelsorgsarbeit nicht weit; er wurde 1843 strafversetzt und war von da an nur noch als Kreisvikar und Aushilfspriester mit geringem Einkommen tätig, immer wieder an anderen Stellen zur Vertretung eingesetzt, »das war das Los und Schicksal eines hochstrebenden, begabten, vielfach interessierten Mannes, als Kanzelredner in jungen Jahren hochgeachtet, treu seinem priesterlichen Beruf und seiner Kirche« (Sabisch). *Einen* Trost fand Johann Heyne jedoch in all den Enttäuschungen und Verbitterungen: die Erforschung der Geschichte seiner Heimatdiözese. Überall, wo er in den Pfarrarchiven auf alte Schriften und Archivalien stieß, machte er sich an die Arbeit, fertigte Abschriften an und verfaßte kirchengeschichtliche Darstellungen. Zur Arbeit an seinem Hauptwerk, einer Geschichte des Bistums Breslau, kam Heyne aber erst, als er in späteren Jahren wieder einen festen Wohnsitz – und zwar in Breslau selbst – erhielt: er wurde Dom-

benefiziat an der St.-Elisabeth-Kapelle und Kustos des Domarchivs und der Kapitelsbibliothek. Hier konnte er nun in den letzten vierzehn Jahren seines Lebens den wissenschaftlichen Plan verwirklichen: es entstand die dreibändige »Dokumentirte Geschichte des Bisthums und Hochstiftes Breslau« im Gesamtumfang von 3191 Seiten, im Druck erschienen in den Jahren 1860–1868. Einen vierten Band konnte Heyne nicht mehr vollenden. Eine ungeheure Stoffülle ist in diesem Werk, das von den Anfängen des Bistums bis zum Ende des Dreißigjährigen Krieges führt, enthalten, darunter eine Reihe von Urkunden, die heute nicht mehr erhalten sind, im Wortlaut. Diese Fülle des historischen Stoffes und dazu die angeführten Quellen machen dieses Werk auch heute noch dem schlesischen Kirchengeschichtsforscher unentbehrlich. So ist es zu erklären, daß die drei Bände des »Heyne« 1969 in einem Nachdruck noch einmal herausgegeben worden sind. Der in großer Bescheidenheit und beinahe Armut lebende Priester Johann Heyne, der mit den Jahren immer einsamer und kontaktärmer wurde, starb nach längerem schweren Leiden am 28. Oktober 1871 im Alter von 67 Jahren in Breslau.

Nach dem Tod des Fürstbischofs Heinrich Förster stellte das Domkapitel eine Liste der Kandidaten für das Amt des Breslauer Oberhirten auf. Da die Regierung nur einen einzigen Namen dieser Liste, den des fürstbischöflichen Delegaten in Berlin, Robert Herzog, als genehm (persona gratissima) erklärte, verzichtete das Kapitel für dieses Mal auf sein Wahlrecht und bat den Papst, von sich aus einen neuen Bischof zu ernennen. Leo XIII. bestimmte daraufhin im März 1882 *Robert Herzog* zum neuen Fürstbischof von Breslau (1882–1886). Herzog, 1823 in Schönwalde bei Frankenstein als Sohn eines Landwirtes geboren und 1848 zum Priester geweiht, war 1863 Pfarrer von Brieg geworden; 1870 wurde er Delegat für Berlin und Propst an der Hedwigskirche sowie Ehrendomherr in Breslau. Die Bischofsweihe empfing er am 21. Mai 1882 aus der Hand des Bischofs von Ermland (Ostpreußen) Philipp Krementz. Die Regierung glaubte, mit dem neuen Bischof wegen seiner Kränklichkeit leichtes Spiel zu haben, aber Herzog ließ sich von staatlicher Seite nicht beeinflussen. Er forderte die zwölf Staatspfarrer auf, von ihrem Amt zurückzutreten. Obwohl die Regierung darüber empört war, sah sie doch von Gegenmaßnahmen ab. Der Höhepunkt des Kulturkampfes war bereits überschritten; Bismarck mußte einsehen, daß auf diese Weise der Kirche nicht beizukommen war. Zwar hob er die Kulturkampfgesetze offiziell nicht auf, aber sie wurden allmählich nicht mehr oder wenigstens nicht in der bisherigen Schärfe angewendet. Die Kirche selbst war jetzt darauf bedacht, den Frieden mit dem Staat wiederherzustellen, »denn der heiße Kampf hatte dem Klerus und dem katholischen Volk schwere Wunden geschlagen und eine große Seelsorgenot verursacht. Die Zahl der Breslauer Diözesanpriester hatte sich um 268 vermindert, 229 Pfarrstellen waren vakant, 142 Kaplanstellen unbesetzt, und mehr als ein Viertel aller Diözesanen war ohne Seelsorger« (Negwer). So kamen nun Staat und Kirche einander entgegen; über verschiedene Fragen (die Anzeigepflicht der Seelsorger, die Wiederbesetzung der Bischofssitze, die wissenschaftliche Prüfung der Theologen durch den Staat) wurde Einigung erzielt. Langsam konnten auch die vertriebenen Ordensleute wieder zurückkehren.

Dem Bischof lag besonders die katholische Erziehung der Kinder aus Mischehen am Herzen. 1882 gab er für den fast ganz protestantischen Delegaturbezirk Berlin einen entsprechenden Aufruf heraus. Die Regierung beabsichtigte zunächst, dagegen einzuschreiten, verzichtete dann aber doch darauf, um den sich anbahnenden Frieden nicht zu gefährden. Robert Herzog gelang es, für den Wiederaufbau der durch den Kulturkampf schwer getroffenen Diözese hervorragende Mitarbeiter heranzuziehen, an erster Stelle den aus Langenbielau stammenden Prälaten *Dr. Adolf Franz* (gestorben 1916 in Baden-Baden), den er zum Domkapitular ernannte. Franz war 1875–1882 Abgeordneter im preußischen Landtag gewesen. Nachdem Bischof Herzog schwer erkrankt war, übernahmen Adolf Franz und Weihbischof Hermann Gleich die Verwaltung des Bistums. Nun war es auch möglich, der Ausbildung des Priesternachwuchses erhöhte Aufmerksamkeit zu schenken. Das Knabenkonvikt wurde wieder eröffnet, ebenso das Priesterseminar (Alumnat). Es gelang auch, einige gute theologische Lehrer an die Universität zu holen. Leider konnte wegen des schlechten Gesundheitszustandes des Bischofs eine geplante Diözesansynode nicht durchgeführt werden. Am 26. Dezember 1886 stlarb der Fürstbischof im Alter von 63 Jahren in Breslau. Im Hochchor des Domes wurde er beigesetzt. 1950 wurde sein Leichnam in die Südgruft umgebettet.

48. *Breslau. Universität. Portal*

49. *Abt Johann Ignaz von Felbiger*

50. Breslau. Dom. Madonna. 1854

51. Kardinal Melchior von Diepenbrock

52. Kardinal Georg Kopp

53. Breslau. Fürstbischöfliches Palais mit Mariensäule

54. *Deutsch Piekar. Wallfahrtskirche*

55. *Hindenburg O/S. St.-Andreas-Kirche*

56. *Kardinal Adolf Bertram*

57. *Prälat Joseph Kubis, Pfarrer in Oppeln O/S, als Ehrendomherr*

58. Oppeln O/S. Stadtkern mit Kreuzkirche

59. Prälat Karl Ulitzka (2. von links), Pfarrer in Ratibor O/S, beim Goldenen Priesterjubiläum 1947

60. Klemens Neumann. Studienrat in Neisse

10. Kapitel

Das Bistum unter den Kardinälen Georg Kopp und Adolf Bertram (1887–1945)

»Wie nach trübe verlaufenem Tage wohl die Sonne im Sinken durchbricht, so verleiht das Geschick noch untergehenden Völkern wohl einen letzten großartigen Mann.« Diese Worte des großen Historikers Theodor Mommsen im 2. Band seiner »Römischen Geschichte« werden vor dem Betrachter der Breslauer Bistumsgeschichte unwillkürlich lebendig, wenn er sich den letzten Jahrzehnten dieser ostdeutschen Diözese zuwendet. In dieser Zeit – vom ausgehenden 19. Jahrhundert bis zum Katastrophenjahr 1945 – erreicht das Bistum (ab 1929/30 Erzbistum) Breslau einen religiös-kirchlich hohen Stand, und seine Bischöfe erhalten eine Bedeutung weit über Schlesien hinaus, wie es in der langen Geschichte der Diözese vorher niemals der Fall gewesen war. Eng verbunden aber ist die Entwicklung des Breslauer Bistums in diesem Zeitraum mit den beiden Persönlichkeiten, die zu den bedeutendsten Bischofsgestalten der katholischen Kirche in Deutschland gehören: mit den Kardinälen *Georg Kopp* und *Adolf Bertram*.

Nach dem Tode Robert Herzogs stellte das Domkapitel wie üblich eine Kandidatenliste für die Bischofswahl auf und reichte diese der Regierung ein. Die Regierung sandte jedoch keine Antwort, sondern nahm unmittelbar mit Rom Fühlung auf. Papst Leo XIII. ernannte nun – der Vorschlag des Domkapitels wurde dabei nicht berücksichtigt und das Wahlrecht des Kapitels für dieses Mal aufgehoben – den Bischof von Fulda, *Georg Kopp,* zum neuen Fürstbischof von Breslau (1887–1914). Kopp wurde am 25. Juli 1837 als Sohn eines Leinenwebers in Duderstadt im Eichsfeld (Königreich Hannover, Diözese Hildesheim) geboren. 1856 legte er – noch nicht 19 Jahre alt – am Gymnasium Josephinum in Hildesheim die Reifeprüfung ab. Er wollte sich danach dem Theologiestudium zuwenden, trat jedoch zunächst die Stelle eines Hilfstelegraphisten bei der Eisenbahn an. Vor dem Abitur war es zwischen ihm und dem Leiter des Josephinums, der gleichzeitig Rektor der theologischen Hochschule war, zu Spannungen gekommen. Vielleicht aber war auch die finanzielle Lage seiner Eltern der Grund dafür, daß er nicht sofort mit dem Studium beginnen konnte. Erst im Herbst 1858 nahm er die theologische Ausbildung auf. Am 28. August 1862 empfing er in Hildesheim die

Priesterweihe. Nach dreijähriger Tätigkeit in der Seelsorge wurde Kopp zur Mitarbeit in der Diözesanverwaltung herangezogen; 1872 ernannte ihn sein Bischof zum Domkapitular und zum Generalvikar. Es war die Zeit des beginnenden Kulturkampfes. »Der junge Generalvikar zeichnete sich durch Besonnenheit, maßvolle Zurückhaltung und Versöhnlichkeit aus, er vermied jede Verschärfung« (F. Scholz). Trotzdem wurde Kopp mit einer Geldstrafe von 1600 Mark belegt, als er einige Pfarreien mit Seelsorgern besetzt hatte, ohne dies zuvor den staatlichen Stellen anzumelden. Im ganzen aber wurde doch durch seine entgegenkommende Art eine übergroße Zuspitzung des Kampfes in der Hildesheimer Diözese vermieden. Zudem gelang es dem Generalvikar, mit Bismarck in schriftliche Verbindung zu kommen. Bismarck behielt diesen »maßvollen Geistlichen« in Erinnerung und gab seine Zustimmung, als Kopp 1881 zum Bischof von Fulda ernannt werden sollte. »Gleich in seinem ersten Hirtenbrief sprach der neue Fuldaer Oberhirte von den ›gebundenen Händen‹, mit denen er sein Amt ausüben müsse, aber gleichzeitig auch von der Aufgabe, ›das Verfallene wieder aufzubauen‹ und zu einem einträchtigen Zusammenwirken von Staat und Kirche zu kommen« (R. Morsey). In seiner fünfeinhalbjährigen Tätigkeit als Bischof von Fulda bemühte sich Kopp vor allem um den Wiederaufbau seines Bistums, das im Kulturkampf sehr gelitten hatte. Die Erneuerung des fast ausgestorbenen Domkapitels, die Wiedereröffnung der bischöflichen Lateinschulen und Knabenkonvikte in Amöneburg und Geisa, des Fuldaer Priesterseminars und der philosophisch-theologischen Lehranstalt, die Gründung eines Bistumsblattes, des »Bonifatiusboten«, machen das Wirken Bischof Kopps deutlich. 1884 wurde Georg Kopp in den Preußischen Staatsrat berufen, zwei Jahre später zum Mitglied auf Lebenszeit im Preußischen Herrenhaus ernannt. Das brachte für ihn neue Möglichkeiten kirchenpolitischen Wirkens. »Kopp ging davon aus, daß zu einer Beilegung des mehr als ein Jahrzehnt lang währenden Konflikts beide Seiten beträchtliche Konzessionen machen müßten und machen könnten, ohne daß die recht verstandene Freiheit der Kirche darunter leiden müsse. Mit dieser Erkenntnis war er der geeignete Vermittler für die erstrebte kirchenpolitische Befriedung« (Morsey). So ist es Kopps Verdienst, Entscheidendes zum Abbau des Kulturkampfes beigetragen zu haben. Dabei war es nicht zu vermeiden, daß er sich des öfteren in deutlichen Gegensatz zur Zentrumspartei stellte, und von seinen Mitbischöfen wurde er auch nicht immer verstanden. Man warf ihm sogar vor, ein »Staatskatholik« zu sein. Doch läßt sich nicht leugnen, daß Bischof Kopp durch seine vermittelnde Haltung, die von Papst Leo XIII. unterstützt wurde, eine feste Brücke zur preußischen Regierung geschlagen hatte und dadurch einen maßgeblichen Beitrag für die zukünftige Sicherung des Friedens zwischen Staat und Kirche leistete.

Als die Frage der Nachfolge auf dem Breslauer Bischofsstuhl erörtert wurde, versuchte die Führung des Zentrums, die Ernennung Kopps zu verhindern. So verzögerte sich die Neubesetzung zunächst, aber am 9. August 1887 berief Leo XIII. Georg Kopp als Nachfolger Robert Herzogs zum Fürstbischof von Breslau.
Der neue Breslauer Oberhirt übernahm die zweitgrößte Diözese der Welt und das sowohl an räumlicher Ausdehnung als auch an Katholikenzahl umfangreichste Bistum Deutschlands. »Das Bistum Breslau und der ihm seit 1821 durch die Bulle ›De salute animarum‹ angegliederte Delegaturbezirk Berlin umfaßten zusammen über 100000 qkm mit 2238000 Katholiken (davon lebten 1800000 im preußischen, 296000 im österreichischen Anteil und 142000 Gläubige im Delegaturbezirk), 858 Seelsorgsstellen (Pfarreien und Kuratien) und 1156 Geistliche. Während Kopps Regierungszeit stieg bis 1907 die Zahl der Gläubigen auf 3305000, der Seelsorgsstellen auf 922 und der Priester auf 1632 an« (F. Scholz). Auch in diesem seinem neuen Wirkungsbereich galt es für Bischof Kopp, zunächst die Schäden des Kulturkampfes zu beseitigen. Die Priesterausbildungsstätten – Theologenkonvikt und Alumnat – waren immer noch geschlossen, der Priestermangel war groß: viele Stellen konnten nicht besetzt werden. Selbst die wenigen in bayrischen Seminaren ausgebildeten und geweihten schlesischen Kleriker konnten nicht angestellt werden, weil das Gesetz über Vorbildung und Anmeldung der Geistlichen dies nicht zuließ. 545000 Gläubige waren ohne zuständigen Seelsorger. Freilich wurden gelegentlich auch Laiengottesdienste gehalten, aber sie ersetzten weder Meßopfer noch Sakramentenspendung.
Der Fürstbischof begann sofort, sich auf ausgedehnten Visitationsreisen persönlich ein Bild von der Lage in den einzelnen Bezirken seiner Diözese zu machen; er verband damit die Spendung der Firmung und die Einweihung caritativer Anstalten. Aber auch die Neuerrichtung von Gotteshäusern wurde vorrangig behandelt: während seiner Amtszeit entstanden mehr als 650 kirchliche Bauten, die der Bischof mit den Einkünften aus dem österreichischen Bistumsanteil unterstützte. Besonders im oberschlesischen Industriegebiet wurden für die zum Teil übergroßen Pfarreien zahlreiche neue Kirchen erbaut. In Breslau selbst ließ Kopp die Pfarrkirchen St. Carolus, St. Heinrich und St. Bonifatius errichten. Die Diaspora wurde nicht vernachlässigt: das zeigte sich in der Gründung von Kirchen, Seelsorgsstellen und Schulen. Auch für die Diözesanverwaltung schuf man erweiterte Räumlichkeiten, den Bischofshof ließ Kopp zu Büroräumen ausbauen, und die Wohnräume des Bischofs stattete er neu und würdiger aus. Ein neues Diözesanarchiv, die Dombibliothek und das Diözesanmuseum entstanden; der Fürstbischof stiftete ein neues, größeres Theologenkonvikt in Breslau – nach ihm selbst »Georgianum« genannt –, ein Priesterseminar in Weidenau für den öster-

reichischen Diözesananteil sowie Schülerkonvikte in Beuthen, Gleiwitz, Neisse und Glogau. Aber auch die Ordensleute, die nach Beendigung des Kulturkampfes ihre Tätigkeit wieder aufnehmen konnten, entwickelten eine rege Bautätigkeit. So erbauten die Franziskaner ihr Provinzialhaus in Breslau-Carlowitz und ihre Niederlassung Neisse-Rochus; die Steyler Missionare errichteten das Missionshaus Neisse-Heiligkreuz; das Kloster Trebnitz wurde von den Borromäerinnen als Generalatsgebäude eingerichtet; Ursulinen und Schulschwestern bauten ihre großen Ordenshäuser in Breslau.

Noch immer war der Dom unvollendet: die beiden Türme trugen nur ein Notdach. 1908 begann Kopp auch hier mit der Erneuerung. Zunächst wurde der Nordturm mit einer neuen Spitze versehen (1913 vollendet). Den Südturm konnte freilich erst Kopps Nachfolger Adolf Bertram fertigstellen.

Wichtigste Sorge mußte für den Bischof die Heranbildung guter Priester bleiben. Die räumlichen Voraussetzungen dafür wurden mit den Neubauten der Theologenkonvikte in Breslau und Weidenau geschaffen. Von nun an mußten alle Theologiestudenten vom ersten Semester an im Konvikt wohnen; dadurch sollte die geistliche und charakterliche Erziehung der Priesteramtskandidaten gewährleistet sein. Das Breslauer Konvikt, das für 300 Theologiestudenten Raum bot, wurde mit dem Wintersemester 1895 eröffnet. Der Bischof sorgte selbstverständlich für gute Direktoren und Präfekten und einen geeigneten Spiritual. Auch das Alumnat, in dem die Weihekandidaten während des letzten Jahres ihrer Ausbildungszeit lebten, ließ Bischof Kopp erweitern und den Erfordernissen der Zeit anpassen. Von ebenso großer Bedeutung aber waren die theologischen Lehrer der Priesteramtskandidaten. Kopp bemühte sich deshalb, ein gutes Verhältnis zur Theologischen Fakultät zu finden. Einer seiner ersten Schritte war es, der Fakultät »das Promotionsrecht wieder zu verschaffen, das wegen Meinungsverschiedenheiten der Fakultät mit dem Fürstbischof und mit Rom seit 1863 nicht mehr ausgeübt worden war« (Negwer). Kopp legte auch Wert darauf, alljährlich bei den Prüfungen der Theologiestudenten – dem Philosophicum (nach der ersten Hälfte des Studiums) und dem Concursum (der eigentlichen Abschlußprüfung) – persönlich anwesend zu sein.

Ein besonderes Augenmerk richtete der Fürstbischof auf die Seelsorge im gemischtsprachigen Oberschlesien, das fast ganz katholisch war. Hier setzte er sich vor allem für das Recht der Bevölkerung auf die Muttersprache ein. »Da galt es oft, Pfarrer, die polnisch gesinnt waren, zu schützen«; Kopp »hat zwar gegen eine großpolnische Agitation im Klerus sein Veto eingelegt, aber er war immer darauf bedacht, daß der polnisch-sprechenden Bevölkerung ihr Recht auf die Muttersprache belassen, daß der Beicht- und Kommunionunterricht in beiden Sprachen erteilt wurde. Er sorgte auch dafür, daß Theologen, die aus zweisprachigen Orten stammten, im Konvikt polnisch lernten« (Negwer). Man kann also keineswegs behaupten, daß Georg Kopp antipolnisch eingestellt gewesen sei; er trat vielmehr energisch für die Rechte der Polen ein, als 1908 ein Enteignungsgesetz für polnische Mitbürger in der Provinz Posen in das Herrenhaus eingebracht wurde und zog sich sogar den Argwohn zu, untreu gegen die Nation zu sein. »Im Hinblick auf die Verzahnung der Nationalitäten in Oberschlesien und im österreichischen Diözesananteil stellte er das Diözesanrituale auf Latein, Deutsch und Polnisch ab und erfüllte damit vorausblickend die Weisungen des II. Vatikanischen Konzils« (F. Scholz).

Ein weiterer Schwerpunkt seiner Seelsorgsarbeit war der Delegaturbezirk, besonders die Stadt Berlin mit ihren Vororten. Pfarreien wurden aufgeteilt und neue Seelsorgsbezirke gebildet. Aber auch das österreichische Diözesangebiet liebte der Fürstbischof. Jedes Jahr zog er für zwei bis drei Monate auf das Schloß Johannesberg und verwaltete von dort aus die Diözese. Eine ganze Reihe Kirchen ließ Kopp im österreichischen Anteil bauen. Das Generalvikariat für dieses Bistumsgebiet gestaltete er organisatorisch besser aus. Kam der Bischof auf seinen Firmreisen in das dreisprachige Olsaland, so sorgte er dafür, daß seine Predigten stets in die tschechische und polnische Sprache übersetzt wurden. Der Breslauer Oberhirte gehörte auch der österreichischen Bischofskonferenz an; er hatte Sitz und Stimme im österreichischen Herrenhaus und war Mitglied des österreichisch-schlesischen Landtages in Troppau. »In allen diesen Gremien wirkte er führend mit. Im Jahre 1893 rückte er sogar zum stellvertretenden Landeshauptmann Österreichisch-Schlesiens auf. In dieser Funktion hat er den Sitzungen des Landtages durch Jahre präsidiert. In Troppau erwies er sich wieder als Meister des Ausgleiches zwischen Deutschen und Tschechen und milderte die damals schon schroffen nationalen Gegensätze nach Kräften« (F. Scholz).

Es war also vor allem eine persönliche Anerkennung, als Fürstbischof Georg Kopp am 16. Januar 1893 von Leo XIII. in den Kardinalsrang erhoben wurde (als vierter Breslauer Oberhirt nach den Bischöfen Friedrich von Hessen, Philipp von Sinzendorf und Melchior von Diepenbrock), aber mit dieser Ernennung wurde auch die große ostdeutsche Diözese geehrt. Seine Stellung als Kardinal ermöglichte es Kopp, an der Papstwahl des Jahres 1903 teilzunehmen. Diese Wahl nach dem Tode Leos XIII. war die letzte, bei der staatliche Stellen versuchten, auf die Entscheidung des Kardinalskollegiums direkten Einfluß zu nehmen: als sich ein Großteil der Stimmen auf den Staatssekretär Leos XIII., Kardinal Mariano Rampolla, vereinigte, erhob sich vor dem dritten Wahlgang Kardinal Puzyna von Krakau und legte im Namen des Kaisers von Österreich die Exklusive (das Veto) gegen Rampolla ein. Sofort wurde aus den Reihen des Kardinalskollegiums gegen diese unerbetene Einmischung von außen protestiert; Rampolla erhielt aber trotzdem nicht die erforderliche Stimmenzahl, denn die Mehrheit war wohl von vornherein gegen den früheren Kardinalstaatssekretär. Aus der Wahl ging der Patriarch von Venedig, Giuseppe Sarto, als neuer Papst (Pius X.) hervor. Bei den Besprechungen im Konklave neben und zwischen den Wahlgängen war Kardinal Kopp eine der treibenden Kräfte. Er war es, der dem Krakauer Bischof die Abgabe des Vetos vor dem dritten Wahlgang angeraten hatte. Daraus wird der große Einfluß ersichtlich, den Kopp in Rom hatte. Daß der Breslauer Kardinal selbst zu den »papabili«, den möglichen Anwärtern auf das Amt des Papstes gehört hat, ist wohl nicht wahrscheinlich, wenn auch nach seinem Tod in der Berliner Zeitung »Tägliche Rundschau« vom 5. März 1914 ein Nachruf unter der Überschrift »Nach dem Tode des ›deutschen Papstes‹« erschien und ein paar Tage später die »Münchener Neuesten Nachrichten« (10. März 1914) die Frage stellten: »War Kopp Kandidat der Tiara?«. Immerhin zeigen solche Worte das Ansehen, das der Breslauer Kardinal weit über sein Bistum hinaus besaß.

Auch sonst pflegte Kardinal Kopp – seit 1900 Vorsitzender der Fuldaer Bischofskonferenz – persönliche Beziehungen zu Rom und zur Kurie wie kein Breslauer Bischof vor ihm. Er reiste oft nach Rom, gelegentlich von der Berliner Regierung als politischer Verbindungsmann gesandt. Als Pius X. 1904 die Bischöfe aufforderte, Vorschläge zu machen, um das geltende Kirchenrecht zu verbessern, setzte Kopp eine eigene Kommission in Breslau ein, die sich mit dieser Frage befassen sollte. Freilich war der Einfluß des Breslauer Kardinals in Rom unter Pius X. nicht mehr so stark wie unter Leo XIII.; Kopp fand kein gutes Verhältnis zu Pius' Staatssekretär Merry del Val. Es gelang dem Breslauer Bischof jedoch, die Ernennung eines deutschen Kurienkardinals in Rom zu verhindern, da er selbst weiterhin die Verbindung zwischen Reichsregierung und römischer Kurie aufrechterhalten wollte.

In eine schwierige Lage geriet der Kardinal im sogenannten »Gewerkschaftsstreit«. Während die Regierung eine interkonfessionelle christliche Gewerkschaft begünstigte, sollten nach der kirchenamtlichen Auffassung »Fachabteilungen der katholischen Arbeitervereine . . . im konfessionellen Maßstab die gewerkschaftlichen Aufgaben gegenüber den Arbeitgebern und der Regierung übernehmen« (Scholz). Die seit 1894 bestehenden christlichen Gewerkschaften wurden von Laien geführt, während die Arbeitervereine unter kirchlicher Leitung standen. »Der geistesgeschichtliche Hintergrund der in diesem Zusammenhang ausgetragenen Meinungsverschiedenheiten war die als Integralismus bekannte Bewegung, die jede ›Anpassung an die moderne Welt‹ wegen einer vermeintlich großen Gefahr für den Glauben abqualifizierte und mit Modernismus, weltanschaulichem Liberalismus und Laizismus in Verbindung brachte« (R. Brack). Kardinal Kopp wandte sich unnachgiebig gegen die christlichen Gewerkschaften, weil er in dieser interkonfessionellen Vereinigung Gefahren für den katholischen Glauben befürchtete. Die meisten westdeutschen Bischöfe – wie auch das Zentrum – waren jedoch *für* die christlichen Gewerkschaften, wenn auch mit gewissen Vorbehalten. Die Fronten verhärteten sich immer mehr, und der früher so versöhnliche Breslauer Kardinal reagierte teilweise sehr ungeschickt. »Als im September 1910 ein Privatschreiben Kopps vom 12. Januar des gleichen Jahres bekannt wurde, in dem der Kardinal von ›der Verseuchung des Westens‹ gesprochen hatte – gemeint war die befürchtete Verwässerung der katholischen Grundsätze durch den religiösen wie politischen Interkonfessionalismus, der seinen Schwerpunkt im Rheinland besaß –, steigerten sich die gegenseitigen Beschuldigungen zu ungewöhnlicher Heftigkeit« (R. Morsey). Schließlich führte eine an Kardinal Kopp und die deutschen Bischöfe gerichtete römische Verlautbarung eine Entscheidung herbei: Am 24. September 1912 veröffentlichte Pius X. die Enzyklika »Singulari quadam«, in der er sich zwar für die Förderung der katholischen Arbeitervereine aussprach, dennoch aber den christlichen Gewerkschaften Duldung zugestand. Kopp gab jedoch auch jetzt nicht nach und verstrickte sich dabei »in Pressepolemiken und ließ sich zu persönlichen Angriffen auf die Bischöfe von Köln und Paderborn hinreißen, die erst auf dem Totenbett von Kopp zurückgenommen wurden« (Morsey). Sicher mag bei dieser verhärteten Haltung des Kardinals ein gewisser Altersstarrsinn mitgespielt haben; zutiefst stand aber doch wohl bei Kopp eine ernste Besorgnis um den Glauben hinter seiner sonst kaum verständlichen Handlungsweise.

Neben dieser umfangreichen kirchenpolitischen Tätigkeit und der ernsten Sorge um das religiös-kirchliche Leben in seiner weiten Diözese hat Kardinal Kopp der Wissenschaft und Kunst ein reges Interesse entgegengebracht. Er förderte persönlich Gelehrte, vor allem Historiker, durch Überweisung von Geldmitteln. Ludwig von Pastor, dem Verfasser einer umfangreichen Geschichte der Päpste, und Josef Wilpert, Erforscher der Malereien in den römischen Katakomben, half der Kardinal mit finanziellen Unterstützungen, ihre Forschungen in Rom voranzutreiben. Ebenso spendete er Gelder für die Herausgabe der »Regesta Pontificum Romanorum« (Auszüge aus päpstlichen Urkunden).

Zweimal fand während der Amtszeit Kardinal Kopps der Deutsche Katholikentag im Bistum Breslau statt: 1899 in Neisse, 1909 in Breslau. Auf der Neisser Versammlung war der bedeutendste Redner der Breslauer Zentrumsführer Geheimrat *Felix Porsch* (1853–1930). Der aus Ratibor stammende Jurist, der sich ursprünglich zum akademischen Lehramt hingezogen fühlte, wandte sich der politischen Laufbahn zu. 1881 wurde er als jüngster Abgeordneter in den Reichstag gewählt. Bald gehörte er zu den angesehensten schlesischen Zentrumspolitikern. Auf dem 56. Deutschen Katholikentag (1909 in Breslau) amtierte Porsch als Vorsitzender des Lokalkomitees. An beiden schlesischen Katholikentagen nahm Kardinal Kopp als Ortsbischof teil.

Im Mai 1909 erkrankte der Kardinal – von einer Firmungsreise zurückgekehrt – an einer Herzschwäche. Papst Pius X., Kaiser Wilhelm II. und Kaiser Franz Joseph von Österreich nahmen persönlich Anteil und ließen sich laufend über den Gesundheitszustand des Kardinals berichten. Kopp konnte aber bereits im August am Eucharistischen Kongreß in Köln teilnehmen und auf dem Breslauer Katholikentag Ende August/Anfang September das Pontifikalamt zelebrieren und einige Reden halten. Allerdings hatte der Kardinal seit seiner Krankheit die bisherige Spannkraft verloren. 1912 erkrankte er erneut schwer; zwar genas er wieder, aber die anstrengende Arbeit – vor allem die Firmungsreisen – nahm ihn körperlich sehr mit. 1913 reiste er noch einmal nach Rom zur »Visitatio liminum«, zu der alle Bischöfe in bestimmten Zeitabständen verpflichtet sind, um dem Papst über ihre Diözese zu berichten. Zu Weihnachten erkrankte Kopp aufs Neue, konnte aber wiederum genesen. Am 20. Februar 1914 fuhr der Kardinal nach Troppau, obwohl der Arzt abgeraten hatte. Hier zog er sich eine Lungenentzündung zu und starb am 4. März. Sein Leichnam wurde nach Breslau überführt und dort am 10. März im Dom beigesetzt. »Mit dem Tode des Kardinals hörten alle Kritiken und Einwendungen auf und vor allen stand der große Bischof, der so viel für die Kirche und das Vaterland gewirkt hat« (Negwer). Der Historiker Rudolf Morsey, einer der besten Kenner des Lebens dieses großen Breslauer Oberhirten, urteilt über Georg Kopp: »Er hat dem Ansehen der katholischen Kirche und des bischöflichen Amtes in seiner Diözese zu einer Höhe verholfen, wie diese – nach dem Urteil von Karl Bachem – ›früher in Schlesien unerhört war‹. Vielleicht darf man Kopp als den bedeutendsten Breslauer Fürstbischof bezeichnen«.

An den Beisetzungsfeierlichkeiten für den verstorbenen Kardinal nahm der Bischof von Hildesheim, der Heimatdiözese Kopps, Adolf Bertram teil, der sein unmittelbarer Nachfolger auf dem Breslauer Bischofsstuhl werden sollte. In die Liste, die das Domkapitel für die Wahl eines neuen Breslauer Oberhirten aufstellte, wurde auch der Name des Hildesheimer Bischofs aufgenommen. Die Regierung strich jedoch alle in der Liste aufgeführten Kandidaten mit Ausnahme des Namens von Bischof Bertram. Es handelte sich also für das Kapitel im Grunde wieder einmal um keine echte Wahl, und ein Domkapitular soll auf seinen Stimmzettel geschrieben haben: »Non eligo, quia non est electio« (»ich wähle nicht, weil dies gar keine Wahl ist«). Trotzdem wählte das Kapitel Bischof Bertram (27. Mai 1914), aber seine Ernennung durch den Papst verzögerte sich wegen des Todes Pius' X. und der Wahl Benedikts XV. bis zum September. Am 28. Oktober konnte der neue Fürstbischof im Dom zu Breslau inthronisiert werden. Fürstbischof *Adolf Bertram* (1914–1945) stammte – wie sein Vorgänger – aus der Diözese Hildesheim. Am 14. März 1859 wurde er als Sohn eines Kaufmanns in der Bischofsstadt Hildesheim geboren. Dort besuchte er auch das alte bischöfliche Gymnasium Josephinum, an dem er 1877 ein hervorragend gutes Abitur ablegte. Er entschloß sich zum Studium der Theologie, konnte damit aber nicht im Priesterseminar seiner Vaterstadt beginnen, da dieses im Kulturkampf geschlossen werden mußte. Bertram begann deshalb in Würzburg seine theologische Ausbildung, verbrachte ein Zwischensemester in München und wurde 1881 in Würzburg zum Priester geweiht. Nach einem weiteren Studienjahr in Innsbruck promovierte er 1883 in Würzburg zum Doktor der Theologie. Anschließend ging er zum Weiterstudium nach Rom, wo er 1884 den Doktortitel im kanonischen Recht erwarb.

In seine Heimat zurückgekehrt, konnte Adolf Bertram nicht in der praktischen Seelsorge eingesetzt werden. Von Jugend auf hatte er einen Sprachfehler: Wörter, die mit B oder P begannen, konnte er bisweilen nur mühsam aussprechen. »Bertram ist niemals Kaplan oder Pfarrer gewesen, nicht weil er nicht wollte, sondern weil er nicht konnte. Erst im Laufe der Jahre hat er mit der ihm eigenen ungeheuren Energie die Hemmung fast ganz überwunden, so daß sie im Gespräch gar nicht, beim öffentlichen Auftreten nur selten bemerkbar wurde« (Jedin). So fand er zunächst als »Hilfsarbeiter« in der Hildesheimer Diözesanverwaltung Verwendung. Bald hatte er sich große Sachkenntnis angeeignet; dazu kamen kluges Urteil und unermüdliche Arbeitskraft, so daß Bertram 1893 zum Domvikar, 1894 zum Domkapitular und 1905 zum Generalvikar ernannt wurde. 22 Jahre war Adolf Bertram in der Hildesheimer Diözesanverwaltung tätig und hatte sich zu einem erstklassigen Fachmann auf diesem Gebiet entwickelt. In seiner Freizeit aber befaßte er sich mit kirchlicher Kunstgeschichte und mit der Geschichte seiner Heimatdiözese. Als Domkapitular begann er, eine dreibändige »Geschichte des Bistums Hildesheim« zu schreiben, die jedoch erst 1925 vollendet wurde. Ende 1905 verstarb Bischof Wilhelm Sommerwerck; sein Nachfolger als Bischof von Hildesheim wurde im April 1906 Adolf Bertram. Die Bischofsweihe empfing er aus der Hand des Breslauer Fürstbischofs Kardinal Kopp.

Und nun bewies der neue Bischof, daß er kein einseitiger Verwaltungsmann, sondern ein ebenso tüchtiger Seelsorger war. Mit großer Energie und mit seelsorgerischer Verantwortung übernahm er die Leitung des ausgedehnten Hildesheimer Diasporabistums. Häufige Visitations- und Firmungsreisen, Sorge insbesondere für die religiösen Vereine, Bau von neuen Kirchen und Kapellen und nicht zuletzt die weit über sein Bistum hinaus bekannten Hirtenbriefe kennzeichnen die unermüdliche Tätigkeit Bischof Bertrams. Durch die Einrichtung regelmäßiger Dechantenkonferenzen wurde es möglich, die Seelsorge zu intensivieren. Doch schon acht Jahre nach dem Beginn seines bischöflichen Wirkens kam eine neue, größere Aufgabe auf Bertram zu: das Amt des Fürstbischofs von Breslau.

»Nicht ohne Bangen mag er, der Niedersachse, die neue Diözese betreten haben, die als Grenzland im deutschen Südosten lag, im Norden an der Küste von Rügen und Pommern von der Ostsee umflutet und im Süden von den Beskidenbergen begrenzt, in einer Ausdehnung von 1000 km. Dort, wo die Spitzen der Hohen Tatra aus der Slowakei herüberragen, liegt der südliche Teil – einer Riesen-Diözese, die damals noch vier Millionen Seelen zählte. An ihren Grenzen waren außer dem Deutschen noch zwei andere Sprachen, polnisch und tschechisch, die Muttersprache von Hunderttausenden« (J. Ferche). Die herzliche und schlichte Art des neuen Oberhirten machte es ihm jedoch nicht schwer, in kurzer Zeit die Herzen der katholischen Schlesier zu gewinnen. Bald hatten die Gläubigen Vertrauen zu ihrem Bischof, sie liebten und verehrten ihn. »Man kann ohne Übertreibung sagen, daß Bertram mit ganzer Seele dem schlesischen Volk verbunden war. Wie bemüht er war, den schlesischen Menschen zu verstehen, zeigen die Worte, die er bei seiner Inthronisation im Breslauer Dom am 28. Oktober 1914 sprach: ›In diesem Glanze deines Auges, schlesisches Volk, sehe ich das Leuchten jener beiden Sterne, die Eurem Lebenswege und meinem Lebenswege stets die Richtung geben sollen: Treue und Opferliebe‹ « (F.-G. Ganse).

Der neue Fürstbischof von Breslau übernahm ein in jeder Hinsicht geordnetes Bistum. Die Kulturkampfschäden waren weitgehend beseitigt; durch die Bautätigkeit Kardinal Kopps waren neue Kirchen und Ordenshäuser entstanden. Das seelsorglich-religiöse Leben hatte einen hohen Stand erreicht; das kirchliche Vereinsleben war gut organisiert und innerlich lebendig; die Zahl der Priester hatte erheblich zugenommen. Dennoch fiel der Amtsantritt Bertrams in eine schwere Zeit: der Erste Weltkrieg hatte begonnen. Zu allen damit verbundenen Sorgen trat die drohende Gefahr eines Einmarsches russischer Truppen in Schlesien. Auf einer der ersten Konferenzen des Bischofs mit den Räten der Diözesanverwaltung wurden die Maßnahmen beraten, die bei einer feindlichen Besetzung des Landes zu treffen waren. Die Residenz des Bischofs sollte in diesem Fall nach Görlitz verlegt werden, der Generalvikar aber sollte weiterhin in Breslau bleiben. Wertvolle Kostbarkeiten des Domschatzes und des Diözesanmuseums hatte

Bischof Bertram bereits nach Hildesheim auslagern lassen. Zum Glück aber wurden die Befürchtungen nicht erfüllt: das schlesische Land und damit das Bistum Breslau blieben von unmittelbaren Kriegsereignissen verschont. Freilich hatte Schlesien – wie das übrige Deutschland – trotz allem unter dem Kriege zu leiden. Viele Kapläne wurden zum Heeresdienst – als Kriegspfarrer oder als Sanitäter – einberufen; zahlreiche Kirchenglocken mußten abgeliefert werden und wurden zu Kriegsgerät umgeschmolzen. Schlimm war der Hunger unter der Bevölkerung während des letzten Kriegsjahres. Bischof Bertram bemühte sich, zu helfen, wo immer es möglich war. Vom Anfang seiner Tätigkeit in Breslau an durchreiste er unermüdlich sein weites Bistum, um die seelsorgliche Lage zu erkunden. Während des Krieges hielt er zwei große Erzpriesterkonferenzen ab (1915 und 1918), auf denen die dringendsten Maßnahmen für Seelsorge und Verwaltung beraten wurden. Der Bischof richtete auch Exerzitienkurse für Männer, die zum Kriegsdienst einberufen wurden, ein; seine besondere Fürsorge galt den Verwundeten in den Lazaretten und den Kriegsgefangenen. Jetzt zeigte sich, was ein gut organisierter Caritas-Verband zu leisten imstande war.

Mitten im Krieg, am 17. Januar 1916, starb der engste Mitarbeiter des Fürstbischofs, Generalvikar Josef Klose, der vor dem Amtsantritt Bertrams einige Monate lang die Diözese als Kapitelsvikar geleitet hatte. Der Bischof ernannte darauf am 21. Januar den jüngsten Domherrn, *Alfons Blaeschke,* zum neuen Generalvikar – nicht zur Freude der älteren Domkapitulare. Weihbischof Augustin hatte im Auftrag des Kapitels versucht, den Bischof zu einer Änderung dieser Entscheidung zu veranlassen, aber Bertram ließ sich von seinem einmal gefaßten Entschluß nicht abbringen. Da der Bischof seinem Werdegang nach Verwaltungsmann und Kirchenrechtler war, wollte er zum Generalvikar einen erfahrenen Seelsorger, der auch nach außen zu repräsentieren verstand. Bald mußten alle erkennen, daß Bischof Bertram eine gute Wahl getroffen hatte.

Alfons Blaeschke, am 2. November 1870 in Lindenau, Kreis Grottkau, geboren, gehört zu den hervorragendsten Priesterpersönlichkeiten des Bistums im 20. Jahrhundert. 1896 hatte er die Priesterweihe empfangen. Nach einigen Jahren Seelsorgetätigkeit als Kaplan in Landeshut und als Pfarrer in Neuen bei Grüssau übernahm Blaeschke die Pfarrei Liegnitz. Die Stadt hatte damals unter 76000 Einwohnern nur etwas über 11000 Katholiken; dazu kamen noch 42 Dörfer mit insgesamt 1700 katholischen Bewohnern. Hier konnte Alfons Blaeschke seine großen Erfahrungen in der Diasporaseelsorge sammeln. »Seine Predigten fielen durch gewählte Sprache und edle Rhetorik auf. Zu seinen Obliegenheiten gehörte auch das Amt des Kreisschulinspektors, das ihm Kontakt zu weltlichen Behörden einbrachte. Seine feinen Umgangsformen öffneten ihm die Herzen der

Mitmenschen . . . Nach dem Tode des Kardinals v. Kopp setzte das Breslauer Kathedralkapitel seinen Namen auf die Bischofsliste. Blaeschke wurde jedoch nicht Princeps-Episcopus, wohl aber der erste Mitarbeiter und Berater des neuen Fürstbischofs« (Brzoska). 1915 wurde der Liegnitzer Pfarrer zum Domkapitular ernannt, und schon im folgenden Jahr stieg er zum Generalvikar und damit zum zweiten Mann in der Diözese auf. Zwischen Bischof und Generalvikar entwikkelte sich bald ein Vertrauensverhältnis, das auch dann nicht gestört wurde, wenn Bertram – dem Generalvikar in Verwaltungsfragen überlegen – von sich aus einfach Verfügungen Blaeschkes abänderte. 1924 erhielt Blaeschke die Würde des Dompropstes. 1938 mußte er aus gesundheitlichen Gründen das Amt des Generalvikars niederlegen, das er 21 Jahre so hervorragend verwaltet hatte. Blaeschke blieb jedoch weiterhin im Rahmen seiner Möglichkeiten in der Diözesanverwaltung und im Jugendseelsorgeamt tätig. Schweres mußte der Dompropst ertragen, als Schlesien 1945 Kriegsgebiet wurde. 1946 konnte er in Breslau noch sein goldenes Priesterjubiläum feiern; im Jahr darauf aber mußte er seine schlesische Heimat verlassen und fand eine neue Heimstatt bei den Ursulinen in Herdringen in Westfalen. Hier ist Dompropst Alfons Blaeschke am 26. November 1950 im Alter von 80 Jahren gestorben und auf dem Dorffriedhof beigesetzt worden. »Prälat Blaeschke war eine vornehme Erscheinung, vornehm in seiner ganzen Haltung, vornehm vor allem in seiner Gesinnung, humorvoll und gütig, das Bild eines Vorgesetzten der alten Zeit im besten Sinne des Wortes. Beim gesamten Klerus der Diözese stand er in hohen Ehren« (Negwer).
Auf seinen Reisen durch die Diözese wurde der Fürstbischof in diesen ersten Jahren von seinem Geheimsekretär *Dr. Joseph Negwer* begleitet, der später Nachfolger Blaeschkes als Generalvikar werden sollte. Neben den Visitationen waren es die Firmungsreisen, die Bischof Bertram durch sein Bistum führten. Er bemühte sich, öfter als sein Vorgänger in den einzelnen Gemeinden das Firmsakrament zu spenden. An die Firmung schloß er gewöhnlich eine Konferenz der Geistlichen des betreffenden Dekanates an. Hier erfuhr er von den Erfolgen und Schwierigkeiten der Seelsorgspriester. Es zeigte sich die Notwendigkeit, die übergroßen Pfarreien (bisweilen mit 20–40000 Gläubigen) aufzuteilen, auch wenn die betroffenen Pfarrer damit nicht einverstanden waren. »In Breslau wanderte er oft ganz allein durch die Straßen, besuchte unangemeldet einen Pfarrer, um seine Kirche kennenzulernen und sich mit ihm auszusprechen, um auch die Möglichkeiten neuer Seelsorgestellen zu erörtern. Mit der Uhr in der Hand schritt er die Entfernungen der Kirchen voneinander ab, gab dann in der Sitzung der Geheimen Kanzlei oft den staunenden Räten seine Erfahrungen kund und verlangte sorgfältige Vorschläge und Entwürfe« (Negwer). So zeigte sich Adolf Ber-

tram als wirklicher Volksbischof; das lassen auch seine zahlreichen Hirtenbriefe erkennen.

Schon 1916 hatte Papst Benedikt XV. den Breslauer Fürstbischof zum Kardinal ernannt, allerdings wegen des Krieges zunächst »in petto«, d. h. der Papst hielt die Ernennung vorerst geheim. Erst Ende 1919 wurde die Kardinalserhebung veröffentlicht. Mit dem Fürstbischof wurde wiederum zugleich die ausgedehnte Diözese geehrt. Im gleichen Jahr 1919 war Bertram auch Vorsitzender der Fuldaer Bischofskonferenz und damit der führende Kopf der katholischen Kirche in Deutschland geworden. Er behielt dieses Amt bis zu seinem Tod im Jahre 1945.

Die Freude über die Ehrung des Fürstbischofs wurde freilich überschattet vom unglücklichen Ausgang des Weltkrieges und den daraus sich ergebenden Folgen für die Diözese Breslau. Obgleich Oberschlesien seit mehr als sechshundert Jahren nicht zu Polen gehört hatte, sollte eine Volksabstimmung über die Abtretung von Teilen dieses Landes an den neuerstandenen polnischen Staat entscheiden. Zum kirchlichen Kommissar für diese Abstimmung, der dafür Sorge tragen sollte, daß kirchlicherseits kein Wahlmißbrauch getrieben wurde, ernannte der Papst im März 1920 den Apostolischen Nuntius in Warschau, Titular-Erzbischof *Achille Ratti* (den späteren Papst Pius XI.). Freilich entstand sofort die Frage, ob ein bei einer bestimmten Regierung akkreditierter Nuntius eine solche Streitfrage überhaupt objektiv beurteilen könne. »Obschon Ratti einen Kandidaten aus neutralem Land oder wenigstens die Beiordnung des deutschen Nuntius Pacelli vorgezogen hätte, nahm er gehorsam . . . diesen dornenvollen Posten an« (J. Schmidlin). Ratti schlug seinen Wohnsitz vorübergehend im Pfarrhaus der Kreuzkirche in Oppeln bei Prälat Joseph Kubis auf. Der Nuntius wurde bald von deutscher wie von polnischer Seite angegriffen und der Parteilichkeit beschuldigt, was aber nur auf seine objektive Haltung und seine Neutralität hinweist. Am 21. November 1920 verbot Kardinal Bertram den katholischen Geistlichen jede politische Tätigkeit, z. B. die Teilnahme an Demonstrationsversammlungen, politische Reden und alle sonstige Agitation. Dabei zögerte der Kardinal auch nicht, kirchliche Strafen anzudrohen. Jetzt wurde die Erregung auf polnischer Seite gegen Ratti so heftig, daß der Papst den Nuntius nach Rom zurückberufen mußte. An seiner Stelle wurde Prälat Ogno Serra nach Oberschlesien geschickt. Kardinal Bertram selbst erhielt keine Einreiseerlaubnis in das Abstimmungsgebiet.

In der am 20. März 1921 durchgeführten Volksabstimmung, bei der über die staatliche Zugehörigkeit der betroffenen oberschlesischen Landesteile zu entscheiden war – die rein deutschen Kreise Falkenberg, Neisse, Grottkau und die westliche Hälfte des Kreises Neustadt sollten ohne Volksentscheid bei Deutschland bleiben –, votierten 59,6% der Abstimmenden für den Verbleib bei Deutschland, 40,4% für den Anschluß an Polen. Die Alliierten beschlossen aber daraufhin, das Land zu teilen. Inzwischen machten polnische Truppen den Versuch, Oberschlesien zu besetzen und vom Deutschen Reich abzutrennen; sie wurden jedoch am 21. Mai 1921 am Annaberg von deutschen Selbstschutztruppen geschlagen. Am 20. Oktober 1921 wird Oberschlesien geteilt. Ostoberschlesien mit dem wertvollsten Teil des Industriegebietes (3213 qkm mit 985000 meist katholischen Bewohnern) geht an den polnischen Staat über. Dieses Gebiet wurde bald auch kirchlich vom Bistum Breslau losgelöst und am 29. Juni 1925 durch die päpstliche Bulle »Vixdum Poloniae« zu einem neuen Bistum mit dem Sitz in Kattowitz erhoben. Zum Bistum Kattowitz kam auch der jetzt polnisch gewordene östliche Teil des Kommissariates Teschen (bisher zum österreichischen Anteil des Bistums Breslau gehörig). Erster Bischof von Kattowitz wurde *August Hlond* (später Erzbischof von Posen-Gnesen und Kardinal).

Der österreichische Bistumsanteil (mit Ausnahme von Teschen) lag nun in der neugeschaffenen tschechoslowakischen Republik, verblieb aber kirchenrechtlich weiterhin beim Bistum Breslau. Der Bistumsbesitz in diesem Gebiet – zumeist weite Waldungen im Altvatergebirge – wurde zunächst beschlagnahmt, nach langen Verhandlungen jedoch wieder freigegeben. Dagegen verlor die Breslauer Diözese durch Abtretungen in Niederschlesien an Polen (Teile der Kreise Namslau und Groß Wartenberg) auch im Norden kleinere Gebiete. Im ganzen mußte das Bistum Breslau mehr als eine Million Katholiken und ungefähr 180 Pfarreien an Polen abtreten. Trotz dieser Verluste blieb die Diözese weiterhin das größte Bistum Deutschlands.

Große Verdienste um den Verbleib des oberschlesischen Landes bei Deutschland hatte sich der Pfarrer von St. Nikolaus in Ratibor, *Carl Ulitzka,* erworben. Er hatte in Paris an den Verhandlungen der deutschen Friedensdelegation teilgenommen und Gespräche mit der interalliierten Kommission in Oberschlesien geführt. Ulitzka, 1873 in Jernau, Kreis Leobschütz, geboren, war 1897 zum Priester geweiht worden. Seit 1910 war er Pfarrer in Ratibor. 1919 zog er als Zentrumsabgeordneter in die Weimarer Nationalversammlung ein; bis 1933 gehörte er dem Deutschen Reichstag an. Sein energisches Eintreten für Oberschlesien machte ihn in ganz Deutschland, ja über die deutschen Grenzen hinaus bekannt. Man legte ihm den Titel bei: »Der ungekrönte König von Oberschlesien«. Kardinal Bertram ernannte den verdienten Pfarrer 1922 zum Ehrendomherrn in Breslau; 1926 wurde Ulitzka Päpstlicher Hausprälat. Die Nationalsozialisten wiesen diesen unerschrockenen Priester 1939 aus Schlesien aus. 1944 wurde er in das Konzentrationslager Dachau verbracht. Prälat Ulitzka starb am 12. 10. 1953 in Berlin.

Bald nach dem Krieg, aber noch vor den oberschlesischen Ereignissen, verlor das Bistum seinen Weihbischof Karl Augustin, der am 16. September 1919 starb. Er wurde als tüchtiger Mitarbeiter in der Diözesanverwaltung, besonders aber als tief religiöse Persönlichkeit betrauert. Zu seinem Nachfolger wurde der Domkapitular *Valentin Wojciech* ernannt, der die Bischofsweihe am 1. Mai 1920 erhielt. Der Weihbischof, 1868 geboren, stammte aus Grzawa, Kreis Pleß, und war zwölf Jahre in der Seelsorge tätig gewesen, bevor er 1916 ins Domkapitel berufen wurde. Hier arbeitete er als Rat der Geheimen Kanzlei und des Generalvikariates, war Diözesanpräses des Missionsvereins und Kurator der Elisabethinerinnen und der Borromäerinnen. Auch dieses Mal wurde ein Priester, der die polnische Sprache beherrschte, zum Weihbischof ernannt, um den polnisch-sprachigen Oberschlesiern in ihrer Muttersprache predigen zu können.

Ein zweiter Weihbischof war im Delegaturbezirk tätig. Nachdem der fürstbischöfliche Delegat Karl Kleineidam 1920 resigniert hatte, berief Kardinal Bertram den Pfarrer von Berlin-Steglitz, *Josef Deitmer,* zu dessen Nachfolger. Deitmer stammte aus Westfalen; nach seiner Kaplanszeit in Kevelaer und bei St. Matthias in Berlin hatte er 1893 die Pfarrei (damals noch Kuratie) Steglitz übernommen. Er war ein tüchtiger Seelsorger, aber auch erfahren in Organisation und Verwaltung. Am 23. August 1920 wurde er vom Breslauer Kardinal persönlich in das Amt des fürstbischöflichen Delegaten und des Propstes an der Berliner Hedwigskirche eingeführt. Schon wenige Jahre darauf (1923) ernannte Papst Pius XI. den Delegaten zum zweiten Weihbischof von Breslau mit dem Sitz in Berlin, Kardinal Bertram spendete ihm in der St.-Hedwigs-Kirche die Bischofsweihe. Auch als Bischof blieb Deitmer, was er bisher gewesen war: Seelsorger. Die Ernennung des Delegaten zum Weihbischof war ein erster Schritt auf dem Weg zur Loslösung Berlins von Breslau und zur Errichtung eines eigenen Bistums.

Das Ende des Krieges und die neue Staatsform in Deutschland (Weimarer Republik) hatten auch für das innere Leben der katholischen Kirche und für die seelsorgliche Arbeit Veränderungen gebracht. Manche Bevormundung der Kirche von seiten des Staates, aber auch dieser oder jener Schutz der Kirche durch staatliche Stellen waren nun beseitigt. Es entwickelte sich eine Gottlosenbewegung, die den Kirchenaustritt propagierte; die Bekenntnisschule wurde zugunsten der sogenannten Gemeinschaftsschule zurückgedrängt, daneben wurden rein weltliche Schulen ohne Religionsunterricht eröffnet. Eine lebhafte Tätigkeit verschiedener Sekten, besonders der Adventisten und der sogenannten Ernsten Bibelforscher setzte ein. Andererseits aber zeigte die größere Freiheit der Kirche von der Bevormundung durch den Staat bald recht günstige Auswirkungen für den religiös-seelsorglichen Aufgabenbereich. Die Seelsorgstellen wurden vermehrt, große Pfarreien geteilt und zahlreiche neue Kirchen gebaut oder vergrößert. In Breslau teilte der Kardinal im Einvernehmen mit dem Kathedralkapitel die übergroße Dompfarrei (1918: 16 118 Katholiken) auf. Schon seit Anfang des 19. Jahrhunderts war die Kreuzkirche die eigentliche Pfarrkirche der Dompfarrei. 1923 errichtete Kardinal Bertram eine eigene Pfarrei zum Hl. Kreuz. Zum ersten Pfarrer der Kreuzkirche wurde der Kuratus *Johannes Dittrich* (1878–1945) ernannt. Dittrich, der aus Schmottseifen, Kreis Löwenberg, stammte, war 1903 zum Priester geweiht worden. Nach seiner Kaplanszeit in Liegnitz bei Pfarrer Alfons Blaeschke wurde der junge Priester in die niederschlesische und oberlausitzsche Diaspora geschickt, als Kuratus in Sommerfeld und ab 1916 in Weißwasser. Pfarrer Dittrich übernahm mit der Breslauer Kreuz-Pfarrei eine Riesengemeinde von 16000 Seelen. 1930 waren daraus bereits drei Seelsorgsbezirke geworden. Dittrich hatte zwei Kapläne, »von denen einer die polnische Sprache beherrschen mußte, weil er die kleine polnische Kolonie Breslaus in der Martinikirche zu betreuen hatte. . . Es handelte sich meist um eingewanderte Posener« (F. Scholz). Der Pfarrer von Hl.Kreuz war im wahrsten Sinne des Wortes ein moderner Seelsorger. Er teilte seine Gemeinde in einzelne Bezirke auf, für die jeweils er bzw. einer der Kapläne verantwortlich war. Laienapostolat, Akademische Vinzenzkonferenz mit der Sorge für Asoziale und Arme, aber auch eindrucksvolle und feierliche Gottesdienste wurden zur Selbstverständlichkeit. Einen noch breiteren Wirkungskreis erhielt Johannes Dittrich, als er von seinem Bischof zum Erzpriester (Dechant) ernannt wurde. Auf tragische Weise kam Pfarrer Dittrich im April 1945 bei der Belagerung Breslaus ums Leben. Sein Name soll hier als Beispiel für viele tüchtige schlesische Seelsorger aus den Jahren zwischen den Kriegen stehen.

Besonders günstige Auswirkungen zeigte die Lage der Kirche für die Entwicklung der Orden und religiösen Gemeinschaften. Zahlreiche Ordenshäuser entstanden neu im Bereich des Bistums. Besonders auf zwei Orden soll hier hingewiesen werden: auf die *Benediktiner* und die *Jesuiten*. Schon 1919 übernahmen Benediktinermönche das ehemalige Zisterzienserkloster *Grüssau;* sie kamen aus der Abtei Emaus in Prag. 1924 erhob Pius XI. das anfängliche Priorat zur Abtei, und Kardinal Bertram konnte dem ersten Abt, P. Albert Schmitt aus dem Kloster Weingarten die Abtsweihe erteilen. Die Benediktiner entfalteten in Schlesien eine segensreiche Wirksamkeit. Mitarbeit an den seelsorglichen Aufgaben des Bistums, Volksmissionen und Exerzitien, vor allem aber die Feier der Liturgie ließen die Grüssauer Patres bald in ganz Schlesien bekannt und beliebt werden. Besonders das liturgische Apostolat wurde ein Hauptanliegen der Abtei. Ziel war die »aktive Teilnahme der Gläubigen an der Feier der Liturgie«. »Das . . . Kloster wurde sehr rasch zum Mittelpunkt liturgischen Betens und Lebens. Nicht nur

Laien fanden den Weg nach Grüssau, sondern viele Weltpriester haben hier – oft schon während des Theologiestudiums – ihre Prägung aus dem Geist der Liturgie erhalten« (Rose). Im klostereigenen Verlag erschienen die »Choralgesänge für das Volk«, kleine Heftchen, in denen einzelne Choralmessen abgedruckt waren.

Bevor der *Jesuitenorden* 1773 aufgehoben wurde, besaß er zahlreiche Niederlassungen in Schlesien. 1814 wurde der Orden wiederhergestellt, aber erst nach 1848 kamen einzelne Jesuiten nach Schlesien, zumeist als Volksmissionare. In den 60er Jahren des 19. Jahrhunderts entstanden Ordenshäuser in Neisse, Schweidnitz und Ruda, sie wurden jedoch 1872 durch das Jesuitengesetz wieder aufgehoben. Um 1900 fanden sich einzelne Patres in Breslau. 1917 war der Orden in Deutschland (Preußen) erneut zugelassen, und nun entstanden Niederlassungen in *Breslau* in der Gabitzstraße, in *Oppeln,* wo die Patres zunächst in der Nähe der Kreuzkirche untergebracht waren, 1924 die Villa Sedanstraße 11 käuflich erwerben und 1930 die neue Herz-Jesu-Kirche einweihen konnten; in *Mittelsteine* richtete der Orden das Noviziat der ostdeutschen Provinz ein, und in *Beuthen* entstand 1928 eine Residenz. Die Zahl der Ordensangehörigen nahm im Lauf der Jahre zu: 1925 gab es in Schlesien einschließlich der Grafschaft Glatz kaum 20 Jesuiten-Patres, dazu wenige Fratres und Laienbrüder; Anfang 1945 wirkten in der Diözese Breslau 60, in der Grafschaft 6 Patres. Die Jesuiten arbeiteten teils in der ordentlichen Seelsorge als Kuraten und Kapläne, teils in der außerordentlichen als Volksmissionare, Exerzitienleiter und Beichtväter. So wurde beispielsweise »die Oppelner Jesuitenkirche . . . im Lauf der Jahre mehr und mehr eine ›Beichtkirche‹; besonders an Markttagen und vor großen Festen kamen viele Leute aus den umliegenden Dörfern, um hier zu beichten« (A. Rothe). In das Oppelner Haus wurde Ende 1943 das Provinzialat der Ostdeutschen Ordensprovinz verlegt.

Eine besonders lebendige Entwicklung nahm nach dem Ersten Weltkrieg in Schlesien die katholische Jugendbewegung. Nur zwei Namen sollen hier genannt werden, die aber weit über die Grenzen des Bistums Breslau hinaus zu Begriffen wurden: »Quickborn« und »Heimgarten«. Der *Quickborn* ging aus einer Abstinentenbewegung unter den Schülern hervor. An seinem Beginn stehen drei Priesterpersönlichkeiten: *Klemens Neumann,* Religionslehrer am Realgymnasium in Neisse, *Bernhard Strehler,* Präfekt des Neisser bischöflichen Konvikts und *Hermann Hoffmann,* Religionslehrer am St.-Matthias-Gymnasium in Breslau. Schon 1909 hatte Strehler einen abstinenten Gymnasiastenverein im Neisser Konvikt ins Leben gerufen, dem schon bald der Name »Quickborn« gegeben wurde. »Neumanns Beitrag war das Lied und das Natur- und Volksverbundene, und von Breslau aus kam der Geist der Jugendbewegung dazu« (H. Hoffmann). Strehler reiste

durch Deutschland und warb an den Höheren Schulen für die Nüchternheitsbewegung. Zusammen mit Hermann Hoffmann und Klemens Neumann gründete er 1917 in Frankfurt/Main den »Verein der Quickbornfreunde e. V.« 1918/19 konnte die *Burg Rothenfels* am Main erworben werden; sie sollte Haupttagungsstätte des Quickborn werden. Bald verbreitete sich die Bewegung über ganz Deutschland. Bei den deutschen Quickborntagen auf Rothenfels stand die tägliche Meßfeier im Mittelpunkt; an den Abenden betete man gemeinsam die Complet. Ziel war ein Leben aus dem Glauben, ernste Selbsterziehung, frohe Gemeinschaft. 1920 schloß sich auch *Romano Guardini* der Quickbornbewegung an und übte bald maßgebenden Einfluß auf sie aus. Die Ideen des Quickborn und der Geist von Rothenfels prägten eine ganze Generation junger Menschen.
Eng in Verbindung mit Quickborn stand der Neisser *Heimgarten.* »Es ist immer wieder bezeugt worden, daß dieses größte Volksbildungswerk im Osten Deutschlands die Lebenshaltung ungezählter Menschen im Geiste eines gelebten Christentums und einer engen Volksverbundenheit geformt hat« (H. Fuhrich). Das Haus war von Bernhard Strehler gegründet worden, als eine Art Erholungsheim für Angehörige des Kreuzbundes. Allmählich aber entwickelte sich daraus eine echte Bildungsstätte. Die Leitung übernahm Klemens Neumann, zusammen mit den Laien *Dr. Ernst Laslowski* und *Dr. Erich Reisch.* Jedes Jahr brachten die im Heimgarten stattfindenden Hochschulwochen einen Höhepunkt. »Für die 400 bis 600 Teilnehmer, die jeweils zusammenströmten, war es immer ein Hochfest des Geistes. Namhafte Gelehrte aus dem ganzen Sprachgebiet hielten Vorträge über damals brennende Tagesfragen und standen für Diskussionen bereit« (H. Furich). 1927 wurde dem Heimgarten eine Bauernvolkshochschule angegliedert. Bei diesen Kursen ging es aber nicht ausschließlich um Schulung des Verstandes, ebenso wurde das Musische und Gemüthafte gepflegt. Hier war es nun vor allem Klemens Neumann, der mit Spiel und Lied die Herzen ergriff. Der von Neumann herausgegebene »Spielmann«, eines der bekanntesten Liederbücher der Jugendbewegung (1914 in erster, 1928 bereits in neunter Auflage erschienen), ist Ausdruck der volksmusikalischen Bildung von Quickborn und Heimgarten. Der Einfluß dieser von Schlesien ausgehenden katholischen Jugendbewegung stärkte die jungen Katholiken ganz besonders gegenüber den Anfechtungen und Bedrängungen in der Zeit des Nationalsozialismus.
Um den Seelsorgern den Blick für die Aufgaben der Zeit zu schärfen, berief Kardinal Bertram für den 13.–15. Oktober 1925 eine *Diözesansynode* ein. Aus jedem Dekanat hatte neben dem Erzpriester (Dechant) ein zweiter Pfarrer teilzunehmen, der von den Mitbrüdern in geheimer Wahl bestimmt wurde. Die Themen der Synode sollten vorher in den einzelnen Dekanatskonferenzen durchgespro-

chen und Anregungen nach Breslau eingereicht werden. Die Synode begann mit einem vom Kardinal zelebrierten Pontifikalamt im Dom. Eine Ansprache des Oberhirten eröffnete die Beratungen. Auf den Arbeitssitzungen fanden lebhafte Diskussionen statt. Den Schlußbericht faßte Kardinal Bertram persönlich ab, er stützte sich dabei auf die Aufzeichnungen des Notars und die gehaltenen Referate. Dieser Bericht ist dann auch im Druck erschienen und konnte so den Geistlichen zugänglich gemacht werden.

Ein Jahr später – 1926 – fand ein weiteres kirchliches Ereignis in Breslau statt: der *65. Deutsche Katholikentag;* er sollte der letzte in Schlesien sein. Der Apostolische Nuntius in Berlin, Erzbischof Eugenio Pacelli, und zahlreiche führende Persönlichkeiten des katholischen Deutschlands – Geistliche wie Laien – nahmen an dieser Tagung teil. Eröffnet wurde sie mit einem vom Nuntius in der Jahrhunderthalle zelebrierten Gottesdienst. Papst Pius XI., der Schlesien ja selbst kennengelernt hatte, richtete ein Grußwort an die Tagungsteilnehmer. Der Katholikentag, der wichtige, das katholische Leben betreffende Fragen erörterte, schloß damit, daß »Kardinal Bertram . . . die Versammlung zu Wallfahrten zur Gottesmutter von Wartha und zur hl. Hedwig nach Trebnitz« entließ (K. zu Löwenstein).

Dieses gleiche Jahr 1926 brachte für Kardinal und Diözese einen bitteren Zwischenfall: kurz vor dem Katholikentag wurde ein Professor der Theologischen Fakultät vom Hl. Offizium exkommuniziert. *Joseph Wittig,* 1879 in der Grafschaft Glatz geboren, war seit 1915 ordentlicher Professor für Alte Kirchengeschichte, Patrologie und christliche Kunstgeschichte in Breslau. Neben seiner wissenschaftlichen Arbeit war Wittig als religiöser Schriftsteller tätig und veröffentlichte neben einigen volkstümlichen Büchern eine Reihe von Aufsätzen über Fragen der Religion. 1922 erschien in der Zeitschrift »Hochland« sein Beitrag »Die Erlösten«. In diesem Aufsatz verwechselte Wittig wohl die objektive Erlösung des Christen durch Jesus Christus mit dem subjektiv-persönlichen Erleben dieser Erlösung. Dadurch gelangte er zu theologisch bedenklichen Schlußfolgerungen. 1925 wurde dieser Aufsatz zusammen mit fünf weiteren seiner Schriften von Rom indiziert. Von Wittig wurde die erneute Ablegung des Tridentinischen Glaubensbekenntnisses und des Antimodernisteneides verlangt, eine für die damalige Zeit verständliche Forderung. Wittig verweigerte dieses Ansinnen und stellte sich auf diese Weise in eine Oppositionshaltung zum kirchlichen Lehr- und Leitungsamt. Am 14. Mai 1926 sprach das Hl. Offizium gegen den Breslauer Professor die Exkommunikation aus. Dabei ist zu bemerken, daß die Vorwürfe gegen Wittig, die zur Indizierung seiner Schriften geführt hatten, nicht aus dem Breslauer Ordinariat und nicht aus dem Kreis der schlesischen Mitbrüder gekommen waren; der Schriftsteller war vielmehr von zwei Professoren aus Luzern und Freiburg/Br. in

Rom angezeigt worden. Freilich erwies sich auch Wittig als unbeugsam und hartnäckig, das zeigt allein die Tatsache, daß er bereits ein Jahr später eine Ehe einging.»Seine Indizierung und sein Fortgang aus dem Lehramt nach dem Sommersemester 1925 wurden allgemein bedauert; aber zu einer Krise kam es weder in der Fakultät noch in der Studentenschaft, weil die Wurzel dieses Konfliktes nicht in der Wissenschaft, sondern in der persönlichen Art Wittigs lag« (Kleineidam). Joseph Wittig lebte dann als Volksschriftsteller in der Grafschaft Glatz. 1946 söhnte er sich mit der Kirche aus und starb am 22. August 1949 in Göhrde (Lüneburger Heide).

Am 14. Juni 1929 unterzeichneten der Apostolische Nuntius Eugenio Pacelli als Vertreter des Papstes und der preußische Ministerpräsident Otto Braun das *Preußische Konkordat.* Dieser Vertrag paßte die rechtliche Lage der katholischen Kirche den neuen Zeitverhältnissen an und regelte die Organisation der Bistümer in Preußen. Die Diözese Breslau wurde zum Erzbistum erhoben und der Delegaturbezirk zu einem eigenen Bistum (Berlin) ausgestaltet; die Bistümer Berlin und Ermland (Ostpreußen) sowie die Freie Prälatur Schneidemühl (geschaffen aus den bei Deutschland verbliebenen Bezirken der Diözesen Posen und Kulm) sollten dem Erzbistum Breslau unterstellt werden. Ein Jahr später erlangte diese Neugliederung der »Ostdeutschen Kirchenprovinz« durch die päpstliche Bulle »Pastoralis officii nostri« vom 13. August 1930 für den kirchlichen Bereich Rechtsgültigkeit. Am 21. September des gleichen Jahres ließ Kardinal Bertram den Text des päpstlichen Dokumentes – soweit er sich auf das Erzbistum Breslau bezog – von den Kanzeln verkünden. »Ohne Bitterkeit trennte sich das Fürstbistum Breslau von der seitherigen Delegatur Berlin, deren Erhebung zum Bistum aus seelsorgerischen Gründen geboten war . . . Das Territorium der Erzdiözese Breslau war immer noch weiträumig, und die Zahl der Seelen belief sich 1940 auf 2324058 in 96 Archipresbyteraten mit 810 Pfarreien« (Brzoska). Kardinal Bertram, nunmehr Erzbischof von Breslau, verzichtete zwar nicht formell auf den Titel »Fürstbischof«, er wandte ihn nur nicht mehr an und ließ ihn so allmählich in Vergessenheit geraten.

1933 übernahmen die *Nationalsozialisten* die Macht in Deutschland. Damit brach auch für die katholische Kirche eine schwere Zeit an. Es mag heute leicht sein, mit Hilfe der Kenntnisse, die in den Jahrzehnten nach dem Ende des Zweiten Weltkrieges gesammelt werden konnten, ein Gesamturteil über diese zwölf Jahre deutscher Geschichte zu fällen; für die damaligen Zeitgenossen war es das jedenfalls nicht. »Politik und Weltanschauung sind selten so eng miteinander verknüpft gewesen und gegeneinander ausgespielt worden wie im Dritten Reich, der schmachvollsten und finstersten Periode deutscher Vergangenheit. Selten

hat ein Mensch die Lüge so unbedenklich in den Dienst seiner Politik und Diplomatie gestellt wie Adolf Hitler. Diese Bemerkungen an den Anfang zu stellen ist zum Verständnis der Lage, in der sich die Kirche im Dritten Reich befand, unerläßlich« (A. Franzen). Zu Beginn traten Hitler und die Nationalsozialisten durchaus kirchenfreundlich auf. Im Juli 1933 schlossen sie mit dem Hl. Stuhl sogar das *Reichskonkordat* ab, worin der Kirche Zusicherungen für die Freiheit der Seelsorge gegeben wurden. »So großzügig, wie Hitler sich in den Konkordatsverhandlungen zeigte, hatte sich noch keine Regierung der katholischen Kirche gegenüber zu Zugeständnissen bereitgefunden, obwohl in ihnen nichts gefordert worden war, was nicht recht und billig gewesen wäre« (Franzen). Es sollte freilich bald deutlich werden, daß all diese Versprechungen nur Täuschung waren, um die Christen nicht von vornherein abzuschrecken.

Kardinal Bertram hatte schon zum Jahresende 1930 in einem »Offenen Wort in ernster Stunde« die deutsche Öffentlichkeit zur Wachsamkeit gegenüber den Ideen des Nationalismus, der Rassenverherrlichung und des Sozialismus, die dem Christentum diametral entgegengesetzt seien, gewarnt. Zudem bedrückten den Kardinal nicht nur die Sorgen um das kirchliche Leben in seiner eigenen Erzdiözese; als Vorsitzender der Fuldaer Bischofskonferenz war er der Repräsentant der katholischen Kirche in Deutschland überhaupt. Wie alle deutschen Bischöfe, so stand auch der Breslauer Kardinal 1933 vor der schweren Frage, welche Einstellung die Kirche gegenüber der neuen Regierung und der sie tragenden Partei einnehmen solle, waren doch Hitler und seine Regierung von den allermeisten Staaten anerkannt worden. Als eines der ersten europäischen Länder hatte Polen 1935 mit Hitler einen Freundschaftsvertrag geschlossen. Und noch 1938 gestanden die Westmächte die Eingliederung Österreichs und des Sudetenlandes zu. Durch all dies »hat das Ausland . . . das Dritte Reich moralisch und wirtschaftlich, innen- und außenpolitisch außerordentlich gestärkt« (Engelbert). Es wäre also schwierig gewesen und wäre nicht verstanden worden, wenn die Kirche gleich anfangs ein Zerwürfnis mit dem Staat herausgefordert hätte.

Die Nationalsozialisten begannen ihre Unterdrückungspolitik gegen die Kirche bei den kirchlichen Vereinen, die in ein Verzeichnis aufgenommen werden und dann vom Staat geschützt werden sollten. Trotzdem wurden die Vereine größtenteils bald verboten, ihr Eigentum beschlagnahmt. Es begann eine ständig zunehmende Hetze gegen Kirche und Papst, Priester und Ordensleute. Der Austritt aus der Kirche wurde propagiert. Die nationalsozialistische Weltanschauung, durch Presse und Rundfunk ständig weiter verbreitet, trat in immer schärferen Gegensatz zu Religion und Kirche. Nach und nach war gewaltsames Vorgehen an der Tagesordnung: die katholische Presse wurde verboten, kirchliche Häuser beschlagnahmt, zahlreiche Klöster und Ordensniederlassungen aufgehoben, wobei deren materieller Besitz enteignet und vom Staat eingezogen wurde. Bis 1941 sind im Erzbistum Breslau 60 Klöster und Ordenshäuser beschlagnahmt worden. Es mehrten sich die Eingriffe in den innerkirchlichen und gottesdienstlichen Bereich. »Predigten und private Äußerungen von Geistlichen, Ordensleuten und glaubenstreuen Laien wurden bespitzelt, solche, die Kritik an diesen Maßnahmen übten, wurden Verhören durch die Geheime Staatspolizei (Gestapo) unterworfen, in Gefängnisse, Zuchthäuser oder Konzentrationslager gebracht« (Kaps).

Kardinal Bertram und die Geistlichen seiner Diözese lehnten den Nationalsozialismus als Weltanschauung und als politische Richtung fast ausnahmslos ab und bekämpften ihn. Die Folge dieser festen und standhaften Haltung war, daß mehr als hundert Priester der Erzdiözese Breslau in den Jahren 1940 bis 1943 ausgewiesen oder ins Gefängnis bzw. in Konzentrationslager gebracht wurden. Sieben davon – es waren zweisprachige Oberschlesier – starben im Konzentrationslager. Sehr viele Priester mußten Verhöre und Haussuchungen über sich ergehen lassen. Außerordentlich erschwert wurde die Ausbildung des Priester- und Ordensnachwuchses. Noch brutaler gingen die Nationalsozialisten ab 1938 im Sudetenland und damit auch im österreichischen Anteil des Breslauer Bistums gegen das kirchliche Leben vor.

Da Kardinal Bertram Vorsitzender der Fuldaer Bischofskonferenz war, hatte er – im Gegensatz zu den übrigen katholischen Bischöfen Deutschlands – in diesem Kampf des nationalsozialistischen Staates gegen die Kirche einen besonders schwierigen Stand. Sein Handeln mußte immer auch Folgen für die gesamte katholische Kirche in Deutschland, nicht nur für seine eigene Diözese, haben. Gleichzeitig war ihm durchaus klar, daß er gegen die Gewalt eines Polizeistaates nichts ausrichten konnte. Der Kardinal bemühte sich, durch schriftliche Proteste und Eingaben unter ständiger Bezugnahme auf die Artikel des Reichskonkordates wenigstens ein Minimum an Entgegenkommen zu erreichen. Er gönnte sich kaum Ruhe, und seine Korrespondenz nahm gewaltige Ausmaße an. »Was er in dieser Phase des Kirchenkampfes bei der gedanklichen Konzipierung und Stilisierung zahlloser Schriftsätze geleistet hat, ist und bleibt staunenerregend und bewundernswert« (L. Volk). Freilich hatten alle diese Eingaben gegenüber der nationalsozialistischen Regierung so gut wie keinen Erfolg. Der Bischof von Berlin, Konrad Graf von Preysing, forderte ein schärferes Vorgehen. Kardinal Bertram aber, der seine Erfahrungen aus dem Kulturkampf einbrachte, wollte sich dazu nicht verstehen. Er fürchtete, wie er sagte, »daß wieder Gläubige ohne Geistlichen sterben müssen« (zit. bei Volk). Dabei fühlte der Kardinal aber auch sein hohes Alter als eine Last und spielte sogar mit dem Gedanken des Rücktritts vom Amt des Vorsitzenden der Bischofskonferenz, behielt es aber auf Wunsch der anderen Bischöfe bei.

Umstritten ist das Glückwunschschreiben, das Bertram 1940 Hitler zum Geburtstag sandte, ohne daß ihn die Bischofskonferenz dazu ermächtigt hatte. Bischof von Preysing erhob dagegen Einspruch. Kardinal Bertram gratulierte jedoch weiterhin jedes Jahr zu Hitlers Geburtstag, allerdings nur in seiner Eigenschaft als Erzbischof von Breslau. »Für den Absender war das ohne Zweifel immer ein Akt der Selbstüberwindung, den er sich höherer Rücksichten wegen abverlangte. Denn unter der gratulatorischen Umhüllung verbargen sich unübersehbare Klagen über die Bedrängnisse der Kirche im Staate Hitlers. Da die Glückwunschpraxis erst nach Kriegsbeginn aufgenommen und dann alljährlich mit der Regelmä-

ßigkeit eines Beschwörungsritus wiederholt wurde, war sie nicht nur eine Fortsetzung der Eingabenpolitik mit anderen Mitteln, sondern führte diese in Form eines Appells an den Letztverantwortlichen gleichsam auf einen nicht mehr zu überbietenden Kulminationspunkt« (Volk). Das aber bedeutet, daß der Kardinal sich bemühte, für die Kirche zu bewahren, was noch zu bewahren war, um den Gläubigen das religiöse Leben zu ermöglichen. Aus heutiger Sicht hätte manches anders und wohl auch besser gemacht werden können, aber in der damaligen Lage war es schwer, alles zu übersehen und verantwortlich zu entscheiden.
Trotz der nationalsozialistischen Gewaltherrschaft konnte das innere und gottesdienstliche Leben der katholischen Kirche im wesentlichen weitergeführt werden. Im Jahre 1934 wurde das Dominnere renoviert. Die Kosten dafür konnten aus dem kirchlichen Waldbesitz aufgebracht werden, aber auch die Diözese beteiligte sich mit einem Geldbetrag. 1935 wurde das neue Alumnat (Priesterseminar) in Breslau-Carlowitz fertiggestellt. Zum Regens ernannte der Kardinal den bisherigen Subregens *Dr. Paul Ramatschi.* Bertram selbst legte großen Wert auf einen guten Kontakt mit den Priesteramtskandidaten. Jeden Monat hielt er ihnen persönlich einen pastoral-religiösen Vortrag. Diese Exhorten ließ Bertram später in Buchform unter dem Titel »Charismen priesterlicher Gesinnung und Arbeit« erscheinen (3 Auflagen: 1931, 1933 und 1941).
Für September 1935 berief der Kardinal eine Diözesansynode ein, die sich wiederum mit der Lage der Kirche und der Diözese in der gegenwärtigen Zeit befassen sollte. Für die Weiterbildung der Seelsorgsgeistlichen wurden theologische und pastoral-praktische Kurse eingerichtet und allmonatlich sogenannte Rekollektionen (Einkehrtage) gehalten. Neue Kirchenbauten entstanden, dazu eine große Zahl neuer Pfarreien oder Kuratien. Jährliche Höhepunkte waren die großen *Männerwallfahrten* auf den *Annaberg.* Auch noch in den Jahren des Zweiten Weltkrieges nahmen daran bis 120000 Männer und Jungmänner teil, die sich an dem berühmten Heiligtum Oberschlesiens um ihren Kardinal scharten. Dabei war es staatlicherseits den einzelnen Gruppen verboten, kirchliche Fahnen offen zu tragen. Sie mußten auf den Zufahrtsstraßen eingerollt mitgeführt und durften erst kurz vor dem Wallfahrtsort entfaltet werden. Natürlich wurden diese kirchlichen Großveranstaltungen von der Geheimen Staatspolizei beobachtet. Teilnehmer berichteten, wie Polizeiwagen den einzelnen Wallfahrtsgruppen folgten.
Höhepunkte im Leben Kardinal Bertrams waren zweifelsohne die beiden Papstwahlen von 1922 und 1939, an denen der Breslauer Oberhirte teilnahm. Zu beiden neuen Päpsten hatte auch das Bistum Breslau früher schon Beziehungen gehabt: Pius XI. (1922 gewählt) hatte Oberschlesien während seiner Tätigkeit als päpst-

licher Kommissar vor der Volksabstimmung kennengelernt; Pius XII. hatte 1926 am Breslauer Katholikentag teilgenommen. – Am 28. Oktober 1939 konnte Bertram den 25. Jahrestag seiner Inthronisation als Bischof von Breslau begehen. Aber auch dieses festliche Ereignis wurde von den Zeitereignissen dunkel überschattet: am 1. September 1939 hatte der *Zweite Weltkrieg* begonnen. Schwer trug der greise Kardinal – er hatte am 14. März sein 80. Lebensjahr vollendet – an dieser neuen Last, die nicht nur ihn und sein Bistum bedrückte.

Für das kirchliche Leben brachte der Ausbruch des Krieges neue Beschränkungen. Theologiestudenten und zahlreiche junge Priester mußten zum Dienst in der Wehrmacht einrücken. Wie im Ersten Weltkrieg, so wurden auch jetzt wieder Kirchenglocken und Orgelpfeifen zum Einschmelzen beschlagnahmt. Fast alle kirchlichen Gebäude wurden enteignet, natürlich nicht allein für militärische Zwecke (z. B. als Lazarette), sondern auch für die Benutzung durch Partei und staatliche Stellen. Die Bekenntnisschulen wurden bei dieser Gelegenheit ebenfalls beseitigt, der Religionsunterricht im ganzen eingeschränkt, an den höheren Schulen durfte er nur noch bis einschließlich Untertertia erteilt werden. Alle diese Maßnahmen erschwerten die seelsorgliche Arbeit erheblich. »Trotz allem haben Priester und Gläubige ihre Pflicht getan und immer wieder auf neue Mittel und Wege gesonnen, Gottesdienst, Seelsorge und Unterricht so gut wie möglich aufrechtzuerhalten« (Negwer).

1940 starb der Breslauer Weihbischof Valentin Wojciech. Zu seinem Nachfolger wurde am 16. August des gleichen Jahres der Domkapitular *Joseph Ferche* ernannt; am 29. September erteilte ihm Kardinal Bertram die Bischofsweihe. Ferche, 1888 in Pschow, Kreis Rybnik, geboren, war 1911 zum Priester geweiht worden. Nach langjähriger Arbeit in der Seelsorge (Kaplan in Schomberg, Kreis Beuthen, und Königshütte, 1922 Pfarrer in Ohlau, 1927 Pfarrer in Cosel) hatte ihn der Kardinal 1931 ins Domkapitel berufen, wo er vor allem als Rat der Geheimen Kanzlei und als Kurator verschiedener Schwesternkongregationen tätig war. Zum Weihbischof wurde Ferche nicht nur wegen seiner großen seelsorglichen Erfahrung, sondern auch wegen seiner hervorragenden Kenntnis der polnischen Sprache, die er erst als Theologiestudent erlernt hatte, ernannt. Da Ferche sich auch mit der tschechischen Sprache vertraut gemacht hatte, setzte ihn Kardinal Bertram zum Erzbischöflichen Kommissar des Olsa-Gebietes ein, »eines früher in Österreichisch-Schlesien, dann in der Tschechoslowakei gelegenen alten Teiles der Erzdiözese, der während des Dritten Reiches – 1939/45 – gewaltsam an Deutschland angeschlossen wurde. Unentwegt predigte Weihbischof Ferche bei seinen Firmreisen im Olsagebiet den Gläubigen in ihrer deutschen, tschechischen oder polnischen Muttersprache. Ebenso nahm er sich auch bei seinen weiten Reisen durchdie große Diözese, entgegen den ungerechten staatlichen Verboten, wo er nur konnte, der verschleppten polnischen Zwangsarbeiter an. Dies brachte ihn in einen scharfen Konflikt mit der nationalsozialistischen Geheimen Staatspolizei. Eine bereits durch die Gestapo ausgeschriebene Ausweisung aus Schlesien konnte nur mit Mühe aufgehoben werden« (G. Moschner).

1942 war es dem Kardinal wegen seines hohen Alters nicht möglich, nach Fulda zur Tagung der Bischofskonferenz zu fahren. Als seinen Vertreter schickte er den Generalvikar Dr. Negwer. In seiner Diözese unternahm er aber weiterhin Firmreisen, hielt Pontifikalämter und nahm an den großen Wallfahrten teil.

1943 konnte das 700jährige Jubiläum des Todestages der hl. Hedwig begangen werden. Das Fest wurde gut vorbereitet. Die Trebnitzer Kirche erhielt vom Papst den Rang einer »Basilica minor«. Die ganze Oktav des Hedwigsfestes hindurch fanden Pontifikalämter statt. »Die Liebe zur Landespatronin flammte in der ganzen Diözese auf und tat sich in vielen Wallfahrten kund. Man hoffte von ihr die Rettung Schlesiens, das bisher von schweren Luftangriffen verschont geblieben war. Aber Gott hatte es anders bestimmt« (Negwer). Zur Bischofskonferenz konnte der Kardinal freilich auch in diesem Jahr nicht reisen.

Das Jahr 1944 brachte für das bisher von Kriegsschäden verschonte Schlesien häufige Luftangriffe. Von Juli an wurden die oberschlesischen Hydrierwerke in Odertal (Deschowitz) und Blechhammer bei Heydebreck bombardiert, wobei vor allem die nahegelegenen Ortschaften Schäden erlitten. Größere Städte waren zunächst nicht betroffen, von Ausnahmen wie Breslau (7. Oktober) und Oppeln (Dezember) abgesehen, aber auch da handelte es sich nur um verhältnismäßig geringfügige Verluste. Daß der Krieg verloren war, stand seit dem Vorjahr fest; nun drohte aber bei weiterem Zurückweichen der Front im Osten der feindliche Einfall in Schlesien und in den Bereich des Erzbistums. Eine Bischofskonferenz konnte in diesem Jahr nicht mehr stattfinden; der hochbetagte Kardinal hätte sie ohnehin nicht besuchen können. Im Oktober wurde aber – wenn auch in bedrückter Stimmung – in Breslau das 700jährige Gedenken der Grundsteinlegung des Domes mit einem festlichen Pontifikalamt gefeiert. Dann aber begannen die Schrecken des Endes.

»Seit dem Spätherbst des Jahres 1944 wälzte sich ein unaufhörlicher Zug von Flüchtlingen aus dem Osten durch Schlesien nach dem Westen, Bauern mit Bretterwagen, Vieh und Vorräten, Leute mit Rucksäcken, mit Kindern an der Hand. Viele zogen durch Breslau, viele starben unterwegs, besonders als Schnee und kalte Tage kamen« (Negwer). Mit dem Beginn des neuen Jahres wurde Schlesien selbst Kriegsschauplatz. »Vom 20. Januar 1945 ab war in immer weiteren Teilen Schlesiens der Räumungsbefehl ergangen. Dadurch verloren Hunderttausende ihre Heimat und unzählige kamen durch Kälte, Hunger und Entkräftung auf den Straßen und in den überfüllten Zügen um. Nur wenige Habe konnten diese Flüchtlinge mit sich führen. Sie fanden zunächst Aufnahme in den noch weniger bedrohten Gebieten Schlesiens, aber in dem Maße, wie diese Gebiete selbst Kampffront wurden, mußten sie weiterwandern und die Heimat verlassen« (Kaps). Die Stadt Breslau wurde von Hitler zur Festung erklärt. Der 86jährige Kardinal, dessen Gesundheitszustand sich verschlechtert hatte, wollte zunächst in seiner Bischofsstadt bleiben. Schließlich entschloß er sich aber auf den dringenden Rat seines Arztes hin, nach Schloß Johannesberg bei Jauernig überzusiedeln. Am 21. Januar verließ er die Stadt, die er nicht wiedersehen sollte.

In Breslau befahl der Gauleiter allen Geistlichen, die Stadt zu verlassen. Generalvikar Negwer und Caritasdirektor Zinke konnten jedoch durch geschickte Verhandlungen erreichen, daß 40 Priester bleiben durften, um die Katholiken unter den etwa 100000 noch in Breslau lebenden Bewohnern zu betreuen. Auch Weihbischof Ferche blieb in der Stadt. Während der dreimonatigen Belagerung wurde Breslau zu 80 Prozent zerstört. Am Osterfest gingen die Dominsel und der Dom in Flammen auf. Fast alle Kirchen der Stadt wurden schwer beschädigt. »Die in Breslau zurückgebliebenen Priester haben mit Todesverachtung den in den Bunkern und Kellern verborgenen Breslauern die hl. Sakramente gespendet. Auf dem Dome wurde die hl. Messe im Keller des Palais auf der Südseite nach der Oder zu gefeiert. Von den Priestern ist nur einer ums Leben gekommen: der Pfarrer der Kreuzkirche Geistlicher Rat Johannes Dittrich« (Negwer). Am 24. März war die alte bischöfliche Stadt Neisse – fast völlig zerstört – von den Russen erobert worden; Breslau aber wurde erst am 6. und 7. Mai übergeben, nachdem Weihbischof Ferche und Kanonikus Joseph Kramer zusammen mit den evangelischen Pfarrern Dr. Konrad (Stadtdekan) und Hornig dem Stadtkommandanten General Niehoff die verzweifelte Lage der Zivilbevölkerung geschildert hatten. Einen Tag später – am 8. Mai 1945 – kapitulierte die gesamte deutsche Wehrmacht.

Dem Kardinal blieb der Anblick seiner zerstörten Bischofsstadt und des ausgebrannten Domes erspart. Von Johannesberg aus versuchte er, soweit es noch möglich war, das Bistum zu leiten. Generalvikar Negwer, der mit mehreren Mitgliedern des Domkapitels, darunter dem Domdechanten Prälat Dr. Piontek, im Kloster der Magdalenerinnen in Lauban Unterkunft gefunden hatte, besaß weiterhin seine Vollmachten für die ganze Erzdiözese, konnte sie aber nur noch sehr beschränkt ausüben. Für das eingeschlossene Breslau wurde Kanonikus *Joseph Kramer* mit den Vollmachten des Generalvikars ausgestattet; die gleiche Ermächtigung erhielt für Oberschlesien der Erzpriester *Alfred Kynast* in Neisse-Neuland.

Als Lauban Kriegsgebiet wurde, ging Prälat Piontek mit einigen Kapitelsmitgliedern nach Leitmeritz, Generalvikar Negwer begab sich nach Freiwaldau im tschechisch-sudetendeutschen (früher österreichischen) Anteil der Diözese, um dort Verbindung mit dem Kardinal aufzunehmen. Seinen letzten Hirtenbrief gab Kardinal Bertram am Palmsonntag, dem 25. März 1945 heraus; er sprach darin von Osterlicht, Ostergnade und Osterfreude, die in allem Dunkel der Zeit den Menschen Trost und Kraft geben sollten. Der Generalvikar besuchte den Kardinal jede Woche von Freiwaldau aus, nahm aber auch Verbindung auf mit den mehr als hundert Priestern der Erzdiözese, die mit ihren Gemeinden in die Grafschaft Glatz geflüchtet waren. Am 7. Mai konnte Generalvikar Negwer noch nach Jauernig übersiedeln; am Tag darauf wurde der Ort von den Russen eingenommen. Der russische Kommandant behandelte den greisen Kardinal ehrenvoll. Bertrams Gesundheitszustand war sehr schlecht. Zwar konnte er am 24. März noch drei Diakonen die Priesterweihe erteilen, seit Anfang April gingen aber seine Kräfte sichtlich zurück. Mitte April war er schon so geschwächt, daß er das hl. Meßopfer nur noch im Sitzen feiern konnte. Im Laufe des Monats Mai trafen erste Boten aus den verschiedenen Teilen des Bistums – teils zu Fuß, teils mit dem Fahrrad – auf Schloß Johannesberg ein und berichteten über die Zustände in Schlesien. Mit tiefer Erschütterung erfuhr der Kardinal von den Zerstörungen in Breslau, der Vernichtung des Domes und der anderen Kirchen der Stadt. »Was den Kardinal am meisten schmerzte, das waren . . . die Übergriffe polnischer Stellen in seine Jurisdiktion« (Kaps). Darüber wird im letzten Kapitel zu berichten sein.

Im Juni 1945 wurde die Stadt Jauernig von den Russen geräumt und den Tschechen übergeben. Am 17. Juni verlangte der tschechische Bezirkshauptmann, daß der Kardinal und sämtliche deutschen Priester innerhalb von 24 Stunden das tschechische Staatsgebiet verlassen müßten. Der Sekretär des Kardinals, Dr. Walter Münch, »bemerkte dem tschechischen Beauftragten gegenüber, es würde eine Weltschande sein, wenn der greise Kirchenfürst, dessen Gesundheit sehr geschwächt war, eventuell auf dem Transport stürbe. Nach Verhandlungen in Mährisch-Ostrau erreichte schließlich der Geheimsekretär, daß die Exterritorialität des Kardinals anerkannt wurde, und er mit seinem Gefolge bis auf weiteres in Jauernig verbleiben konnte« (A. Sauer). Nun verfielen die Kräfte des Breslauer Oberhirten zusehends. Gegen Ende des Monats Juni erlitt er mehrere leichte Schlaganfälle. In der Nacht vom 5. auf den 6. Juli oder in den frühen Morgenstunden des 6. Juli trat ein Gehirnschlag ein, der das Sprachzentrum zerstörte. Geheimsekretär Dr. Münch spendete dem Kardinal die Krankenölung. Am gleichen Tag, dem 6. Juli 1945, um 15.30 Uhr starb Adolf Kardinal Bertram, der letzte

Oberhirte des Erzbistums Breslau, fern von seiner Bischofsstadt im 87. Lebensjahr, mehr als 30 Jahre nach seinem Amtsantritt.
Da unter den gegebenen Umständen eine Überführung nach Breslau nicht möglich war, wurde der verstorbene Kardinal am 11. Juli in Jauernig bestattet. Die Priester der Diözese konnten nicht schriftlich verständigt werden. So nahmen nur etwa 90 Geistliche aus der Umgebung von Jauernig und der Grafschaft Glatz an der Beisetzung teil. Aus Breslau hatten unter großen Schwierigkeiten – zum Teil zu Fuß – Weihbischof Ferche, der bisherige Generalvikar Negwer und Dompropst Blaeschke kommen können. Der Erzbischof von Olmütz schickte seinen Weihbischof Dr. Zela als seinen Vertreter. Der Sarg des Kardinals wurde aus der Schloßkapelle hinunter in die Pfarrkirche der Stadt geleitet. Nach dem Requiem, zelebriert von Weihbischof Ferche, einem eindrucksvollen Nachruf aus dem Mund von Dompropst Blaeschke und der Absolutio des Sarges durch die anwesenden kirchlichen Würdenträger wurde der heimgegangene Kardinal auf dem Stadtfriedhof beigesetzt. Er fand seine letzte Ruhestätte in der Gruft eines seiner Vorgänger, des Fürstbischofs Joseph Christian von Hohenlohe († 1817).

11. Kapitel

Das Ende des deutschen Bistums (1945–1972)

Am 1. Januar 1945 lebten in der Erzdiözese Breslau etwa 1600 Weltpriester. Bis zum Jahre 1945 hatte das Bistum jährlich durchschnittlich 40 Todesfälle unter seinen Priestern zu verzeichnen. In diesem Jahr aber, als sich der Krieg auf Schlesien ausdehnte und russische Truppen einmarschierten, starben rund 125 Priester, davon 72 eines gewaltsamen Todes, zum großen Teil, weil sie ihre Gläubigen, besonders Frauen und Mädchen, vor Mißhandlungen oder Vergewaltigungen schützen wollten. Die meisten Priester der Diözese waren Ende 1945 noch in Schlesien; 243 befanden sich außerhalb des Bistums, weil sie entweder von den neuen Machthabern ausgewiesen worden waren oder – aus dem Krieg heimgekehrt oder von den Nationalsozialisten des Landes verwiesen – nicht zurückkehren durften.

Inzwischen war die zivile Verwaltung Schlesiens von den Russen schrittweise an die provisorische polnische Regierung übergeben worden: in Oberschlesien in den Monaten März bis Mai, in Niederschlesien im April bis September 1945. Die Konferenz von Potsdam im Juli/August dieses Jahres billigte die Einführung der polnischen Verwaltung, erklärte jedoch gleichzeitig, daß eine endgültige Festsetzung der Grenzen erst in einem zukünftigen Friedensvertrag vorgenommen werden sollte. Die deutsche Bevölkerung hoffte zunächst, daß sich ihre Lage nun bessern würde, aber diese Hoffnung wurde bald zunichte gemacht. »Die Deutschen wurden für rechtlos, besitzlos und ehrlos erklärt; wie schon vorher in Oberschlesien, auch an vielen Orten Niederschlesiens in Lager gesperrt und so bald als möglich nach dem Westen abgeschoben« (Kaps). Vor den Kriegsereignissen nach Westen geflüchteten Schlesiern wurde größtenteils die Wiedereinreise nicht gestattet.

Vom 15. bis zum 17. Mai – wenige Tage nach der Kapitulation der Stadt Breslau – weilte der Bischof von Kattowitz, *Stanisław Adamski*, in Breslau. Er bot der Diözesanverwaltung, die von allen Verbindungen nach außen abgeschnitten war, seine Hilfe an. In Breslau residierte der von Kardinal Bertram zum Stellvertreter des Generalvikars ernannte Kanonikus *Joseph Kramer*, der jedoch dieses Amt nur so lange ausüben sollte, wie der ordentliche Generalvikar nicht zu erreichen war.

Kramer, sowohl der russischen als auch der polnischen Sprache unkundig, mußte ein solches Hilfsangebot sehr willkommen sein, zumal da er sich weder innerhalb noch außerhalb Breslaus ohne Gefahr und Behinderung bewegen konnte, während dem Kattowitzer Bischof sogar ein Fahrzeug zur Verfügung stand. Bischof Adamski erbot sich auch – was im Augenblick weder dem Kardinal noch dem Generalvikar Negwer noch Kanonikus Kramer möglich war –, die Geistlichkeit in Oberschlesien von der derzeitigen politischen und kirchlichen Lage im Erzbistum Breslau zu unterrichten. Eine amtliche schriftliche Bestätigung für diese Aufgabe hat Kramer wohl dem Kattowitzer Bischof nicht ausgestellt, sondern es handelte sich dabei nur um eine mündliche Vereinbarung.
In den 1977 erschienenen Erinnerungen Kardinal Komineks »Im Dienst der Westgebiete« wird berichtet, daß Adamski vor Vertretern des Breslauer Domkapitels klar geäußert hat, Polen werde das besetzte Schlesien nicht wieder herausgeben, es werde dort in Zukunft auch keine deutsche Minderheit mehr geben; die Deutschen sollten deshalb das Land von sich aus verlassen, sonst würden sie zwangsausgesiedelt – d. h. vertrieben – werden.
Adamski fuhr am 18. Mai zunächst nach Oppeln und besuchte dort und in der näheren Umgebung der Stadt die Geistlichen; anschließend reiste er in die Dekanate Beuthen, Guttentag, Rosenberg, Kreuzburg und Groß Strehlitz. »Diese Reise- und Aufklärungstätigkeit des Bischofs Adamski auf dem östlichen Territorium des Erzbistums mußte bei einem Teil der oberschlesischen Geistlichkeit auf heftigen Widerstand stoßen. Allzu tief waren die bösen Erfahrungen aus dem Abstimmungskampf und den polnischen Aufständen Anfang der zwanziger Jahre des Jahrhunderts bei manchen der älteren Geistlichen noch in Erinnerung, als daß sie das Auftreten des Bischofs der . . . (polnischen) Nachbardiözese nicht als einen Affront, ja als Herausforderung betrachtet hätten; gewiß geschah das nicht mit böswilliger Absicht, sondern überfordert von dem Ausgang des unglückseligen Krieges, dem Elend der russischen Besatzungszeit schon seit Januar/Februar 1945, . . . schließlich von der scheinbaren Auswegslosigkeit der Zeitlage, in die sie alle unverschuldet hineingezogen waren« (Sabisch). Adamski wandte außerdem die während des Krieges in den polnischen Diözesen geübte Praxis, den Erzpriestern Rechte des Generalvikars zu übertragen, nun auch in Schlesien an und erteilte den Dechanten weitgehende Befugnisse. Kardinal Bertram, der davon noch erfuhr, zeigte sich entrüstet über diese Einmischung eines fremden Bischofs in die Angelegenheiten des Erzbistums Breslau. Dem Kardinal schien es, als ob Adamski in Oberschlesien die Aufgaben eines Generalvikars übernommen habe. Wie Kominek berichtet, hat Bischof Adamski die Absicht gehabt, sich durch Vermittlung Kardinal Hlonds als »Apostolischer Administrator ex currendo« für

die gesamte Erzdiözese Breslau einsetzen zu lassen. Hlond ging jedoch darauf nicht ein.

Zehn Tage nach dem Tod Kardinal Bertrams traten die in Breslau anwesenden Mitglieder des Domkapitels im Ursulinenkloster zur Wahl des Kapitelsvikars zusammen (16. Juli 1945). Kurz vor der Wahl wurde den Domkapitularen der Wunsch der Warschauer Regierung unterbreitet, einen Polen zu wählen. Dieser Wunsch wurde mit der Erklärung beantwortet, es läge zur Wahl eines polnischen Geistlichen kein Grund vor, da der überwiegende Teil der Diözesanbevölkerung und der Priester deutsch sei. Einstimmig wurde der fließend polnisch sprechende Domdechant *Dr. Ferdinand Piontek* gewählt, der sich aber noch nicht in Breslau befand. Er traf erst nach einigen Tagen in der Diözesanhauptstadt ein und wurde am 23. Juli vereidigt.

Kapitelsvikar Piontek – er sollte dieses Amt 18 Jahre lang innehaben – stammte aus Leobschütz O/S, wo er als ältestes von 14 Kindern am 5. November 1878 geboren wurde. Später lebte die Familie in Ratibor, wo Ferdinand Piontek das Gymnasium besuchte. Nach dem Abitur im Jahre 1899 begann er in Breslau das Studium der Theologie, 1903 wurde er zum Priester geweiht. Nach Kaplansjahren in Berlin-Weißensee und Berlin-Lichterfelde – zwischendurch promovierte er mit einer kirchengeschichtlichen Arbeit 1907 zum Doktor der Theologie – schickte ihn Kardinal Kopp als Pfarrer in die pommersche Stadt Köslin, wo er sich in jahrelanger Seelsorgstätigkeit eine eingehende Kenntnis der Diaspora und ihrer Probleme erwerben konnte. Daneben mußte er als Militärseelsorger die Garnisonen Köslin und Belgard betreuen. Kardinal Bertram berief den bewährten Seelsorger 1921 ins Domkapitel. Dabei wurde ihm vor allem die Sorge um die Diasporagebiete der Diözese übertragen: Piontek wurde Leiter des Bonifatiusvereins für das Breslauer Bistum und Schriftleiter des Bonifatiusblattes. Von 1933 bis 1937 hielt er mehr als 700 Bonifatiustage mit Gottesdiensten und Predigten, in denen er um Verständnis für die Diaspora und ihre Anliegen warb. Daneben hatte er das Amt des Dompredigers inne. Als Kurator der Marienschwestern und der schlesischen Provinz der Schulschwestern war er oft auf Reisen. 1937 wurde er zum Direktor der Verwaltungsabteilung des Generalvikariates ernannt. Als solcher »besaß er Zeichnungsbefugnis und übernahm die Verantwortung für das Funktionieren der Pfarrverwaltung in der ganzen Diözese, eine doppelt und dreifach schwere Verantwortung in einer Zeit, in der man mit Argusaugen nach Unregelmäßigkeiten im kirchlichen Bereich suchte. Auch ohnedies war es kein Amt, in dem man sich beim Klerus beliebt machen konnte; gibt es doch viele gute und eifrige Seelsorger, die nur schwer einzusehen vermögen, daß Exaktheit und Treue auch in diesen Dingen zum priesterlichen Amt in unserer Zeit gehören. Es ist kein

Tadel, wenn man anmerkt, daß der Verwaltungsdirektor wegen seiner unanfechtbaren Gerechtigkeit hochgeachtet, aber auch gefürchtet war« (Jedin). 1939 wurde Prälat Piontek zum Domdechanten (Domdekan) ernannt.
Anfang Februar 1945 hatte der Domdechant Breslau verlassen. Von seinem Zufluchtsort Leitmeritz reiste er am 11. Juni in Richtung Breslau ab; nach langen Fußmärschen traf er 42 Tage später in der schlesischen Hauptstadt ein. Hier erfuhr er vom Tod des Kardinals und von seiner Wahl zum Kapitelsvikar. Am 24. Juli trat er dieses Amt an und übernahm die Leitung der Erzdiözese in einer außerordentlich schwierigen Situation. Seine Wohnung auf der Dominsel war zerstört, so nahm er jetzt seinen Wohnsitz im Ursulinenkloster auf dem Ritterplatz. Seine hervorragende Kenntnis der polnischen Sprache kam ihm nun zugute. Außer Prälat Piontek befanden sich Dompropst Blaeschke sowie acht weitere Domkapitulare in Breslau, darunter Weihbischof Ferche. Sie kamen regelmäßig zu Kapitelssitzungen zusammen und bemühten sich um die Weiterführung der Diözesanverwaltung.
Inzwischen war am 2. August die Potsdamer Konferenz beendet worden. Sie hatte beschlossen, die Gebiete östlich der Oder und der Görlitzer Neiße den Polen zur vorläufigen Verwaltung zu übergeben. Nun begann die eigentliche Vertreibung der Deutschen. Gleichzeitig strömten Polen – zumeist aus den polnischen Ostgebieten – nach Schlesien hinein, unter ihnen auch polnische Priester, die nun von den deutschen Pfarreien Besitz ergriffen. Am 12. August 1945 erschien der Erzbischof von Posen und Gnesen, August Kardinal Hlond, Primas von Polen, bei Kapitelsvikar Piontek im Breslauer Ursulinenkloster. Hlond, der während des Krieges von den Deutschen interniert worden war, hatte sich nach Kriegsende in Rom von Papst Pius XII. Vollmachten geben lassen, »um in ganz Polen, wenn es die Umstände erforderten, für eine ordnungsgemäße kirchliche Verwaltung zu sorgen« (Heimatbrief 1977, S. 35). Diese Ermächtigung war also nur gedacht für die Bereiche Polens, die keine ordentlichen Diözesanverwaltungen mehr besaßen. Die deutschen Ostgebiete konnten davon nicht betroffen sein, weil dort rechtmäßige Oberhirten residierten. Kardinal Hlond erklärte jedoch dem Breslauer Kapitelsvikar, »daß er vom Papst weitgehende Vollmachten zur Ordnung der kirchlichen Verhältnisse in Polen bzw. den besetzten Gebieten erhalten habe. Da es staatlichen Stellen unmöglich sei, weiter mit deutschen Kirchenbehörden zu verhandeln, so sei es der Wunsch des Hl. Vaters, in diesen bisher deutschen Gebieten Apostolische Administratoren polnischer Nationalität einzusetzen. Es sei der Wunsch des Papstes, daß der Kapitelsvikar auf die Ausübung seiner Jurisdiktion in den von Polen verwalteten Gebieten seiner Diözese Verzicht leiste, ohne daß seine Rechtsstellung als Kapitelsvikar der ganzen Diözese dadurch be-

einträchtigt werden sollte. Er legte ihm eine entsprechende Verzichterklärung vor, die im Staatssekretariat in Rom ausgearbeitet worden sei« (Negwer). Freilich wies Kardinal Hlond dem Kapitelsvikar keinen schriftlichen Befehl des Papstes vor; nach den Bestimmungen des Kirchenrechtes ist aber einem Kardinal Glauben zu schenken, wenn er etwas als »Ausspruch des Papstes« (de oraculo pontificio) bezeugt. Prälat Piontek wollte und konnte sich diesem angeblichen Wunsch Pius' XII. nicht verschließen und unterschrieb die ihm vorgelegte Verzichterklärung.
Kardinal Hlond ernannte daraufhin am 15. August drei polnische Priester zu Administratoren für das Gebiet des Erzbistums Breslau: *Dr. Karol Milik* für Niederschlesien (Sitz in Breslau), *Dr. Bolesław Kominek* für Oberschlesien (Sitz in Oppeln) und *Dr. Edmund Nowicki* für den östlich der Oder gelegenen brandenburgischen Teil der Diözese (Sitz in Landsberg a. d. Warthe). Kominek berichtet in seinen Erinnerungen, Hlond habe den Administratoren »auch Abschriften seiner ›Facultates specialissimae‹, auf Grund derer er die Nominierungen vollzog«, ausgehändigt. Freilich bleibt dann die Frage offen, warum der Primas diese Facultates dem Breslauer Kapitelsvikar Piontek nicht vorgewiesen hat und warum dieses Dokument bis heute nicht veröffentlicht worden ist.
Von der Einsetzung dieser drei Administratoren erfuhr das Breslauer Domkapitel am 21. August durch einen polnischen Zeitungsbericht. Die Administratoren traten ihr Amt am 1. September an. »Die Administratoren Dr. Kominek und Dr. Milik erschienen am 1. September 1945 in Breslau und legten dem versammelten Metropolitankapitel ihre Ernennungsurkunden vor. Die Urkunden waren von Kardinal Hlond ausgestellt und trugen das Datum des 15. August 1945. Der Administrator Dr. Nowicki von Landsberg a. d. Warthe reichte erst unterm 30. 3. 1946 seine Ernennungsurkunde ein« (Kaps). Dem bis dahin in Breslau weilenden Ordinariatsrat Dr. Johannes Kaps gelang es, Schlesien im September 1945 zu verlassen und mit Hilfe des in Eichstätt residierenden Apostolischen Nuntius nach Rom zu reisen, um Pius XII. über die Vorgänge in Breslau und die Lage im Erzbistum zu unterrichten. In der im Oktober stattfindenden Audienz zeigte sich der Papst über den Verzicht Kapitelsvikar Pionteks und die Einsetzung der drei polnischen Administratoren überrascht. »Pius XII. soll darüber sehr betroffen gewesen sein und gesagt haben: ›Das haben wir nicht gewollt‹« (Heimatbrief 1977, S. 35). Wegen der fortgeschrittenen Entwicklung der politischen Verhältnisse in Schlesien konnte der Papst jedoch nichts mehr an der kirchlichen Lage ändern.
Kapitelsvikar Dr. Piontek blieb noch bis zum Juli 1946 in Breslau. Sein Wirkungsfeld war freilich sehr beschränkt. Er bemühte sich, die wenigen zurückgekehrten

Theologiestudenten – es waren etwa 20 – zu sammeln. Im Ursulinenkloster wurde ein Theologisches Studium eingerichtet, das von den Professoren und Dozenten, die in Breslau geblieben waren, betreut wurde. Vor Ostern 1946 konnte Weihbischof Ferche vier Diakone zu Priestern weihen. Viele deutsche Pfarrer begannen in diesen Monaten nach Kriegsende mit der Wiederherstellung ihrer beschädigten Kirchen; dabei half die deutsche Bevölkerung nach Kräften mit. Auch am und im Dom wurde mit den Aufräumungsarbeiten begonnen. Allmählich kam die Seelsorge wieder in Gang; wo es möglich war, wurde der Religionsunterricht wieder aufgenommen.

Seit dem Spätherbst 1945 wurden die Deutschen in Massentransporten systematisch zwangsausgesiedelt. Mindestens vier Fünftel der einheimischen Bevölkerung war überall dort zurückgeblieben, wo keine Kampfhandlungen mehr stattgefunden hatten. »In der Stadt Breslau waren im Sommer 1945 wieder 300000 Deutsche. Im ganzen wurde die deutsche Bevölkerung, die in den beiden schlesischen Provinzen im Frieden 5 Millionen betrug, Ende 1945 vom Breslauer Domkapitel noch mit ca. 3 Millionen berechnet« (Kaps). Die »Aussiedlung« sollte zwar »human« durchgeführt werden; in Wirklichkeit handelte es sich aber um eine brutale Vertreibung »aus dem Land, das ihre Vorfahren in jahrhundertelanger mühseliger Arbeit aus einer Wildnis zum blühenden Lande umgestaltet hatten und das über sechs Jahrhunderte hindurch fast rein deutsch gewesen war« (Kaps). Nahezu das gesamte Eigentum mußte in Schlesien zurückgelassen werden. Mehrere Millionen Ostdeutsche sind bei dieser unmenschlichen Vertreibung ums Leben gekommen. Mit der Zivilbevölkerung mußten auch die Geistlichen das Land verlassen. Einzelne der in Breslau zurückgebliebenen Domkapitulare wanderten jetzt ebenfalls nach dem Westen ab. Weihbischof Ferche konnte noch bis 1946 – mit Genehmigung des Administrators Dr. Milik – bischöfliche Funktionen ausüben und an vielen Orten das Sakrament der Firmung spenden.

»Der polnische Klerus, der seit dem Spätherbst 1945 in Schlesien die Seelsorge seiner polnischen Landsleute zu übernehmen begann, war zunächst kaum fähig und in zunehmendem Maße immer weniger bereit, das angestammte kirchliche Recht der schlesischen Restbevölkerung anzuerkennen« (Sabisch). Die neuankommenden polnischen Priester – zur Hälfte Ordensleute – hatten oft bittere KZ-Erfahrungen hinter sich und waren zum Teil völlig mittellos. »Das Verhalten dieser Geistlichen zu den noch einige Zeit in der Heimat verbleibenden schlesischen Pfarrern war wenig freundlich, oft kaum korrekt« (Sabisch). Das lag unter anderem auch daran, daß oft untaugliche Ordensleute oder Weltpriester, die mit ihren Bischöfen nicht mehr auskommen konnten, in die neubesetzten deutschen

Ostgebiete abgeschoben wurden. Als im Winter 1945/46 die Zwangsumsiedlungen einsetzten, bedeutete das für die wenigen zurückbleibenden Deutschen das Ende der ordentlichen Pfarrseelsorge. So wirkten verschiedene deutsche Priester als Wanderseelsorger, um deutsche Gemeinden zu betreuen.

Kapitelsvikar Piontek, der spürte, daß er nun nicht länger in Schlesien bleiben konnte, verließ Breslau am 9. Juli 1946. Er ging zunächst nach Peine bei Hannover, von wo aus es ihm möglich war, an der nächsten Sitzung der Fuldaer Bischofskonferenz teilzunehmen. Im März 1947 gelang es ihm unter großen Schwierigkeiten, in den zur sowjetischen Besatzungszone gehörenden deutsch gebliebenen Restteil der Erzdiözese Breslau zu gelangen. Er nahm seinen Wohnsitz in Görlitz.

Nun nahm die Entwicklung der Geschichte des Erzbistums einen dreifachen Weg, jeder fast unabhängig von den beiden anderen: 1. im polnisch besetzten Schlesien; 2. im Bereich des Restbistums um Görlitz und Cottbus; 3. in Westdeutschland.

1. In Schlesien

In den polnisch besetzten Gebieten des Erzbistums Breslau amtierten weiterhin die von Kardinal Hlond ernannten drei Administratoren in Breslau, Oppeln und Landsberg a. W. Gemäß der von Hlond verfügten Anweisungen begannen sie alsbald mit dem Aufbau eigener kirchlicher Verwaltungen, so daß die gesamte Erzdiözese Breslau nun aus fünf Verwaltungsbezirken bestand: neben den Jurisdiktionsgebieten der drei polnischen Administratoren der tschechoslowakische Anteil unter Prälat Onderek (dieser war schon von Kardinal Bertram und später auch von Prälat Piontek eingesetzt worden) und das deutsch gebliebene Gebiet des erzbischöflichen Amtes Görlitz.

Der Breslauer Administrator Dr. Milik hatte seine Dienststelle bei den Grauen Schwestern im Rafaelstift am Schießwerder errichtet, und zwar ohne Rücksicht auf das noch amtierende Ordinariat. »Der Jurisdiktion des Breslauer Administrators wurde auch die Grafschaft Glatz unterstellt, ohne daß der Erzbischof von Prag darum befragt worden wäre. Dagegen wurde der nordwestliche Zipfel Schlesiens um Grünberg von Breslau abgetrennt und zum Administrationsbezirk Landsberg a. W. geschlagen . . . Auch die vier Pfarreien der Diözese Meißen, die östlich der Neiße liegen, wurden vom Administrator von Breslau okkupiert« (Negwer). Zu den noch in Breslau verbliebenen Mitgliedern des Domkapitels unterhielt Dr. Milik zunächst korrekte und freundliche Beziehungen. Die polni-

schen Priester, die die Pfarreien der vertriebenen deutschen Pfarrer übernahmen, ernannte er nur zu Pfarrverwesern und erkannte damit das weiterbestehende Recht der deutschen Pfarrer auf ihre Pfarreien an.
Dem Jurisdiktionsgebiet Oppeln wurden die in Oberschlesien liegenden Gebiete des Erzbistums Olmütz (Bezirk Leobschütz-Branitz) einverleibt, ohne daß mit dem zuständigen Ordinarius, dem Olmützer Erzbischof, Fühlung aufgenommen worden war. Dabei ist die »›Apostolische Administratur Oppeln‹ von der römischen Zentralbehörde vermutlich offiziell nicht anerkannt, nur stillschweigend mit Rücksicht auf die kirchenpolitische Situation Polens im ersten Jahrzehnt nach Kriegsende geduldet worden« (Sabisch). Der Administrator, Dr. Kominek, stammte selbst aus Oberschlesien (1903 in Radlin, Kreis Rybnik, geboren) und kannte also die oberschlesischen kirchlichen und sprachlichen Verhältnisse aus eigenem Erleben. Gerade in Oberschlesien war ein beträchtlicher Teil der einheimischen zweisprachigen Bevölkerung (von den Polen später als »Autochthone« bezeichnet) zurückgeblieben, der sich nun nicht nur mit der politischen, sondern auch mit der neuen kirchlichen Lage (Lostrennung von Breslau) auseinanderzusetzen und abzufinden hatte. Kominek, der an der Oppelner Pfarrkirche zum Hl. Kreuz residierte – als Wohnung war ihm die unzerstörte Villa Sedanstraße 23 angewiesen worden –, bildete einen aus elf Konsultoren bestehenden »Diözesanrat«; drei Mitglieder davon waren neue, aus Ostpolen zugereiste Geistliche, acht jedoch einheimische oberschlesische Priester. Die Bitte oberschlesischer Seelsorger, Gottesdienste und Predigten in deutscher Sprache halten zu dürfen, mußte der Administrator mit Rücksicht auf die staatlichen Verfügungen ablehnen: ab März 1945 war der Gebrauch der deutschen Sprache im bürgerlichen und kirchlichen Bereich in Oberschlesien verboten.
Eine besondere Sorge Komineks war der Abbau der Spannungen zwischen den »Autochthonen« (einheimische Oberschlesier) und den »Repatrianten« (aus den an die Sowjetunion gefallenen ostpolnischen Gebieten Zugewanderte). Etwa 300000 ostpolnische Umsiedler wanderten nach und nach in Oberschlesien ein. »Die Zugewanderten, mittellos, bisweilen völlig verarmt, nahmen das Recht der Sieger in Anspruch und erwarteten, wenn nicht offene Herzen, doch für sie offenstehende Türen in dem ihnen zugewiesenen neuen Heimatland. Die verbliebenen Oberschlesier . . . mußten mit Argwohn den Anordnungen der Behörden um Einsiedlung der neuen Zuwanderer, oft auch auf Kosten des eigenen Besitzes und Eigentums, zuschauen. Die Fürsorge der kirchlichen Behörde hatte beiden Volkstumsgruppen zu gelten. Die ›Repatrianten‹ und ihre Geistlichen erwarteten von ihr Zuweisung eigener Kirchen, Errichtung selbständiger Pfarrbezirke, Erhaltung und Förderung ihres eigenen kirchlichen Brauchtums« (Sabisch). Die

Oberschlesier dagegen fürchteten, von neuen Frömmigkeits- und Brauchtumsformen überfremdet zu werden. Dem Administrator und seiner Ordinariatsbehörde ist es gelungen, beiden Seiten einigermaßen gerecht zu werden. In den Jahren 1945 bis 1950 wurde die Zahl der Pfarreien und Seelsorgsstationen in Oberschlesien von 396 (einschließlich der Pfarreien des Bezirkes Leobschütz-Branitz) auf 438 vermehrt. In Neisse richtete der Administrator ein Klerikalseminar für die Ausbildung des Priesternachwuchses ein.

Nach und nach hatten auch die Mitglieder des Breslauer Domkapitels Schlesien verlassen. Zurück blieben schließlich nur zwei Kanoniker: *Paul Lukaszczyk* und *Franz Niedzballa;* beide sprachen gut Polnisch. Sie hielten weiterhin regelmäßig Kapitelssitzungen ab, wozu sie nach den Statuten des Domkapitels verpflichtet waren. Lukaszczyk starb im September 1950 in Trebnitz; Niedzballa blieb weiterhin in Breslau und betreute seelsorglich die noch in Breslau verbliebenen Deutschen; gleichzeitig bemühte er sich um den Wiederaufbau der Domkirche.

Am 26. Januar 1951 setzte die polnische Regierung der Amtsführung der Administratoren in den besetzten deutschen Ostgebieten ein plötzliches Ende. Die Administratoren wurden ihres Amtes enthoben und aus ihren Residenzorten entfernt. Sie erhielten ein Aufenthaltsverbot für ihre bisherigen Jurisdiktionsbezirke. An ihrer Stelle wurden »patriotische Priester« als sogenannte »Kapitularvikare« eingesetzt. Die polnische Presse bezeichnete sie als »gewählte Kapitular-Vikare«. In Breslau wurde der einzige noch anwesende Domkapitular, Kanonikus Franz Niedzballa, unter schweren Druck gesetzt und wählte den damaligen Pfarrverweser von St. Bonifatius und Stadtdechanten *Kazimierz Lagosz* zum Kapitularvikar für Breslau. Lagosz war schon am 10. Mai 1945 mit dem ersten polnischen Bürgermeister (Stadtpräsidenten) von Breslau, Bolesław Drobner, in die schlesische Hauptstadt gekommen. Er war 1911 in Lemberg zum Priester geweiht worden und hatte während des Krieges zwei Pfarreien im Erzbistum Krakau verwaltet. »Weniger erfreulich erscheint sein starker Hang zum Kartenspiel und zu alkoholischer Geselligkeit« (Sabisch). Kapitelsvikar Dr. Ferdinand Piontek hatte ihm im Sommer 1945 Vollmacht für die Seelsorge an den neueinwandernden polnischen Umsiedlern erteilt. Zu seinem Sitz hatte sich Lagosz die wenig zerstörte Pfarrei St. Bonifatius am Benderplatz erwählt, deren Administrator er wurde. »Überstarke Freude am Bauen und kräftig ausgeprägter Geschäftssinn charakterisieren die Persönlichkeit von Lagosz. Im persönlichen Umgang je nach Gegebenheit überaus freundlich und entgegenkommend oder kalt und abweisend, von plötzlich auftretenden Anfällen eines unheimlichen Jähzornes gepackt und in solchen Fällen grenzenlos ungerecht und über alles Maß sich steigernd, leicht beruhigt und versöhnlich gestimmt: Züge einer labilen Veranlagung, verbunden mit starkem Geltungsdrang und Zähigkeit in der Verwirklichung seiner Pläne« (Sabisch). Lagosz wurde als staatstreuer Priester vom gläubigen Volk entschieden abgelehnt. Alle wichtigen Posten in seinem Jurisdiktionsgebiet vergab er an sogenannte »fortschrittliche« Geistliche, während ihm mißliebige Priester aus ihren Stellen entfernt und sogar aus dem Jurisdiktionsgebiet ausgewiesen wurden. Kanonikus Niedzballa hat bis zu seinem Lebensende schwer unter dieser »Wahl« gelitten, obwohl er guten Glaubens gehandelt hatte. Für den Bereich Oppeln wurde Dekan *Emil Kobierzycki,* für Landsberg *T. Załuczkowski* als Kapitelsvikar bestellt. Der polnische Primas, Erzbischof Stefan Wyszyński (der spätere Kardinal), erteilte diesen kirchenrechtlich nicht ordnungsgemäß eingesetzten »Kapitularvikaren«, obwohl er in ihrer Bestellung eine Brüskierung der Kirche sah, dennoch von sich aus aufgrund seiner päpstlichen Vollmachten die Jurisdiktion für ihr Gebiet, da er Schlimmeres vermeiden und die Einheit der Kirche wahren wollte. Kapitelsvikar Lagosz erließ im März 1951 ein Dekret und erklärte darin alle vor dem Jahre 1950 ausgewiesenen Pfarrer und Domkapitulare ihrer Ämter verlustig. Damit »trieb er als ergebener ›Patriot‹ die Entwicklung im Sinne der Regierung weiter« (F. Scholz). Lagosz übersandte dieses Dekret auch dem in Görlitz residierenden Kapitelsvikar Piontek, der eine Abschrift davon nach Rom schickte. Der Primas Wyszyński errichtete am 26. Mai 1952 in Breslau ein neues, polnisches Domkapitel; damit überschritt er seine Vollmachten, denn ihm fehlte zu diesem Schritt die Ermächtigung von Rom. 1957 machte der Hl. Stuhl diese Maßnahme Wyszyńskis rückgängig und ließ das Kapitel lediglich als »Stiftskapitel« weiter bestehen.

Am 29. September 1953 wurde der inzwischen zum Kardinal erhobene Primas verhaftet und bis zum Herbst 1956 zunächst im Gefängnis, später in Klosterhaft festgehalten. Nach seiner Freilassung am 28. Oktober 1956 »war eine seiner ersten Maßnahmen die Neuordnung der kirchlichen Verwaltung in den deutschen Ostgebieten. Er hat sie . . . auf Grund von Apostolischen Vollmachten vorgenommen, die der Primas von Polen nach dem Kriege erhalten hat. Er hat die bisherigen vom Staat bestellten, von ihm notgedrungen jurisdiktionierten sog. ›Kapitularvikare‹ sofort entlassen und selbst die Funktion eines Apostolischen Administrators dieser Gebiete und Diözesen übernommen und zur Aufrechterhaltung der Seelsorge Generalvikare ernannt, die die ihnen zugewiesenen Gebiete in seinem Auftrag verwalten« sollten (Kaps). Diese von Wyszyński bestellten Generalvikare waren Titularbischöfe. Für Breslau wurde der frühere Oppelner Administrator *Dr. Bolesław Kominek,* der bereits 1951 die Bischofsweihe erhalten hatte, ernannt, für Oppeln der frühere Weihbischof von Sandomir, *Franciszek Jop,* und für Landsberg der frühere Administrator von Ermland, *Teodor Bensch.* Die polnische

Regierungspresse behauptete daraufhin, in den neuen Westgebieten seien neue Diözesen errichtet worden, doch davon war keine Rede; der bisherige provisorische Zustand blieb vielmehr auch jetzt noch erhalten. Diese Generalvikare im bischöflichen Rang erhielten im Lauf der Zeit zu ihrer Unterstützung Weihbischöfe; so wurde z. B. 1959 in Oppeln *Wenzel Wycisk* (1912 in Olbersdorf, Kreis Neustadt, geboren und 1936 in Breslau zum Priester geweiht) und *Dr. Heinrich Grzondziel* (1935–1945 Spiritual am Priesterseminar in Breslau) die Bischofsweihe erteilt.
Bischof Kominek trat am 16. Dezember 1956 sein Amt in Breslau an. »Das war für die Gläubigen seines Verwaltungsbezirkes eine Erlösung nach der furchtbaren Zeit des Kapitularvikars Kazimierz Lagosz« (F. Wosnitza). Der Bischof brachte kirchliche Verwaltung und Seelsorge wieder in Ordnung. Aufgrund seiner Verdienste wurde Kominek am 19. März 1962 zum Titular-Erzbischof ernannt. Auch auf dem Zweiten Vatikanischen Konzil trat er hervor; er war Mitglied der Konzilskommission für das Laienapostolat.
1965 beging die katholische Kirche in Polen die »20-Jahr-Feier der Organisierung des polnischen kirchlichen Lebens in den West- und Nordgebieten«. Am 15. August fand in Breslau ein feierliches Pontifikalamt statt, bei dem die konzelebrierenden Bischöfe Meßgewänder mit dem polnischen Adler trugen. Kardinal Wyszyński sagte dabei in seiner Ansprache: »Hier waren wir . . . und wir sind wieder hier. Wir sind in das väterliche Haus zurückgekehrt . . . Diese Steine (nämlich des Domes) rufen zu uns von den Wänden, diese in der Krypta verbliebenen Gebeine, diese von der Erde geborgenen Überreste sprechen uns in unserer Muttersprache an . . . Wenn wir diese piastischen Gotteshäuser sehen, wenn wir ihrer Sprache lauschen, dann wissen wir deshalb, daß das kein deutsches Erbe ist. Das ist die polnische Seele. Sie waren niemals deutsch und sind nicht deutsch. Das sind die Spuren unseres königlichen piastischen Stammes. Sie sprechen zum polnischen Volk ohne Kommentare« (zit. b. Zaborowski).

2. *In Görlitz*

Westlich der Oder-Neiße-Linie ist auf dem Gebiet der sowjetischen Besatzungszone, der späteren DDR, ein Restteil der Erzdiözese Breslau deutsch geblieben. Dieses Gebiet ist mit 12000 qkm flächenmäßig immer noch größer als die Erzdiözesen München-Freising (11972 qkm) oder Köln (6181 qkm). Kirchlich aber war und ist dieses Land tiefste Diaspora. Nur drei Orte haben einen größeren Prozentsatz katholischer Einwohner: Neuzelle an der Oder im Norden, Jauernick südlich von Görlitz (nicht zu verwechseln mit Jauernig im tschechoslowakischen

Diözesananteil!) und das sorbische Wittichenau im Südwesten. Bis zum Jahre 1861 gab es – außer den drei erwähnten katholischen Ortschaften – nur noch Seelsorgsstellen in Görlitz, Cottbus, Guben und Muskau. Bis zum Ende des 19. Jahrhunderts entstanden fünf weitere Seelsorgsstellen, da eine größere Zahl von katholischen Glasmachern aus Böhmen und Bergarbeiter sowie landwirtschaftliche Arbeiter aus Polen eingewandert waren. Bis 1945 wurden nochmals 18 neue Seelsorgsstellen errichtet. Ende 1944 lebten in diesem Gebiet etwa 50000 katholische Christen, die von 41 Priestern betreut wurden. Nach dem Ende des Krieges wanderten weitere 40000 Katholiken zu, meist Heimatvertriebene aus Schlesien.

In diesem Restteil der ausgedehnten Erzdiözese Breslau nahmen bereits 1945 die Domkapitulare *Emanuel Tinschert* und *Ludwig Cuno* ihren Wohnsitz und richteten in Görlitz eine provisorische Verwaltung für dieses bisher entlegene Diözesangebiet ein; sie begannen mit dem Neuaufbau des kirchlichen Lebens und schufen die eine oder andere neue Seelsorgsstelle. Am 17. März 1947 traf Kapitelsvikar Prälat Piontek in Görlitz ein und nahm seine Amtsgeschäfte als Leiter des Resterzbistums auf. Er war glücklich, nach den unsicheren und bedrückenden Jahren nun wieder festen Boden unter den Füßen und eine dauernde Aufgabe zu haben. Piontek bezog zwei einfach eingerichtete Zimmer im St.-Otto-Stift auf der Biesnitzer Straße, unweit der Pfarrkirche St. Jakobus. Bald erhielt er von Papst Pius XII. die Vollmacht, das Sakrament der Firmung und die niederen Weihen zu spenden. Für seine etwa 90000 Diözesanangehörigen und seine Priester erwies der Kapitelsvikar sich bald als wahrer geistlicher Vater. Ein bleibendes Zeugnis davon sind seine zahlreichen Hirtenworte, in einer sehr einfachen, leichtfaßlichen Sprache abgefaßt, seine volkstümlichen Predigten und die Geleitworte zum jährlich erscheinenden Direktorium, den Anweisungen für Meßfeier und Breviergebet. Prälat Piontek begründete 29 neue Seelsorgsstellen, so daß der Schematismus (das »Orts- und Personenverzeichnis des Erzbischöflichen Amtes Görlitz«) des Jahres 1958 eine Gesamtzahl von 58 Pfarreien, Pfarrkuratien und Seelsorgestellen mit etwa 100 Priestern verzeichnen konnte. Zahlreiche Seelsorgshelferinnen und ehrenamtliche Helfer betätigten sich in der Erwachsenen- und Jugendseelsorge. Das ganze Jurisdiktionsgebiet wurde in die sechs Archipresbyterate (Dekanate) Cottbus, Finsterwalde, Görlitz, Lübben, Neuzelle und Senftenberg eingeteilt. Die Diözesanverwaltung in Görlitz wurde zum »Erzbischöflichen Amt« ausgebaut, dem ein Offizialat und ein Seelsorgeamt angegliedert sind. 1950 berief der Kapitelsvikar den in Erfurt lebenden früheren Generalvikar von Breslau, Prälat *Joseph Negwer,* nach Görlitz; als erfahrener Kirchenrechtler und Verwaltungsmann wurde er zum Offizial (Leiter des kirchlichen Gerichtes) ernannt. In Cottbus wurde der Diözesan-Caritasverband eingerichtet. Für die Gottesdienstgestaltung gelang die Herausgabe eines provisorischen Diözesangesangbuches, das in Gebeten und Liedern die Breslauer Tradition fortsetzte.

Wie seine Vorgänger, die Kardinäle Kopp und Bertram, sah auch Kapitelsvikar Piontek eine seiner wichtigsten Aufgaben in der Sorge für einen guten und zahlenmäßig ausreichenden Priesternachwuchs. Priesterseminar, Theologenkonvikt und Theologische Fakultät waren verlorengegangen, d. h. in Breslau verblieben. In der ganzen sowjetischen Zone gab es keine Theologische Hochschule. Die aus dem Krieg zurückgekehrten schlesischen Theologiestudenten studierten weitgehend auf westdeutschen Hochschulen oder Seminaren. So war es für den Kapitelsvikar ein notwendiger, aber auch mutiger Schritt, in seinem Restbistum ein eigenes Priesterseminar zu schaffen, das nicht nur für den Görlitzer Diözesanbezirk, sondern darüber hinaus auch für die übrigen Diözesen und kirchlichen Verwaltungsgebiete Mitteldeutschlands Priester ausbilden sollte. Hier bot sich das in *Neuzelle* liegende ehemalige Zisterzienserkloster an. 1268 gestiftet, war es 1817 säkularisiert worden und beherbergte zuletzt ein staatliches pädagogisches Institut. Im Sommer 1948 wurde in einem Nebengebäude das Pastoralseminar eröffnet. Es bot Raum für zunächst 18 Alumnen, die dort nach abgeschlossenem Theologiestudium ein Jahr lang ihre letzte Ausbildung vor der Priesterweihe erhielten. Regens des Seminars wurde der frühere Regens des Breslauer Priesterseminars, Msgr. *Dr. Paul Ramatschi;* das Amt des Spirituals übernahm Geistlicher Rat *Erich Puzik,* seit 1934 Spiritual am Theologenkonvikt in Breslau und seit 1942 Pfarrer in Schweidnitz. Diese beiden Seminaroberen leisteten eine außerordentlich segensreiche Arbeit. Eine ganze Priestergeneration ist durch sie geprägt worden. Ihren Priesteramtskandidaten waren sie nicht nur als Priester, sondern auch als Menschen Vorbild. In den Jahren 1952/53 konnten die Räumlichkeiten des Seminars durch Ausbau eines Speichergebäudes erheblich erweitert werden. Da der Kapitelsvikar nur die niederen Weihen spenden konnte, wurde der frühere Koadjutor von Meißen und damals in Berlin lebende Bischof *Heinrich Wienken* jedes Jahr zur Erteilung der höheren Weihegrade nach Neuzelle gebeten. Bischof Wienken kam dieser Aufgabe – auch als er später Bischof von Meißen war – gern und freudig nach. Bis 1978 sind fast 700 Neupriester aus dem Neuzeller Seminar hervorgegangen.

Nicht nur für die Priesteramtskandidaten war Neuzelle eine geistliche Heimat, auch die gläubige katholische Bevölkerung sah in der großen ehemaligen Zisterzienserkirche einen religiösen Mittelpunkt: das der Muttergottes geweihte Heiligtum wurde zu einer Wallfahrtskirche. An den jährlichen Jugendwallfahrten des Diözesanbereichs nahm der Kapitelsvikar selbst gern teil, hielt das Pontifikalamt und predigte. So ist Neuzelle der Wallfahrtsort der Restdiözese geworden.

Zu einer »Wallfahrt« eigener Art gestaltete sich die Feier des Goldenen Priesterjubiläums und gleichzeitig des 75. Geburtstages des Kapitelsvikars im Spätjahr 1953. Eine große Anzahl schlesischer Priester aus allen Teilen der DDR erschien in Görlitz, um den Tag mit dem Jubilar zu begehen und ihm ihre Glückwünsche zu überbringen. Mit einem feierlichen Pontifikalamt in der St.-Jakobus-Kirche, in dem der Kapitelsvikar zum erstenmal von dem ihm eigens verliehenen Privileg, den Bischofsstab zu tragen und den bischöflichen Segen zu erteilen, Gebrauch machte, wurde der Tag begonnen; eine Festakademie mit Vorträgen und ein mitbrüderliches Zusammensein gaben dem Jubiläum ein besonderes Gepräge. Den

Höhepunkt seines Wirkens als Kapitelsvikar sollte Ferdinand Piontek aber in einem Alter erleben, in dem andere längst in den wohlverdienten Ruhestand getreten sind: am 23. Mai 1959 ernannte Papst Johannes XXIII. den achtzigjährigen Prälaten zum Titularbischof. Die feierliche Konsekration fand am 24. Juni 1959 in der Jakobuskirche zu Görlitz statt: Der Bischof von Meißen, Dr. Otto Spülbeck, erteilte zusammen mit den Weihbischöfen Alfred Bengsch (Berlin) und Friedrich Maria Rintelen (Magdeburg) dem hochverdienten Kapitelsvikar die Bischofsweihe. Einige Jahre später, im Juli 1963, ernannte Papst Paul VI. Bischof Piontek zum Päpstlichen Thronassistenten. Schon vor diesen Ehrungen aber galt das Wort des Kapitelsvikars auch über den Bereich seines Diözesangebietes hinaus: In der Berliner Ordinarienkonferenz, der Versammlung der Bischöfe und Jurisdiktionsträger der DDR, war Piontek von Anfang an stellvertretender Vorsitzender.
Als 1962 das 2. Vatikanische Konzil begann, konnte der fast 84jährige Bischof und Kapitelsvikar wegen seines hohen Alters nicht nach Rom reisen und mußte auf die Teilnahme verzichten. Überhaupt bedeuteten die weiten Firmungsreisen und die anstrengenden Zeremonien bei der Erteilung der höheren Weihen für den hochbetagten Kapitelsvikar eine immer spürbarer werdende Last. Im Juli 1962 wandte sich Bischof Piontek deshalb an den Papst und bat um die Ernennung eines Weihbischofs. In dieses Amt berief Papst Johannes XXIII. den Dozenten am Priesterseminar Neuzelle, Geistlichen Rat *Gerhard Schaffran*. Der neue Weihbischof stammte wie Bischof Piontek aus Oberschlesien; am 4. Juli 1912 wurde er als Sohn eines Lehrers in Leschnitz (Bergstadt) am Fuße des Annaberges geboren. Sein Vater fiel im Ersten Weltkrieg, und die Mutter zog mit ihren Kindern nach Görlitz. Nach dem Theologiestudium in Breslau wurde Gerhard Schaffran am 1. August 1937 von Kardinal Bertram zum Priester geweiht. Ein Jahr war der Neupriester Senior im Priesterseminar, 1938 begann er seine Seelsorgsarbeit in der Pfarrei St. Nikolaus in Breslau. Der Krieg jedoch setzte dieser Tätigkeit ein plötzliches Ende: 1940 wurde Schaffran als Wehrmachtspfarrer einberufen und erhielt später den Rang eines Divisionspfarrers. Anfang 1945 befand er sich auf einem Urlaub in Schlesien, ging aber aus freien Stücken in das beinahe eingeschlossene Breslau, um die Soldaten seelsorglich zu betreuen. Nach der Kapitulation der Stadt bot man ihm eine Stelle an einer der Stadtpfarrkirchen an. Als Schaffran jedoch eines Tages einer größeren Abteilung Tiroler Soldaten begegnete, die auf dem Marsch in die Gefangenschaft waren – als Divisionspfarrer hatte er längere Zeit Tiroler betreut –, entschloß er sich, freiwillig in das Kriegsgefangenenlager in Breslau-Hundsfeld zu gehen, um dort als Seelsorger zu wirken. Die Folge war, daß er eine fünfjährige Kriegsgefangenschaft, die ihn tief nach Rußland hineinführte, auf sich nehmen mußte. Mehrmals verzichtete er zugunsten

anderer Kameraden auf die Entlassung. Erst 1950 kehrte er nach Deutschland zurück und reiste zu seiner Mutter nach Westdeutschland. Als aber der Kapitelsvikar ihn im gleichen Jahr in den Restteil der Diözese Breslau berief, erklärte er sich sofort dazu bereit und wurde Kaplan in Cottbus. Bald wurde ihm klar, daß es notwendig war, in immer stärkerem Maße Laien zur Seelsorgsarbeit heranzuziehen. Deshalb riet er dem Kapitelsvikar, ein Katecheten-Seminar zu gründen, in dem junge Männer für diese Aufgabe vorbereitet werden konnten. Als das Seminar dann in Görlitz errichtet wurde, berief der Kapitelsvikar im Jahre 1952 Kaplan Schaffran zu dessen Rektor. Aber bald warteten weitere Aufgaben auf den vorbildlichen und tatkräftigen Priester: 1956 wurde er zum Konsistorialrat am Erzbischöflichen Amt ernannt; 1959 übertrug ihm der Kapitelsvikar die Stelle des Dozenten für Homiletik am Priesterseminar. Schaffran mußte seine Gründung in Görlitz verlassen und zog nach Neuzelle. Hier erreichte ihn am 24. November 1962 die Ernennung zum Weihbischof.

Die Bischofsweihe empfing Gerhard Schaffran am Fest des hl. Diakons Vinzenz, des Patrons des Breslauer Domkapitels, am 22. Januar 1963 in der Görlitzer Jakobuskirche; hier hatte er vor 25 Jahren seine Primiz gefeiert. Das hohe Alter erlaubte es Bischof Piontek nicht, persönlich die Weihe zu spenden; er hatte jedoch die Absicht, als Mitkonsekrator teilzunehmen, aber eine Erkrankung hinderte ihn daran, so daß er bei der Weihehandlung nicht anwesend sein konnte. Der Bischof von Berlin, Erzbischof Dr. Bengsch, erteilte die Weihe, zusammen mit den Weihbischöfen Rintelen (Magdeburg) und Aufderbeck (Erfurt). Weihbischof Schaffran übernahm vor allem die Aufgaben des »Außendienstes«: die Firmreisen und die Erteilung der Weihen im Priesterseminar. Dazu hatte er das Amt eines Ordinariatsrates wahrzunehmen. 1963–1965 nahm Bischof Schaffran am 2. Vatikanischen Konzil teil.

Das Jahr 1963 brachte – nicht nur für den Restteil der Diözese, sondern für alle Priester und Gläubigen der Erzdiözese Breslau – ein trauriges Ereignis: am 2. November, am Allerseelentag, starb Kapitelsvikar Bischof Piontek in Görlitz an den Folgen eines Herzinfarktes. 18 Jahre lang war er rechtmäßiger Oberhirte des Erzbistums gewesen. Weihbischof Schaffran, der sich zu dieser Zeit auf dem Konzil in Rom befand, eilte sofort nach Görlitz zurück. Nach der Totenliturgie wurde der Sarg Bischof Pionteks in der neuerbauten Domherrengruft an der Jakobuskirche beigesetzt. Am folgenden Tag trat das Metropolitankapitel zur Wahl des neuen Kapitelsvikars zusammen. Ferdinand Piontek hatte schon 1954 neue Domkapitulare ernannt. Dazu war er berechtigt. Die neuen Kanoniker waren der Regens des Neuzeller Priesterseminars, Prälat Paul Ramatschi († 1975) und Ordinariatsrat Alois Wuttke, Berlin. 1958 waren Spiritual Erich Puzik, Neuzelle, und Erzpriester

Franz Xaver Buchali, Görlitz († 1960), dazugekommen. 1960 wurde Ordinariatsrat Heinrich Theissing zum Domkapitular ernannt. Auch in den folgenden Jahren wurde das Kapitel ständig ergänzt. Zum Nachfolger Ferdinand Pionteks wählten die Kapitulare Weihbischof Gerhard Schaffran.

Der Kapitelsvikar erhielt – wie sein Vorgänger – die Rechte eines residierenden Bischofs übertragen. Kirchenrechtlich war er Oberhaupt der gesamten Erzdiözese Breslau, jedoch blieb seine Jurisdiktionsgewalt auf das Diözesan-Restgebiet beschränkt. Bischof Schaffran führte die Verwaltungs- und Seelsorgetätigkeit seines Vorgängers fort: Besuche in den einzelnen Pfarrgemeinden, Spendung des Firmsakramentes, Erteilung der heiligen Weihen, Teilnahme an den Wallfahrten in Neuzelle usw. Dazu kamen die Mitarbeit auf dem Konzil und die sich mehrenden Versammlungen der Berliner Bischofskonferenz. Doch die Arbeit im Görlitzer Diözesanbereich sollte nicht Gerhard Schaffrans letzte Aufgabe sein. Am 22. September 1970 ernannte Papst Paul VI. den Görlitzer Kapitelsvikar als Nachfolger des verstorbenen Bischofs Otto Spülbeck zum Oberhirten des ausgedehnten Diasporabistums Meißen (Sachsen). Gleichzeitig sollte er aber sein Amt als Kapitelsvikar von Breslau/Görlitz beibehalten. Diese doppelte Aufgabe mußte selbst die Arbeitskraft eines sehr tatkräftigen Bischofs übersteigen. Schaffran ernannte deshalb zunächst in der Person des Domkapitulars *Bernhard Huhn* einen Generalvikar für das Görlitzer Diözesangebiet und erbat von Rom die Bestellung eines Weihbischofs mit dem Sitz in Görlitz. Am 13. November 1971 wurde Generalvikar Huhn zu dieser Würde erhoben; die Bischofsweihe empfing er am 11. Dezember des gleichen Jahres in der Jakobuskirche.

Weihbischof Bernhard Huhn, 1921 in Liegnitz geboren, war 1953 in Neuzelle zum Priester geweiht worden. Nach mehrjähriger Tätigkeit als Kaplan in der Jakobus-Pfarrei in Görlitz und als Diözesan-Jugendseelsorger berief ihn Kapitelsvikar Piontek 1959 zum Rektor des Katechetenseminars, zum Konsistorialassessor und bischöflichen Zeremoniar. 1964 wurde Huhn als Ordinariatsrat hauptamtlicher Mitarbeiter in der Diözesanverwaltung, 1968 zum Domkapitular und 1970 zum Generalvikar ernannt. Er sollte später der erste bischöfliche Administrator der Apostolischen Administratur Görlitz werden.

3. *In Westdeutschland*

Schon 1945 waren katholische Schlesier nach Westdeutschland gekommen. Die Vertreibungswellen des Herbstes 1945 und der Jahre 1946 und 1947 brachten einen weiteren Zuzug. Dabei wurde ein großer Teil katholischer Vertriebener in fast rein protestantische Gebiete eingewiesen. Die materielle Not dieser fast aller ihrer Habe beraubten Heimatvertriebenen war schon ein Problem für sich; die Ansiedlung in der ihnen größtenteils ungewohnten Diaspora stellte jetzt die Kirche vor beinahe unlösbare Aufgaben. So wurde beispielsweise die Katholikenzahl der Diözese Hildesheim annähernd verdoppelt. Im ganzen sind bis zum Jahre 1953 in den Bereich der Bundesrepublik 1083000 katholische Schlesier gekommen; die allermeisten davon gehören zur Erzdiözese Breslau. Mit den schlesischen Vertriebenen kam auch der größte Teil der Priester des Erzbistums Breslau nach Westdeutschland.

Die katholischen Bischöfe der westdeutschen Diözesen waren sich der Verantwortung den Vertriebenen gegenüber bewußt, wenn auch schnelle Hilfe nicht immer möglich war. Im Laufe der Jahre ist es jedoch gelungen, die schlesischen Katholiken in die Organisation der westdeutschen Bistümer einzugliedern. In den großen Diasporagebieten z. B. der Diözesen Hildesheim oder Rottenburg war oft die Schaffung neuer Seelsorgsstellen, der Bau von (Not-)Kirchen usw. dringend erforderlich. Auch die schlesischen Priester fügten sich größtenteils in ihre Gastdiözesen ein und leisteten vorzügliche Arbeit. Es war für die neugebildeten, manchmal fast ausschließlich aus schlesischen Katholiken bestehenden Gemeinden sehr nützlich, wenn sie einen schlesischen Priester als Seelsorger hatten, der ihre Not besser mitfühlen, aber auch den Gottesdienst in bekannter, heimatlicher Form mit schlesischen Liedern und Gebeten feiern konnte. Die Breslauer Diözesanpriester blieben dabei zumeist Angehörige ihrer alten Heimatdiözese (sie blieben in Breslau »inkardiniert«) und beteten ihr Brevier nach dem Breslauer Diözesankalender. Für die Betreuung der Heimatvertriebenen ernannten die Bischöfe für jede Diözese einen Diözesanvertriebenenseelsorger.

Es konnte nicht ausbleiben, daß die katholischen Schlesier – wie die anderen Gruppen der Heimatvertriebenen – über ihren engen Familienkreis hinaus Verbindung zu ihren über ganz Deutschland verstreuten Landsleuten suchten. So waren die Seelsorger bemüht, neben ihren neuen Aufgaben in ihren westdeutschen Aufnahmediözesen auch die Kontakte zu den Gläubigen ihrer früheren heimatlichen Pfarrgemeinden nicht abreißen zu lassen; durch Pfarrbriefe und Rundschreiben gaben sie ihren ehemaligen Pfarrangehörigen die Gewißheit, von ihrem Heimatpfarrer nicht vergessen zu sein. Immer häufiger wurden Treffen auch auf weiterer Ebene organisiert. Schließlich entstanden größere Zusammenschlüsse, wie das »Heimatwerk schlesischer Katholiken«, die »Vereinigung katholischer Edelleute Schlesiens«, die »Eichendorffgilden«, das »Hedwigswerk« und unter der Jugend die »Aktion Junges Schlesien«. Besonders beliebt wurden und sind heute noch die großen landsmannschaftlichen Treffen auf Bundesebe-

61. Breslau. 5. Deutscher Katholikentag 1926. Eröffnungsgottesdienst
62. Wartha mit Kapellenberg

63. Breslau. Der 1945 zerstörte Dom

64. Protonotar Alfons Blaeschke, Dompropst von Breslau

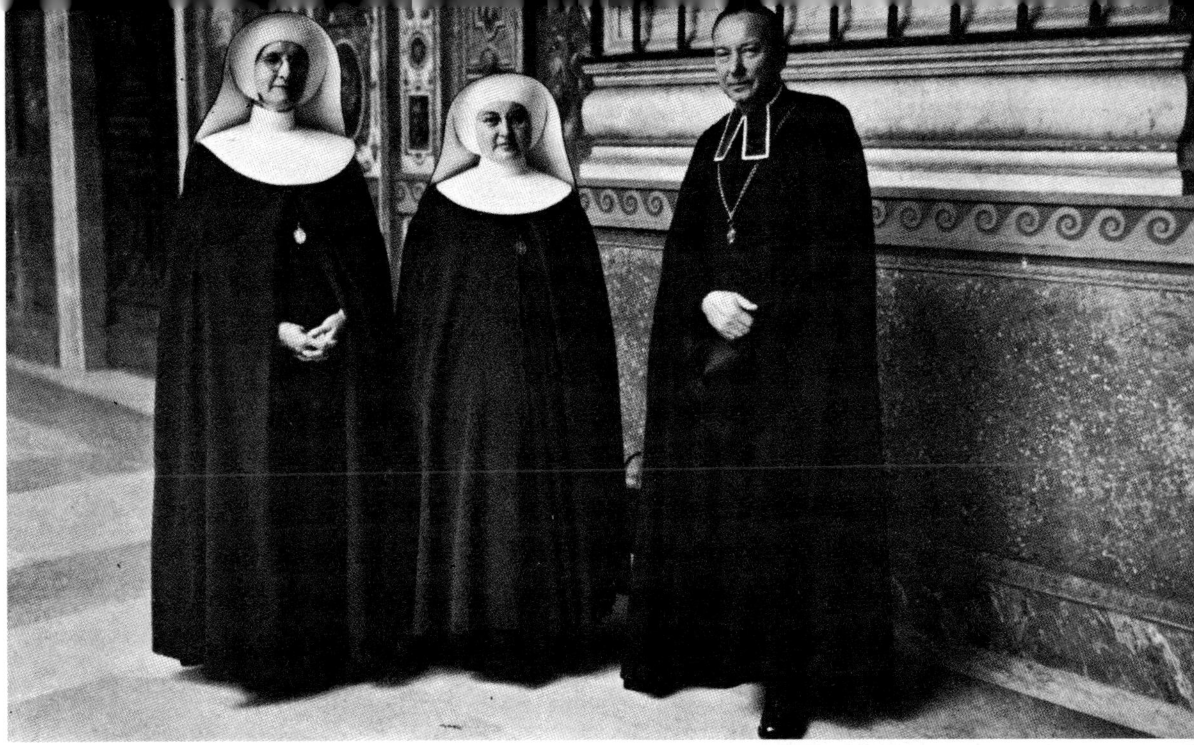

65. *Prälat Joseph Kramer. Kanonikus in Breslau, mit Grauen Schwestern in Rom*

66. *Franz Niedzballa, Kanonikus in Breslau*

67. Bischof Ferdinand Piontek, Kapitelsvikar von Breslau
68. Neuzelle. Klosterkirche

69. *Neuzelle. Priesterweihe in der Klosterkirche*

71. *Prälat Oskar Golombek (2. von rechts) und Monsignore Gerhard Moschner (2. von links) bei der Generalaudienz mit Papst Paul VI. in St. Peter am 20. Mai 1964*
72. *Heinsberg. Stiftskirche St. Gangolf. Krypta (vor 1144) mit Hedwigsheiligtum*

70. *Prälat Paul Ramatschi, Dompropst in Breslau*

73. Wimpfen im Tal. Kreuzgang mit Kreuzgarten

ne, bei denen Gottesdienste in heimatlichen Formen und mit schlesischen Liedern gefeiert werden. Dabei lag den Schlesiern jede Form eines sogenannten »Revanchismus« völlig fern; es ging bei diesen und allen anderen Treffen einzig und allein um die Aufrechterhaltung der schlesischen Tradition und die Verbundenheit mit der Heimatdiözese.
Hochgeschätzt sind bei den Schlesiern die großen Wallfahrten, war Schlesien doch im echten Sinn ein Wallfahrtsland. Der Annaberg, Wartha, Albendorf, Grüssau, »Maria Schnee« in der Grafschaft Glatz und nicht zuletzt das Grab der hl. Hedwig in Trebnitz galten als die großen Wallfahrtsziele und hatten die schlesische Frömmigkeit mitgeprägt. Alle diese Orte waren verloren, sind nicht mehr oder nur sehr schwer erreichbar. So suchten und fanden die schlesischen Katholiken in ihrer neuen westdeutschen Umgebung neue Wallfahrtsorte, an die die alte Tradition anknüpfen konnte. St. Hedwig, aus Bayern gebürtig und mit dem europäischen Hochadel verwandt, lud die schlesischen Wallfahrer gewissermaßen an ihren Geburtsort ein: die Klosterkirche zu *Andechs* (Diözese Augsburg) besitzt eine Hedwigsreliquie, ein Geschenk von Kardinal Bertram. »1967 wurde neben der oberen Galerie der Klosterkirche eine eigene Hedwigskapelle geschaffen und am Aufgang zum Kloster eine große steinerne Hedwigsfigur aufgestellt« (J. Gottschalk). Eine weitere Hedwigsgedenkstätte entstand in *Heinsberg* (Diözese Aachen). Die Großmutter Hedwigs war Mathilde von Heinsberg. In der auf einem Hügel über der Stadt liegenden alten Propsteikirche ließ der Ortspfarrer, Propst Wilhelm Krüppel (ein Aachener Priester), die romanische Krypta zu einem Hedwigsheiligtum ausgestalten. Auch hier befindet sich eine Reliquie der großen schlesischen Heiligen. Diese beiden Gedenkstätten seien stellvertretend für zahlreiche andere genannt.
Bei diesen Treffen und Wallfahrten hatten die schlesischen Katholiken das Glück, einen schlesischen Bischof in ihrer Mitte haben zu können: Weihbischof *Joseph Ferche*. Nach seiner Ausweisung aus Schlesien und einem Aufenthalt im Umsiedlerlager Brandenburg a. d. Havel hat der Weihbischof »in der sowjetischen Zone an vielen Orten gefirmt, im Görlitzer Restteil der Erzdiözese Breslau und im Auftrage der Bischöfe von Fulda und Würzburg. Er wandte sich damals an zwei westdeutsche Bischöfe, deren Diözesananteile in der Sowjetzone lagen und bot seine Dienste an. Er wollte dort bleiben. Doch erhielt er von einem eine abschlägige, von dem anderen keine Antwort. Er wandte sich daher an Kardinal Frings nach Köln, der sich sofort bereit erklärte, ihn aufzunehmen« (Engelbert). Nachdem er auf seine Breslauer Domherrnstelle verzichtet hatte, wurde er am 27. Mai 1947 von Pius XII. zum Weihbischof und Domkapitular von Köln ernannt. Neben den Verpflichtungen in seinem neuen Wirkungskreis blieb Ferche aber seinen

schlesischen Landsleuten eng verbunden. Es gab kaum eine größere Wallfahrt oder eine religiöse Zusammenkunft der Schlesier, an der der Weihbischof nicht teilgenommen hätte. Die vertriebenen Katholiken des Erzbistums Breslau sahen in ihm geradezu »ihren Bischof«. Sein Tod am 23. September 1965 traf alle schlesischen Katholiken, Priester wie Laien, in gleicher Weise. Unter Teilnahme Tausender von Gläubigen und etwa 300 Priestern, darunter sehr vielen aus dem Erzbistum Breslau, wurde Joseph Ferche am 29. September, am 25. Jahrestag seiner Weihe zum Bischof, in der Gruft der Kölner Domherren bestattet. Der Verlust war für die schlesischen Katholiken um so größer, als Kapitelsvikar Piontek in Görlitz, der eigentliche Oberhirte der Priester und Gläubigen der Erzdiözese Breslau, es vermieden hat, »in Rücksicht auf die politischen Verhältnisse . . . engste Fühlung mit den in die Bundesrepublik gelangten Diözesan-Priestern zu halten. Er hat leider keinen Stellvertreter für ihre Betreuung ernannt, obwohl er darin behindert war, und das Domkapitel nicht im Westen ergänzt, als dort drei Kanoniker starben. Nie reiste er nach Königstein (zur schlesischen Priestertagung) oder nach Rom« (Gottschalk). Den in der Bundesrepublik lebenden Katholiken des Erzbistums Breslau fehlte von Anfang an eine »hierarchische Spitze«, wie sie die meisten anderen Gruppen der katholischen Vertriebenen, die Ermländer, Schneidemühler, Glatzer, Branitzer in ihren Kapitularvikaren bzw. Visitatoren besaßen.

Neben dem Weltklerus und den Laien waren auch die schlesischen Ordensleute von der Ausweisung betroffen. Ihr Los war doppelt hart, denn viele Ordenshäuser waren in der Zeit des Nationalsozialismus beschlagnahmt worden. Nach Kriegsende konnten sich die Ordensgemeinschaften nur kurze Zeit ihrer wiedergewonnenen Heimstätten erfreuen. So hatten die *Grüssauer Benediktiner* im September 1945, genau fünf Jahre nach der Schließung des Klosters, ihr Haus wieder in Besitz nehmen können, aber schon im Mai 1946 mußten sie – zusammen mit den übrigen Bewohnern des Ortes – ihre geistliche Heimat verlassen, diesmal für immer. Nur vier Mönche, die eine fremde Staatsangehörigkeit besaßen, konnten in Grüssau zurückbleiben, unter ihnen der bekannte Kunsthistoriker P. Nikolaus von Lutterotti. Die Benediktinermönche fanden in verschiedenen westdeutschen Abteien eine vorläufige Bleibe, bis sie im August 1947 das im Jahre 1803 säkularisierte Ritterstift St. Peter in Wimpfen am Neckar als neue klösterliche Heimstätte übernehmen konnten. Freilich fehlte es zunächst völlig an den notwendigen Wohnräumen, sie mußten in den folgenden Jahren im Stiftsspeicher über dem geräumigen Kreuzgang eingebaut werden. Die Abtei Grüssau-Wimpfen wurde bald ein Mittelpunkt der schlesischen Katholiken in Westdeutschland. Besonders die Jugend zog es alljährlich zu Tagungen nach Wimpfen. Vor dem Palmsonntag pflegten sich jedes Jahr die Vertreter des schlesischen Adels in den Gästehäusern des Klosters zu treffen, um religiöse Zeitfragen zu diskutieren. Besonders beliebt wurden die stillen Tage in der Karwoche mit der Feier der Kar- und Osterliturgie. Auch Priesterexerzitien wurden und werden gehalten, die gern von schlesischen Mitbrüdern besucht werden. So setzen die Grüssauer Mönche auch in ihrer neuen Heimat ihr in Schlesien bewährtes Wirken in Liturgie und Seelsorge fort.

Auch die anderen aus Schlesien vertriebenen Ordensgemeinschaften, die Jesuiten, Franziskaner, Redemptoristen, Pallottiner usw. übernahmen im Westen neue Aufgaben, für die schlesischen Gläubigen ebenso wie für die westdeutschen Katholiken. Dabei hielten die schlesischen Ordensleute wie früher in der Heimat, so auch jetzt guten Kontakt mit ihren Mitbrüdern aus dem Weltklerus. Das zeigte sich immer wieder deutlich in der Teilnahme einzelner Ordenspriester an der jährlichen schlesischen Priestertagung in Königstein.

In *Königstein,* einem kleinen Städtchen am Südrand des Taunus, nicht weit von Frankfurt am Main, sollte schon bald nach dem Krieg ein Zentrum für die heimatvertriebenen Katholiken entstehen. Die zahlreichen Theologiestudenten aus den Diözesen Ostdeutschlands und des Sudetenlandes suchten nach ihrer Entlassung aus dem Wehrdienst, in den westdeutschen Seminaren und Theologenkonvikten unterzukommen. Das war insofern mit Schwierigkeiten verbunden, als diese Seminargebäude vielfach durch die Kriegseinwirkungen zerstört oder stark beschädigt waren. Die Gründung eines »Auffangseminars« für ostdeutsche Theologiestudenten war deshalb dringend erforderlich. Prälat *Albert Büttner* (Leiter der Kirchlichen Hilfsstelle in Frankfurt), Professor *Adolf Kindermann* aus Prag (später Weihbischof von Hildesheim) und der Bischof von Ermland, *Maximilian Kaller,* von Pius XII. zum Bischof für die Vertriebenen ernannt, mieteten die nach dem Ersten Weltkrieg erbauten Kasernengebäude in Königstein und richteten darin ein Konvikt, ein Gymnasium und ein Theologisches Studium ein. Für das Amt des Regens des Priesterseminars konnte der frühere Breslauer Regens Prälat *Dr. Paul Ramatschi* gewonnen werden, der das Seminar bis 1948 leitete. Die Vorlesungen wurden mit Beginn des Sommersemesters 1947 aufgenommen. Der überwiegende Teil der Studenten stammte aus Schlesien. 1949 konnte die Anstalt zum Vollseminar und zur Philosophisch-Theologischen Hochschule erhoben werden. Da auch nach der Übersiedlung Ramatschis nach Neuzelle im Jurisdiktionsgebiet Görlitz der Seminarregens fast immer ein Schlesier war und das Professorenkollegium sich ebenfalls zu einem Teil aus schlesischen Priestern zusammensetzte, wurde in Studium, Gottesdienst und Seminarordnung neben der Tradition der anderen ost- und sudetendeutschen Diözesen auch der Geist des

Breslauer Priesterseminars gewahrt. Daneben haben freilich auch in vielen westdeutschen Seminaren schlesische Theologiestudenten Aufnahme gefunden; ein Großteil davon bekannte sich zur alten Heimatdiözese.
Im Laufe der Zeit wurde das Königsteiner Haus zu einer bedeutenden katholischen Tagungsstätte ausgebaut. Alljährlich versammelten und versammeln sich hier die schlesischen Priester zu ihrer Jahrestagung. Diese *Schlesische Priestertagung* geht auf das Jahr 1946 zurück. »So riefen im Spätherbst 1946 Konsistorialrat Dr. Kaps, München, und Domvikar Moschner, damals Altenberg, schlesische vertriebene Priester, soweit ihre Anschriften zu erfahren waren, zu Exerzitien in das Exerzitienhaus der Franziskaner nach Werl. Dort fanden sie gastliche Unterkunft. Msgr. Dr. Paul Ramatschi, der alte Breslauer Seminarregens, hielt die Exerzitien. Rund 80 Mitbrüder waren gekommen« (G. Moschner). Auch 1947 fanden solche Exerzitien statt, bei denen eine »Gebetsgemeinschaft schlesischer Priester" gegründet wurde. Einen eigentlichen Verein zu bilden, war in der damaligen Zeit von der Militärregierung noch verboten. Seit 1949 fand dann jährlich eine eigene schlesische Priestertagung in Königstein statt. Sie wurde in den ersten Jahren vom jeweiligen Regens des Priesterseminars einberufen. Neben dem Erlebnis der mitbrüderlichen Gemeinschaft wollte die Tagung auch die Tradition der früheren Priesterkonferenzen im Erzbistum Breslau fortsetzen. In den fünfziger und sechziger Jahren nahmen jedes Jahr rund 100 bis 130 Mitbrüder an der Tagung teil, an ihrer Spitze regelmäßig Weihbischof Ferche und der Senior des Breslauer Domkapitels, Prälat Ernst Lange. Die Zahl der Teilnehmer ging in den folgenden Jahren etwas zurück, aber noch heute sind es rund 100 Priester, die die Jahrestagung besuchen. Die »Gebetsgemeinschaft« wurde im Laufe der Jahre zu dem »*Schlesischen Priesterwerk e. V.*« umgestaltet, das sich besonders die Förderung des schlesischen Theologennachwuchses, der Priesterbildung, theologisch-wissenschaftlicher Einrichtungen und der Verbundenheit der schlesischen Priester und Theologen mit ihrer Heimatdiözese zur Aufgabe gestellt hat. Erster Vorsitzender des Priesterwerkes wurde der Leiter der »Katholischen Arbeitsstelle (Nord)« in Köln, Prälat *Oskar Golombek.*
Mit Prälat Golombek rückte ein echter Seelsorger an die Spitze des Breslauer Presbyteriums in der Bundesrepublik. 1894 in Wieschowa bei Beuthen O/S als Sohn eines Gasthofbesitzers geboren, hatte Golombek in Gleiwitz das Abitur abgelegt und war am 17. März 1923 von Kardinal Bertram zum Priester geweiht worden. Nach seiner Kaplanszeit an mehreren Orten Oberschlesiens – u. a. auch in Ratibor bei Prälat Ulitzka – übernahm Oskar Golombek 1934 die Pfarrei St. Andreas in Hindenburg. Die Pfarrei hatte mehr als 40000 Katholiken, Golombek gliederte daraus im Laufe der Zeit drei neue Seelsorgsbezirke aus. Im September

1945 mußte der Pfarrer und Erzpriester Pfarrei und oberschlesische Heimat verlassen. 1946 übernahm er das Amt des Diözesanvertriebenenseelsorgers für das Erzbistum Köln; 1952 wurde ihm die Leitung der »Katholischen Arbeitsstelle (Nord) für Heimatvertriebene« anvertraut. Ein Jahr darauf berief Golombek zu seinem Referenten den früheren Breslauer Domvikar *Gerhard Moschner*, einen Mann von ungewöhnlicher organisatorischer Begabung. Auf Moschner geht die Gründung des »Heimatwerkes schlesischer Katholiken« und der »Aktion Junges Schlesien« zurück. Die Planung und Organisation der Priestertagungen, der jährlichen Tagung schlesischer Theologiestudenten, der kirchlichen Veranstaltungen bei den Deutschlandtreffen der Schlesier in den Jahren 1959, 1961, 1963 und 1965, der Treffen der Schlesier auf den Katholikentagen und der großen Wallfahrten der Schlesier nach Rom waren weitgehend das Werk Gerhard Moschners. Was er »in diesen Jahren organisatorisch geleistet hat, grenzt ans Unwahrscheinliche. Dabei ging es ihm wesentlich darum, sämtlichen Veranstaltungen Sachkenntnis, Tiefe und Wärme zu geben, sie von bloßem Betrieb und von sentimentalen Reden freizuhalten« (Gottschalk). Es ist das Verdienst Oskar Golombeks, diesem Priester die hauptamtliche Arbeit unter und an den katholischen Schlesiern ermöglicht zu haben. Als Msgr. Gerhard Moschner am 12. August 1966 allzufrüh heimgerufen wurde – er starb im Alter von erst 58 Jahren –, war das nicht nur ein schwerer Verlust für Gläubige und Priester der Erzdiözese Breslau, sondern in noch stärkerem Maße für Golombek persönlich, der in ihm einen unersetzlichen Mitarbeiter verlor.

Im Januar 1964 trug die Deutsche (Fuldaer) Bischofskonferenz endlich den Wünschen der Priester aus dem Erzbistum Breslau Rechnung und ernannte Oskar Golombek zum »Sprecher der vertriebenen Priester der Erzdiözese Breslau in den Diözesen der Bundesrepublik Deutschland«. Papst Paul VI. zeichnete den verdienten Prälaten mit der Würde eines Apostolischen Protonotars aus. Freilich war die offizielle Funktion dieses »Sprechers« »da im Kirchenrecht nicht vorgesehen, fast bedeutungslos« (Brzoska), aber gemessen an der Tatsache, daß nach dem Tode Weihbischof Ferches kein schlesischer Priester mehr zum Bischof, auch nicht zum Weihbischof, ernannt worden ist (in der DDR sind dagegen heute von zehn Bischöfen sechs Schlesier!), bedeutete die Ernennung zumindest eines »Sprechers« doch eine gewisse Aufwertung der Breslauer Priestergemeinschaft.

Ein oft gehörter Ausspruch aus dem Munde Prälat Golombeks waren die Worte: »Die Erzdiözese Breslau lebt!« Er hatte sein Wirken ganz unter dieses Motto gestellt. Schon deshalb war ihm die Feier zum 700jährigen Gedenken der Heiligsprechung der schlesischen Herzogin Hedwig ein besonderes Anliegen. Dieses

Hedwigsjahr 1967 brachte in der Bundesrepublik Deutschland eine Vielzahl von Gedenkfeiern und Festgottesdiensten. Schon in den Jahren 1964 und 1965 begann Golombek zusammen mit Gerhard Moschner, die Pläne zu entwerfen. Ostern 1967 veröffentlichten die meisten kirchlichen Amtsblätter auf Anregung Golombeks Vorschläge und Material für Hedwigsfeiern. Am 7. April 1967 wurde in Andechs das Hedwigsjubiläum festlich eröffnet. Eine große Wanderausstellung unter dem Titel »St. Hedwig, Mittlerin zwischen Ost und West« nahm während des Jubiläumsjahres ihren Weg durch zehn deutsche Städte. Höhepunkt des Jahres aber war zweifellos die St.-Hedwigs-Jubiläumswallfahrt – als Pilgerfahrt der schlesischen Katholiken– nach Rom und Viterbo vom 11. bis 21. Mai 1967. In Viterbo hatte Papst Clemens IV. im Jahre 1267 die Heiligsprechung der schlesischen Herzogin verkündet. Kardinal Confalonieri hielt im Dom zu Viterbo einen feierlichen Gottesdienst in Konzelebration mit schlesischen Priestern. Bei der Papstaudienz in Rom am 14. Mai überreichten die schlesischen Pilger dem Papst einen Meßkelch, auf dem in Emailarbeit Szenen aus dem Leben Hedwigs dargestellt sind, mit der Bitte, diesen Kelch nach Trebnitz zum Grab der Heiligen weiterzuleiten. Paul VI. feierte persönlich mit diesem Kelch das heilige Meßopfer und sandte ihn dann nach Trebnitz. Auch auf der Schlesischen Priestertagung des Jahres 1967 wurde in einer Feierstunde des Hedwigsjubiläums gedacht; den Festvortrag hielt der bekannte Schweizer Kirchenhistoriker Walter Nigg.

Obwohl Oskar Golombek aus ganzem Herzen Seelsorger war, wußte er doch auch die wissenschaftliche Forschung zu schätzen. 1936 war in Breslau der erste Band des Jahrbuches »Archiv für schlesische Kirchengeschichte« erschienen. Prälat *Dr. Kurt Engelbert,* der frühere Direktor des Diözesan-Archivs in Breslau, seit 1947 in der Diözesanverwaltung in Hildesheim tätig, unternahm es, das »Archiv« 1949 neu herauszugeben, so daß es wieder jährlich erscheinen kann. Dank Golombeks Initiative erhält das Jahrbuch finanzielle Unterstützung durch das Schlesische Priesterwerk. Es kam nun darauf an, nicht nur das Interesse der älteren schlesischen Kirchenhistoriker an der Geschichte ihrer Heimatdiözese wachzuhalten, sondern vor allem, junge Nachwuchskräfte zu gewinnen. Zu diesem Zweck stiftete das Schlesische Priesterwerk den »Kardinal-Bertram-Preis«, der schlesische Theologiestudenten und junge Priester zur Beschäftigung mit Fragen der Kirchengeschichte Schlesiens ermuntern sollte. Der Preis konnte nur ein einziges Mal vergeben werden und wurde deshalb 1972 in das zweckmäßigere »Kardinal-Bertram-Stipendium« umgewandelt, das jährlich neu ausgeschrieben wird.

Nicht nur der Name dieser wissenschaftlichen Stiftung läßt erkennen, daß der Breslauer Kardinal bei seinen Diözesanen unvergessen ist. Das Grab des letzten

Fürsterzbischofs ist für die Schlesier heute nur sehr schwer zu erreichen. So wurde der Plan gefaßt, am Grab seiner Eltern auf dem Magdalenenfriedhof in Hildesheim einen Gedenkstein für Kardinal Bertram zu stiften. Am 5. Mai 1969 weihte der Bischof von Hildesheim in Anwesenheit von Vertretern der schlesischen Priester und anderer Gäste die Gedenkstätte und erinnerte daran, daß Adolf Bertram auch sein Vorgänger auf dem Hildesheimer Bischofsstuhl gewesen ist.

Noch eine Sorge ist zu erwähnen, die Prälat Golombek besonders in seinen letzten Lebensjahren bedrängt hat. In immer größerer Zahl begannen sogenannte »Spätaussiedler«, in die Bundesrepublik zu strömen, Oberschlesier, die erst jetzt ihre Heimat verließen, um zu ihren Angehörigen und Verwandten zu ziehen. Das warf auch für die Vertriebenenseelsorge ganz neue Probleme auf. Viele dieser Aussiedler, vor allem die Jugendlichen, waren der deutschen Sprache nicht mehr oder nur sehr unvollkommen mächtig. Hier tat also dringende Hilfe Not. Mit den Oberschlesiern kamen auch – meist jüngere – oberschlesische Priester. Die polnischen Bischöfe in Schlesien gestatteten diesen Priestern den Wegzug nicht. Ging nun ein Priester ohne Erlaubnis, so wurde er sofort suspendiert. So mußte dafür Sorge getragen werden, daß diesen Geistlichen, die sich ja als Deutsche fühlten und mit oder zu ihren Angehörigen nach Westdeutschland zogen, in den Diözesen der Bundesrepublik die priesterliche Arbeit wieder ermöglicht wurde. Es wurde erreicht, daß der für Vertriebenenfragen zuständige deutsche Oberhirt – Bischof Heinrich Maria Janssen von Hildesheim – von Rom die Genehmigung erhielt, diese zugewanderten oberschlesischen Priester von der Suspension zu lösen.

Am 28. April 1972 ist Oskar Golombek in Köln gestorben. Noch während seiner letzten, von Krankheit gezeichneten Tage, hatte er den in Düsseldorf lebenden Prälaten *Hubert Thienel* gebeten, ihn in seinem Aufgabenkreis zu vertreten. Dieser folgte nun Golombek im Amt des »Sprechers« nach. Hubert Thienel stammt aus Niederschlesien; er wurde am 10. Oktober 1904 in Trebnitz geboren, wuchs aber in Schweidnitz auf. 1930 empfing er aus der Hand Kardinal Bertrams die Priesterweihe. Nach seiner Kaplanszeit in der Pfarrei St. Nikolaus in Breslau wurde Thienel 1937 zum Domvikar und Diözesanpräses für die Frauenjugend berufen. Oft war er als Bischofsbegleiter auf Firmungsreisen unterwegs und lernte so die Diözese in ihren verschiedenen Gebieten kennen. Nach seiner Vertreibung aus Schlesien (1946) fand er eine neue Aufgabe bei Prälat Wolker im Jugendhaus Altenberg bei Köln. 1950 übernahm er das Amt des Generalsekretärs des Zentralverbandes Katholischer Frauengemeinschaften in Düsseldorf. 1972 wurde er von Kardinal Döpfner zum Sprecher der Priester aus dem Erzbistum Breslau ernannt;

im gleichen Jahr wählten ihn die schlesischen Geistlichen auf ihrer Jahrestagung zum ersten Vorsitzenden des Schlesischen Priesterwerkes. Der in Verwaltung und Organisation außerordentlich erfahrene Prälat bemühte sich, Aufgaben und Werk Oskar Golombeks – wenn auch in etwas anderem Stil – fortzuführen. Zur Einarbeitung in den neuen Wirkungskreis blieb ihm nicht viel Zeit, denn im Sommer 1972 änderte sich die Lage der katholischen Kirche in den ehemaligen deutschen Ostgebieten und damit auch für die Erzdiözese Breslau grundlegend.

4. *Die vatikanische Entscheidung vom 28. Juni 1972*

Am 23. Mai 1972 ratifizierte der Deutsche Bundestag den Warschauer Vertrag; infolgedessen fühlte sich auch der Vatikan nicht mehr an die bisherige Regelung gebunden. Die Apostolische Konstitution »Episcoporum Poloniae« vom 28. Juni 1972 gliederte die jenseits der Oder-Neiße-Linie liegenden kirchlichen Gebiete aus dem Verband der deutschen Diözesen aus und gestaltete sie zu polnischen Bistümern um. Das Erzbistum Breslau blieb nicht mehr in seinem bisherigen Umfang erhalten, sondern wurde – soweit es östlich der Oder und Neiße liegt – in drei selbständige Bistümer geteilt: in das Erzbistum *Breslau* (Mittel- und Teile von Niederschlesien, dazu die vom Erzbistum Prag gelöste Grafschaft Glatz), das Bistum *Oppeln* (Oberschlesien einschließlich des vom Erzbistum Olmütz losgelösten Bezirkes Branitz) und das Bistum *Landsberg a. d. Warthe* (das nordwestliche Niederschlesien, die östlich der Oder gelegenen und bisher zum Erzbistum Breslau gehörenden Teile Brandenburgs und einige Bezirke der bisherigen Freien Prälatur Schneidemühl). Oppeln und Landsberg wurden Suffraganbistümer von Breslau. Die bisherigen Apostolischen Administratoren ernannte der Papst zu residierenden Bischöfen: Erzbischof von Breslau wurde *Bolesław Kominek* (1973 zum Kardinal erhoben, gestorben 1974), Bischof von Oppeln *Franciszek Jop* († 1976), Bischof von Landsberg (Gorzów) *Wilhelm Pluta*. Die Heilig-Kreuzkirche in Oppeln erhielt den Rang einer bischöflichen Kathedrale.
Mit dieser Neuordnung verlor auch der westlich der Oder und Neiße gelegene Restteil der Diözese, der Bereich des Erzbischöflichen Amtes Görlitz, seine Zugehörigkeit zum Erzbistum Breslau. Dieses Gebiet wurde zu einer selbständigen *Apostolischen Administratur* umgestaltet. Das Amt des Kapitelsvikars, das bis dahin der Bischof von Meißen, Gerhard Schaffran, in Personalunion innegehabt hatte, erlosch. Dafür wurde in der Person des bisherigen Weihbischofs und Generalvikars in Görlitz, *Bernhard Huhn*, ein Apostolischer Administrator ernannt. Die Görlitzer Pfarrkirche St. Jakobus erhielt den Rang einer Pro-Kathedra-

le. Das bisherige Metropolitankapitel in Görlitz wurde aufgehoben und an seiner Stelle das Domkapitel zum hl. Jakobus neu errichtet. Es besteht zur Zeit aus einem Dompropst (Prälat *Dr. Erich Puzik*) und fünf Domkapitularen. In dieser Apostolischen Administratur Görlitz wird die Tradition der deutschen Erzdiözese Breslau weiterhin bewahrt und fortgeführt.

Für die *schlesischen Katholiken in der Bundesrepublik* war die Veröffentlichung der Apostolischen Konstitution vom 28. Juni 1972 eine sehr schmerzliche Überraschung. Die Verbindung mit der Heimatdiözese war nun auch kirchenrechtlich verlorengegangen. Besonders hart waren die Priester betroffen: »Sie haben ihre (schlesischen) Pfarreien bzw. ihre Ämter verloren. Damit sind die seinerzeit rechtsgültig geknüpften Bande zwischen Pfarrer und Gemeinde rechtlich gelöst. Die ihm obliegende Pflicht, an Sonn- und Feiertagen für die Gemeinde zu zelebrieren, ist entfallen« (Brzoska). Das gleiche Schicksal traf auch die Priester und

Gläubigen der anderen ostdeutschen Diözesen, des Bistums Ermland (Ostpreußen) und der Freien Prälatur Schneidemühl. Diese beiden Diözesen hatten bis dahin ihre Kapitularvikare und damit ihre kirchlichen Oberen, die in der Bundesrepublik ansässig waren. Beide Jurisdiktionsträger verloren am 28. Juni 1972 ihre Ämter als Kapitularvikare, sie wurden aber zu Apostolischen Visitatoren für ihre Diözesanpriester und die bisher zu ihren Diözesanbereichen gehörenden Gläubigen ernannt. Für die Erzdiözese Breslau wurde nur die kirchenrechtliche Situation in Görlitz geregelt; dagegen geschah für die in der Bundesrepublik lebenden Breslauer Diözesanen zunächst nichts. Am 29. Juli richteten deshalb die auf ihrer Jahrestagung versammelten Priester der Erzdiözese Breslau ein Schreiben an den Apostolischen Nuntius, in dem auf diesen Mangel aufmerksam gemacht und zumindest die gleiche Regelung, wie sie für Ermland und Schneidemühl getroffen worden war, auch für Priester und Gläubige des Erzbistums Breslau erbeten wurde. Am 23. Oktober 1972 ernannte dann Papst Paul VI. auf Antrag der Deutschen Bischofskonferenz den bisherigen Sprecher der Breslauer Priester, Msgr. *Hubert Thienel*, zum *Apostolischen Visitator* der Priester und Gläubigen der Erzdiözese Breslau in der Bundesrepublik. Einige Wochen später – am 15. November – wurde Thienel mit der höheren Prälatenwürde eines Apostolischen Protonotars ausgestattet.

In der Ernennungsurkunde werden dem Apostolischen Visitator alle Vollmachten verliehen, die den residierenden Bischöfen zukommen. Er hat also über die Priester eine »persönliche Jurisdiktion«, die neben der Jurisdiktion des jeweiligen Ortsbischofs, in dessen Diözese sich die Breslauer Priester aufhalten, besteht. Für die katholischen Laien aus der Erzdiözese Breslau besitzt er neben den Ortsbischöfen eine seelsorgliche Mitverantwortung. Der Apostolische Visitator ist vollberechtigtes Mitglied in der Deutschen Bischofskonferenz. Im Februar 1974 hat der Visitator ein aus sechs Priestern bestehendes *Konsistorium* sowie einen aus Priestern und Laien zusammengesetzten *Pastoralrat* gebildet. Diese beiden Gremien unterstützen den Visitator in seiner Arbeit und seiner pastoralen Fürsorge für die etwa 1700000 Katholiken und rund 900 Priester aus dem Erzbistum Breslau im Bereich der Bundesrepublik Deutschland.

Mit der vatikanischen Entscheidung vom 28. Juni 1972 hat das alte Bistum Breslau rechtlich zu bestehen aufgehört. Die neuen polnischen Diözesen auf dem Gebiet des ehemaligen Erzbistums sind wohl nicht als Nachfolgebistümer, sondern als völlige Neugründungen anzusehen. Im Kirchenrecht gilt zwar das »Territorialitätsprinzip«, d. h., daß »die in einem hoheitlich abgegrenzten Gebiet wohnhaften Christen unter einem geistlichen Hirten zu einer Gemeinschaft zusammengeschlossen werden, so daß jeder Gläubige auf Grund seines Wohnsitzes den für ihn

zuständigen Hirten (Pfarrer, Bischof) hat« (K. Mörsdorf). Wer also aus einer Diözese fortzieht und in einer anderen seinen Wohnsitz nimmt, untersteht nicht mehr seinem früheren Bischof, sondern dem Oberhirten seines neuen Wohnortes. Und wenn ein großer Teil der Gläubigen sein Bistum verläßt und in dieses Bistum viele neue Einwanderer einströmen, bleibt dieses Bistum kirchenrechtlich dennoch immer das gleiche.
Anders sieht die Sache jedoch aus, wenn der rechtmäßige Oberhirte (der Bischof oder Kapitelsvikar), das Domkapitel, der Großteil des Klerus und der überwiegende Teil der Gläubigen aus dem Bereich des Bistums vertrieben werden. In diesem Fall hört das Bistum auf zu bestehen. Ähnlich war es in der Reformationszeit: in manchen Bistümern traten Priester und Volk fast vollzählig zum protestantischen Glauben über. In diesen Diözesen (z. B. Minden, Verden, Bremen, Merseburg, Brandenburg u. a.) gab es dann – bis auf wenige Reste – das alte katholische Kirchenvolk nicht mehr; deshalb existierten auch diese Bistümer nicht mehr, sie wurden aufgehoben und im Laufe der Zeit anderen, katholisch gebliebenen Diözesen unterstellt. Analog dazu besteht nach der Vertreibung von Klerus und Kirchenvolk auch das Bistum Breslau nicht mehr. Die jetzigen Bewohner dieses Gebietes haben vermutlich nicht die Absicht, die alte Breslauer Tradition fortzusetzen. Die neuen Bistümer Wrocław (Breslau), Opole (Oppeln) und Gorzów (Landsberg) sind völlig neue Gebilde mit neuem, polnischem Kirchenvolk, neuem, polnischem Klerus, neuen Domkapiteln und neuen Bischöfen. Die alte, ungeteilte Erzdiözese Breslau aber lebt weiter in den Herzen derer, die die aus der Vergangenheit übernommenen Werte ihres Heimatbistums – Brauchtum, Frömmigkeitsformen, Gebete, Lieder – bewahren und weiterpflegen.

Der letzte deutsche Erzbischof von Breslau, Adolf Kardinal Bertram, schrieb 1936 in seinem Geleitwort zum ersten Band des »Archivs für schlesische Kirchengeschichte«: »So wollen wir die Vorzeit zu durchwandeln suchen, forschend, sammelnd, dankbar gegen das Walten der göttlichen Vorsehung im Werdegang der Diözese, und mit kluger Ausschau nach allem was wir für unsere Zeit aus der Vergangenheit lernen können«.

Liste der Breslauer Bischöfe

1.	Johannes	1000
2.	Hieronymus (wohl 1046 zum Bischof geweiht)	1051–1062
3.	Johannes I.	1063–1072
4.	Petrus	1074–1111
5.	Siroslaw I.	1112–1120
6.	Heimo	1120–1126
7.	Robert I.	1127–1142
8.	Robert II.	1142–1146
9.	Johannes II.	1146–1149
10.	Walter	1149–1169
11.	Siroslaw II.	1170–1198
12.	Jaroslaus, Herzog von Schlesien	1198–1201
13.	Cyprian	1201–1207
14.	Lorenz	1207–1232
15.	Thomas I.	1232–1268
16.	Thomas II.	1270–1292
17.	Johannes Romka	1292–1301
18.	Heinrich von Würben	1302–1319
19.	Nanker	1326–1341
20.	Preczlaus von Pogarell	1341–1376
21.	Wenzel, Herzog von Liegnitz	1382–1417
22.	Konrad, Herzog von Oels	1417–1447
23.	Peter Nowag	1447–1456
24.	Jost (Jodocus) von Rosenberg	1456–1467
25.	Rudolf von Rüdesheim	1468–1482
26.	Johannes Roth	1482–1506
27.	Johannes Turzo	1506–1520
28.	Jakob von Salza	1520–1539
29.	Balthasar von Promnitz (gewählt 1539)	1540–1562
30.	Kaspar von Logau	1562–1574

31.	Martin von Gerstmann	1574–1585
32.	Andreas Jerin	1585–1596
	Bonaventura Hahn (gewählt 1596; 1599 vom Papst zum Rücktritt aufgefordert)	
33.	Paul Albert	1599–1600
34.	Johannes von Sitsch	1600–1608
35.	Karl, Erzherzog von Österreich	1608–1624
36.	Karl Ferdinand, Prinz von Polen	1625–1655
37.	Leopold Wilhelm, Erzherzog von Österreich	1656–1662
38.	Karl Joseph, Erzherzog von Österreich	1663–1664
39.	Sebastian Rostock (gewählt 1664)	1665–1671
40.	Friedrich, Landgraf von Hessen (1652 Kardinal)	1671–1682
	Karl, Graf von Liechtenstein (gewählt 1682; 1683 vom Papst zum Rücktritt aufgefordert)	
41.	Franz Ludwig, Pfalzgraf zu Neuburg	1683–1732
42.	Philipp Ludwig Graf Sinzendorf (1727 Kardinal)	1732–1747
43.	Philipp Gotthard Fürst Schaffgotsch	1748–1795
44.	Joseph Christian Franz Fürst Hohenlohe-Waldenburg-Bartenstein	1795–1817
45.	Emanuel von Schimonsky (gewählt 1823)	1824–1832
46.	Leopold Graf Sedlnitzky von Choltitz (gewählt 1835)	1836–1840
47.	Joseph Knauer (gewählt 1841)	1843–1844
48.	Melchior Freiherr von Diepenbrock (1850 Kardinal)	1845–1853
49.	Heinrich Förster	1853–1881
50.	Robert Herzog	1882–1886
51.	Georg Kopp (1893 Kardinal)	1887–1914
52.	Adolf Bertram (1916 Kardinal, 1930 Erzbischof)	1914–1945
	Ferdinand Piontek, Kapitelsvikar	1945–1963
	Gerhard Schaffran, Kapitelsvikar	1963–1972

Jurisdiktionsträger in Görlitz, Breslau, Oppeln und Landsberg/Warthe

Görlitz:

1.	Ferdinand Piontek, Kapitelsvikar (1959 Titularbischof)	1945–1963
2.	Gerhard Schaffran, Kapitelsvikar (1963 Weihbischof, 1970 Bischof v. Meißen)	1963–1972
3.	Bernhard Huhn (1971 Weihbischof), Apostolischer Administrator der Apostolischen Administratur Görlitz	seit 1972

Breslau:

1.	Karol Milik, Administrator	1945–1951
2.	Kazimierz Lagosz, »Kapitularvikar«	1951–1956
3.	Bolesław Kominek (1951 Titularbischof) 1956 Generalvikar, (1962 Titularerzbischof) 1967 Apostolischer Administrator	1956–1972
	B. Kominek (1973 Kardinal) Erzbischof v. Breslau (Wrocław)	1972–1974

Oppeln:

1.	Bolesław Kominek, Administrator	1945–1951
2.	Emil Kobierzycki, »Kapitularvikar«	1951–1956
3.	Franciszek Jop (1946 Weihbischof von Sandomir) 1956 Generalvikar, 1967 Apostolischer Administrator	1956–1972
	F. Jop, Bischof von Oppeln (Opole)	1972–1976

Landsberg a. d. Warthe:

1.	Edmund Nowicki, Administrator	1945–1951
2.	T. Załuczkowski, »Kapitularvikar«	1951–1956
3.	Teodor Bensch (1951 Titularbischof) 1956 Generalvikar	1956–1958
4.	Wilhelm Pluta (1958 Titularbischof) 1958 Generalvikar, 1967 Apostolischer Administrator	1958–1972
	W. Pluta, Bischof v. Landsberg (Gorzów)	seit 1972

Anmerkungen zum Vorwort

1 Die wichtigsten davon sind (Abkürzungen siehe beim Literaturverzeichnis, S. 211): *E. Brzoska,* Die Gründung des Bistums Breslau im Jahre 1000 und dessen Entwicklung bis 1950, in: NJ (1951) 26–40. – Für die Zeit von 900 bis 1200: *K. Engelbert,* Die Anfänge des Bistums Breslau, in: Beiträge zur schlesischen Kirchengeschichte (Bergisch Gladbach 1953) 6–34. – Für das Hochmittelalter (1150–1300): *J. Gottschalk,* St. Hedwig, Herzogin von Schlesien (Köln–Graz 1964). – Vorreformations- und Reformationszeit: *A. Sabisch,* Die Bischöfe von Breslau und die Reformation in Schlesien (Münster 1975). – *K. Engelbert,* Die Anfänge der lutherischen Bewegung in Breslau und Schlesien, in: A 18 (1960) 121–207; 19 (1961) 165–232; 20 (1962) 291–372; 21 (1963) 133–214; 22 (1964) 177–250. – Zeit der Gegenreformation und katholischen Reform (bis 1620): *J. Köhler,* Das Ringen um die tridentinische Erneuerung im Bistum Breslau (Köln–Wien 1973). – Ende 18., Anfang 19. Jahrhundert: *J. Gottschalk,* Die katholische Kirche in Schlesien während der Aufklärung; Forschungsaufgaben, in: A 30 (1972) 93–123. – 19. und 20. Jahrhundert: *J. Negwer,* Geschichte des Breslauer Domkapitels im Rahmen der Diözesangeschichte vom Beginn des 19. Jahrhunderts bis zum Ende des Zweiten Weltkrieges (hrsg. v. K. Engelbert) (Hildesheim 1964).

2 Z. B.: *E. Brzoska,* 950 Jahre Christentum und Kirche in Schlesien, in: NJ (1951) 154–171. – *ders.,* Das christliche Oberschlesien (Münster 1964). – *ders.,* Hervorragende Oberhirten auf dem bischöflichen Stuhl zu Breslau, in: H Jgg. 2 (1975) Nr. 3, 9–12; Nr. 4, 5–6. – *ders.,* 975-Jahrfeier des Fürstbistums und der Erzdiözese Breslau (Wiesbaden 1977).

Literaturverzeichnis

Die Titel werden jeweils nur einmal genannt, auch wenn sie die Thematik mehrerer Kapitel umgreifen.

Abkürzungen

A	=	Archiv für schlesische Kirchengeschichte
FS	=	Festschrift für Bernhard Stasiewski
GE	=	Beiträge zur schlesischen Kirchengeschichte (Gedenkschrift für Kurt Engelbert)
H	=	Heimatbrief der Katholiken des Erzbistums Breslau
NJ	=	Neunhundertfünfzig Jahre Bistum Breslau
Sch	=	Schlesien. Eine Vierteljahresschrift
SP	=	Schlesisches Priesterjahrbuch

Allgemeines

1. *Wichtige allgemeine Quellenwerke*

Acta Capituli Wratislaviensis 1500–1562, Bd. 1–2, hrsg. v. *A. Sabisch* (Köln–Wien 1972–1976). – Codex diplomaticus nec non epistolaris Silesiae, Bd. 1, hrsg. v. *K. Maleczyński* (Breslau 1956); Bd. 2, hrsg. v. *K. Maleczyński* und *A. Skowrońska* (Breslau 1959); Bd. 3, hrsg. v. *K. Maleczyński* (Breslau 1964). – Codex diplomaticus Silesiae, Bd. 1–36, hrsg. v. Verein für Geschichte und Altertum Schlesiens (Breslau 1857–1933). – Regesten zur schlesischen Geschichte, hrsg. v. *C. Grünhagen, K. Wutke* und *E. Randt* (= Codex dipl. Siles. Bd. 7, 1, 2, 3; 16; 18; 22; 29; 30) (Breslau 1884–1930). – *J. Sawicki,* Concilia Poloniae. Źródła i studia krytyczne, Bd. X: Synody diecezji wrocławskiej i ich statuty (Die Breslauer Diözesansynoden und ihre Statuten) (Breslau–Warschau–Krakau 1963). – Schlesisches Urkundenbuch. Hrsg. v. der Historischen Kommission für Schlesien, Bd. 1 (971–1230), bearb. v. *H. Appelt* (Wien–Köln–Graz 1971); Bd. 2 (1231–1250), bearb. v. *W. Irgang* (Wien–Köln–Graz 1978). – Scriptores rerum Silesiacarum, Bd. 1–17 (Breslau 1835–1902). – Visitationsberichte der Diözese Breslau. Archidiakonat Breslau (Breslau 1902); Archidiakonat Oppeln (Breslau 1904); Archidiakonat Glogau (Breslau 1907); Archidiakonat Liegnitz (Breslau 1908), hrsg. v. *J. Jungnitz.*

2. *Zeitschriften, Sammelwerke, Lexika*

Archiv für schlesische Kirchengeschichte, Bd. 1, hrsg. v. *H. Hoffmann* (Breslau 1936); Bd. 2–6, hrsg. v. *K. Engelbert* (Breslau 1937–1941; Neudruck von Bd. 6: Hildesheim 1971); Bd. 7–25, hrsg. v. *K. Engelbert* (Hildesheim 1949–1967); Bd. 26–35, hrsg v. *J. Gottschalk* (Hildesheim 1968–1977); Bd. 36–37 (und ff.), hrsg. v. *J. Köhler* (Hildesheim 1978 ff). – Beiträge zur schlesischen Kirchengeschichte (Gedenkschrift für Kurt Engelbert), hrsg. v. *B. Stasiewski* (Köln–Wien 1969). – Festschrift für Bernhard Stasiewski. Beiträge zur ostdeutschen und osteuropäischen Kirchengeschichte. Hrsg. v. *G. Adriányi* und *J. Gott-*

schalk (Köln–Wien 1975). – Heimatbrief der Katholiken des Erzbistums Breslau, hrsg. vom Apostolischen Visitator der Katholiken des Erzbistums Breslau, Jgg. 1–6 (1974–1979). – Lexikon für Theologie und Kirche, Bd. 1–10 (Freiburg/Br. [2]1957–1965). – Neunhundertfünfzig Jahre Bistum Breslau, hrsg. v. *E. Brzoska* (Königstein 1951). – Schlesien. Eine Vierteljahresschrift für Kunst, Wissenschaft und Volkstum, Jgg. 1–24, hrsg. v. *K. Schodrok* (Würzburg 1956–1979). – Schlesisches Priesterjahrbuch, Bd. 1 (Stuttgart 1960); 2 (1961); 3/4 (1964); 5/6 (1966), hrsg. v. *G. Moschner;* Bd. 7/8/9 (Köln 1969), hrsg. v. *J. Gründel.*

3. Gesamtdarstellungen

E. Brzoska, Das christliche Oberschlesien (Münster 1964). – *ders.* 975-Jahrfeier des Fürstbistums und der Erzdiözese Breslau. Köln 1975 (Wiesbaden 1977). – *H. Eberlein,* Schlesische Kirchengeschichte (= Das Evangelische Schlesien, hrsg. v. G. Hultsch, Bd. 1) (Ulm [4]1962). – *F. Gause,* Deutsch-slawische Schicksalsgemeinschaft. Abriß einer Geschichte Ostdeutschlands und seiner Nachbarländer (Kitzingen 1952). – Geschichte Schlesiens, hrsg. v. der Historischen Kommission für Schlesien, Bd. 1 (Stuttgart [3]1961), Bd. 2 (Darmstadt 1973). – *J. Gottschalk–J. Kaps,* Breslau, in: Lexikon für Theologie und Kirche, Bd. 2 (Freiburg/Br. [2]1958) 672–675. – Handbuch der historischen Stätten. Schlesien, hrsg. v. *H. Weczerka* (Stuttgart 1977). – *J. Heyne,* Dokumentirte Geschichte des Bisthums und Hochstiftes Breslau, Bd. 1–3 (Breslau 1860–1868; Neudruck Aalen 1969). – *J. Kaps,* Aus der Geschichte des Erzbistums Breslau. Ausschnitte aus der Kirchengeschichte Schlesiens (München 1948). – *K. Kastner,* Kirchengeschichte Schlesiens (Breslau [3]1927). – *E. Meyer,* Grundzüge der Geschichte Polens (Darmstadt[2] 1977). – *F. X. Seppelt,* Geschichte des Bistums Breslau (= Realhandbuch des Bistums Breslau, 1. Teil) (Breslau 1929). – *ders.* Das Bistum Breslau im Wandel der Jahrhunderte (Aschaffenburg 1948).

4. Allgemeine Monographien und Aufsätze

E. Brzoska, Die Breslauer Diözesansynoden bis zur Reformation, ihre Geschichte und ihr Recht (Breslau 1939). – *ders.,* Rechtliche Strukturen, territoriale Veränderungen und Teilungen der (Erz-)Diözese Breslau, in: H Jgg. 2 (1975) Nr. 2, 7–13. – *ders.,* Hervorragende Oberhirten auf dem bischöflichen Stuhl zu Breslau, in: H Jgg. 2 (1975) Nr. 3, 9–12; Nr. 4, 5–6. – *W. Dürig,* Der gottesdienstliche Gebrauch der Volkssprache im Bistum Breslau, in: SP 3/4 (1964) 6–25. – *K. Engelbert–K. Eistert,* Überblick über die räumliche Entwicklung der Stadt Breslau im Mittelalter, in: A 16 (1958) 1–38. – *F.-G. Ganse,* Grundriß einer schlesischen Diözesankunde, in: Königsteiner Blätter VIII, Nr. 3/4 (Königstein/Ts. 1962) 84–118. – *J. Gottschalk,* Auswärtige auf dem fürstbischöflichen Stuhl zu Breslau von 1456–1945 und Schlesier als Bischöfe von 1204–1903, in: NJ (1951) 41–89. – *ders.,* Die Grabstätten der Breslauer Bischöfe, in: A 37 (1979) 185–214. – *J. Klapper,* Religiöse Volkskunde im gesamtschlesischen Raum (Aschaffenburg 1953). – *A. Rose,* Kloster Grüssau (Stuttgart und Aalen 1974). – *R. Samulski,* Die Breslauer Weihbischöfe, in: SP 3/4 (1964) 79–109.

1. Kapitel Vorgeschichte und Christianisierung Schlesiens (bis 1000)

K. Engelbert, Zum 950jährigen Bestehen des Erzbistums Breslau (Teil 1), in: A 8 (1950) 1–13. – *E. Richtsteig,* Peter Wlast (1. Teil), in: A 18 (1960) 1–27.

2. Kapitel Die Anfänge des Bistums Breslau (1000–1163)

H. Bellée, Ottmachau, die uralte Bischofsstadt, in: Sch 5 (1960) 42–48. – *E. Brzoska,* Die Gründung des Bistums Breslau im Jahre 1000 und dessen Entwicklung bis 1950, in: NJ (1951) 26–40. – *ders.,* Die Errichtung des Bischofsstuhles zu Breslau im Jahre 1000, in: H Jgg. 2 (1975) Nr. 1, 3–6. – *K. Engelbert,* Zum 950jährigen Bestehen des Erzbistums Breslau. 2. Bischof Walter von Breslau (1148–1169) und seine Zeit, in: A 9 (1951) 1–23. – *ders.,* Die Anfänge des Bistums Breslau, in: Beiträge zur schlesischen Kirchengeschichte (Bergisch Gladbach 1953) 6–34. – *J. Gottschalk,* Vertreibung und Heimkehr 1146–1163. Eine Wende in der Geschichte Schlesiens, in: Sch 8 (1963) 68–88; 151–165. – *H. Hoffmann,* Sandstift und Pfarrkirche St. Maria in Breslau (Stuttgart und Aalen 1971). – *W. Marschall,* Alte Kirchenpatrozinien des Archidiakonates Breslau (Köln–Graz 1966). – *E. Richtsteig,* Peter Wlast (2. Teil), in: A 19 (1961) 1–24; 3. Teil, in: A 20 (1962) 1–28. – *A. Sabisch,* War der Breslauer Bischof Walter (1149–1169) Augustiner-Chorherr und Propst des Chorherrenstiftes Malonne im Bistum Lüttich? in: A 21 (1963) 38–42. – *ders.,* Der romanische Dom des Breslauer Bischofs Walter († 1169) und seine Krypta, in: A 21 (1963) 43–72. – *H. Tukay,* Oberschlesien im Spannungsfeld zwischen Deutschland, Polen und Böhmen-Mähren. Eine Untersuchung der Kirchenpatrozinien im mittelalterlichen Archidiakonat Oppeln (Köln–Wien 1976). – *E. Walter,* Zur Herkunft des ursprünglichen Grundrisses der St.-Martini-Kirche (ehemalige Burgkapelle) auf der Breslauer Dominsel und zur Heimat des Breslauer Bischofs Hieronymus (1046–1062), in: A 11 (1953) 1–50. – *ders.,* Zum romanischen Dom des Breslauer Bischofs Walter († 1169), in: A 34 (1976) 1–19.

3. Kapitel Die Zeit der deutschen Besiedlung Schlesiens (1163–1300)

E. Brzoska, Katholische Edelleute Schlesiens im Bischofsamt. Ein Beitrag zur ständischen Herkunft des deutschen Episkopats (Wiesbaden 1965). – *ders.,* Wissenschaft und Bildung in Schlesien bis zur Reformation, in: GE (1969) 36–75. – *K. Eistert,* Der Ritterorden der Tempelherren in Schlesien, in: A 14 (1956) 1–23. – *ders.,* Peter Wlast und die Ohlauer Blasiuskirche, in: A 13 (1955) 1–16. – *K. Engelbert,* Die deutschen Frauen der Piasten von Mieszko I. bis Heinrich I., in: A 12 (1954) 1–51. – *J. Gottschalk,* Der Oberschlesier St. Hyazinth, in: Sch 2 (1957) 92–94. – *ders.,* Zur Geschichte der Hyazinth-Verehrung, in: A 16 (1958) 60–98. – *ders.,* Das Geburtsjahr der hl. Hedwig, ein Beitrag zur Chronologie der schlesischen Piasten im 13. Jahrhundert, in: A 19 (1961) 25–52. – *ders.,* Die Förderer der Heiligsprechung Hedwigs, in: A 21 (1963) 73–132. – *ders.,* St. Hedwig, Herzogin von Schlesien (Köln–Graz 1964). – *ders.,* Die Kanonisationsurkunde der hl. Hedwig, in: A 22 (1964) 120–140. – *ders.,* Die heilige Hedwig, ihre Bedeutung als Herzogin und als Heilige. – Aktuelle Ergebnisse neuer Forschungen, in: SP 3/4 (1964) 138–154. – *ders.,* Das Jahr 1163, ein Wendepunkt in der Geschichte des Ostens, in: SP 5/6 (1966) 92–103. – *H. Grüger,* Heinrichau. Geschichte eines schlesischen Zisterzienserklosters 1227–1977 (Köln–Wien 1978). – *W. Irgang,* Die Statuten der Breslauer Synode vom 10. Oktober 1248, in: A 34 (1976) 21–30. – *W. Kuhn,* Die Städtegründungspolitik der schlesischen Piasten im 13. Jahrhundert, vor allem gegenüber Kirche und Adel, in: A 29 (1971) 32–67; 30 (1972) 33–69; 31 (1973) 1–35; 32 (1974) 1–20. – *ders.,* Seelenzahlen der Pfarreien in der mittelalterlichen Ostsiedlung, in: A 35 (1977) 1–27. – *F. Machilek,* Darstellungen und Verehrung des heiligen Hyazinth in den Diözesen Regensburg, München und Freising, Augsburg und Eichstätt, in: A 28 (1970) 125–137. – *A. Moepert,* Die älteste Bistumsurkunde von 1155, in: A 2 (1937) 1–32. – *ders.,* Die ersten deutschen Dörfer um Breslau, in: A 3 (1938) 286–293. – *A. Müller,* Westdeutsche als Siedler in Schlesien, in: A 7 (1949) 38–60. – *B. Panzram,* Geschichtliche Grundlagen der ältesten schlesischen Pfarrorganisation (Breslau 1940). – *ders.,* Das Deutschtum in den mittelalterlichen Klöstern Schlesiens, in: A 10 (1952) 63–83. – *ders.,* Der Einfluß der deutschen Besiedlung auf die Entwicklung des schlesischen Pfarrsystems, in: GE (1969) 1–35. – *A. Rose,* Die Benediktinerpropstei Grüssau (1242–1289), in: GE (1969) 193–196. – *R. Samulski,* Untersuchungen über die persönliche Zusammensetzung des Breslauer Domkapitels im Mittelalter bis zum Tode des Bischofs Nanker (1341) (Breslau 1940). – *E. Walter,* Die von Anna, der böhmischen Königstochter und Herzogin von Schlesien († 1265), ihrer Schwiegermutter, der hl. Hedwig († 1243), gewidmete corona in Trebnitz, in: A 15 (1957) 44–85. – *ders.,* Der Todes- und Begräbnistag der hl. Hedwig, in: A 22 (1964) 140–176. – *ders.,* Die Jahre 1244, 1268 und 1272 in der Baugeschichte des Breslauer Domes, in: A 24 (1966) 25–55.

4. Kapitel Die Blütezeit des mittelalterlichen Bistums (1300–1376)

K. Eistert, Beiträge zur Genealogie des Breslauer Bischofs Preczlaus von Pogarell (1299–1376), in: A 20 (1962) 226–290. – *K. Engelbert,* Die Verehrung des hl. Godehard in Schlesien, in: Bernward und Godehard von Hildesheim, hrsg. v. K. Algermissen (Hildesheim 1960) 274–280. – *A. Franz,* Das Rituale des Bischofs Heinrich I. von Breslau (Freiburg/Br. 1912). – *J. Klapper,* Deutsche Schlesier des Mittelalters (Breslau 1937). – *O. Pustejovsky,* Schlesiens Übergang an die böhmische Krone (Köln–Wien 1975). – *L. Radler,* Beiträge zur Geschichte der Grafen von Würben, 2. Teil, in: A 18 (1960) 36–69. – *E. Walter,* Zur Baugeschichte des Langhauses und des Kleinchores sowie zum fons sacer des Breslauer Domes, in: A 30 (1972) 70–92. – *ders.,* Bischof Preczlaus von Pogarell und die bauliche Abhängigkeit des Kleinchors des Breslauer Domes von der Marienkapelle der Krakauer Kathedrale, in: A 31 (1973) 201–211. – *ders.,* Wer war der Konsekrator des heutigen Breslauer Domes?, in: A 37 (1979) 215–225. – *F. Wosnitza,* Bischöfe aus dem Raum des Kattowitzer Bistums, in: GE (1969) 214–232.

5. Kapitel Der Niedergang des Bistums im Spätmittelalter (1376–1482)

H. Hoffmann und *K. Engelbert,* Aufzeichnungen des Breslauer Domherrn Stanislaus Sauer († 1535) über die Bischöfe Rudolf von Rüdesheim und Johann Roth, in: A 13 (1955) 82–137. – *H. Jedin,* Die Krone Böhmens und die Breslauer Bischofswahlen 1468–1732, in: A 4 (1939) 165–208. – *F. Machilek,* Ludolf von Sagan und seine Stellung in der Auseinandersetzung um Konziliarismus und Hussitismus (München 1967). – *ders.,* Johannes Hoffmann aus Schweidnitz und die Hussiten, in: A 26 (1968) 96–123. – *ders.,* Das große abendländische Schisma in der Sicht des Ludolf von Sagan, in: Das Konstanzer Konzil, hrsg. v. R. Bäumer (Darmstadt 1977) 37–95. – *W. Marschall,* Schlesier auf dem Konzil von Konstanz (1414–1418), in: FS (1975) 34–64. – *ders.,* Schlesier auf dem Konzil von Basel, in: Annuarium historiae conciliorum 8 (1976) 294–325. – *ders.,* Der Breslauer Domdekan Nikolaus Stock auf der Diözesansynode von 1446, in: A 35 (1977) 51–63. – *L. Petry,* Das erste Jahr der Breslauer Legation Rudolfs von Rüdesheim 1465/66, in: GE (1969) 255–265. – *B. Peus,* Schlesische Wallfahrtsmedaillen vor 1945, in: A 35 (1977) 161–225.

6. Kapitel Das Bistum am Vorabend der Reformation (1482–1520)

H. Hoffmann und *K. Engelbert,* Aufzeichnungen des Breslauer Domherrn Stanislaus Sauer († 1535) über den Bischof Johannes Turzo (1506–1520), in: A 14 (1956) 105–140. – *A. Sabisch,* Die Bischöfe von Breslau und die Reformation in Schlesien (Münster 1975) 17–34.

7. Kapitel Reformation, katholische Reform und Gegenreformation in Schlesien (1520–1624)

R. Bäumer, Johannes Cochläus, Leben und Werk (Münster 1980). – *K. Engelbert,* Maßnahmen des Bischofs Kaspar von Logau (1562–1574) zur Hebung des Katholizismus im Bistum Breslau, in: A 3 (1938) 127–151; 4 (1939) 149–164. – *ders.,* Beiträge zur Geschichte des Breslauer Bischofs Kaspar von Logau (1562–1574), in: A 10 (1952) 121–147; 11 (1953) 65–89. – *ders.,* Beiträge zur Geschichte des Breslauer Bischofs Martin von Gerstmann (1574–1585), in: A 15 (1957) 171–188. – *ders.,* Die Anfänge der lutherischen Bewegung in Breslau und Schlesien, in: A 18 (1960) 121–207; 19 (1961) 165–232; 20 (1962) 291–372; 21 (1963) 133–214; 22 (1964) 177–250. – *ders.,* Das Bistum Breslau im Dreißigjährigen Kriege, in: A 23 (1965) 85–148; 24 (1966) 127–181; 25 (1967) 201–251. – *ders.,* Erzherzog Karl von Österreich, in: Schlesische Lebensbilder, Bd. 5, hrsg. v. *H. Neubach* und *L. Petry* (Würzburg 1968) 41–50. – *H. Jedin,* Die Beschickung des Konzils von Trient durch die Bischöfe von Breslau, in: A 1 (1936) 60–74. – *ders.,*

Antonio Possevinos Aufenthalt in Breslau 1581, in: A 21 (1963) 255–260. – *P. Knauer,* Klosterleben und Klosterreform der schlesischen Zisterzienser in der Zeit der Reformation und Gegenreformation, in: A 4 (1939) 239–252. – *J. Köhler,* Das Ringen um die tridentinische Erneuerung im Bistum Breslau (Köln–Wien 1973). – *ders.,* Eine Schwabenpartei in Breslau, in: Sch 18 (1973) 77–84. – *ders.,* Revision eines Bischofsbildes? Erzherzog Karl von Österreich, Bischof von Breslau (1608–1624) und Brixen (1613–1624), als Exponent der habsburgischen Hausmachtspolitik, in: A 32 (1974) 103–126. – *ders.,* Das Testament des Bischofs Andreas von Jerin (1585–1596), in: FS (1975) 107–119. – *A. Müller,* Schlesier auf der Akademie in Olmütz, in: A 12 (1954) 61–111. – *A. Nägele,* Documenta Jeriniana, in: A 1 (1936) 98–157. – *A. Nowack,* Der älteste Visitationsbericht über die Breslauer Kathedrale, Kreuzkirche und St. Ägidius vom Jahre 1580, in: A 1 (1936) 80–97. – *A. Sabisch,* Zur Geschichte des Breslauer Bischofs Balthasar von Promnitz (1539–1562). Herkunft und Studiengang, in: A 2 (1937) 101–116. – *ders.,* Das Hirtenschreiben des Breslauer Bischofs Balthasar von Promnitz an den Klerus und die Weihekandidaten vom Jahre 1555, seine Veranlassung und seine Folgen, in: A 8 (1950) 77–104. – *ders.,* Die Bischöfe von Breslau und die Reformation in Schlesien (Münster 1975). – *O. Scheib,* Die Breslauer Disputation von 1524 als Beispiel eines frühreformatorischen Religionsgespräches eines Doktors der Theologie, in: FS (1975) 98–106. – *R. Wagner,* Beiträge zur Geschichte des Breslauer Bischofs Johannes von Sitsch (1600–1608), in: A 4 (1939) 209–221.

8. Kapitel Das Zeitalter des Barock (1625–1795)

W. Baum, Die Münzen und Medaillen der Bischöfe von Breslau. Teil II: von Karl Ferdinand (1625–1655) bis Georg Kopp (1887–1914), in: A 31 (1973) 87–112. – *N. Conrads,* Die Durchführung der Altranstädter Konvention in Schlesien 1707–1709 (Köln–Wien 1971). – *ders.,* Historie und Jus Publicum an der Landschaftsakademie in Wien. Ein Beitrag zum Leben des Historikers und Juristen Gottfried Ferdinand von Buckisch und Löwenfels (1641–1698), in: FS (1975) 120–136. – *W. Dürig,* Leben und Werk des Angelus Silesius, in: H Jgg. 4 (1977) Nr. 1, 3–4. – *ders.,* Zum 300. Todestag des Angelus Silesius. Versuch einer Würdigung von Persönlichkeit und Werk, in: A 35 (1977) 115–140. – *K. Engelbert,* Die Konvention von Altranstädt 1707, in: A 16 (1958) 243–264. – *J. Gottschalk,* Die katholische Kirche in Schlesien während der Aufklärung; Forschungsaufgaben, in: A 30 (1972) 93–123. – *R. Haaß,* Die Universität Breslau im 18. Jahrhundert, in: A 10 (1952) 189–199. – *J. Hils,* Das Wirken des Kurfürsten Franz Ludwig, Pfalzgrafen bei Rhein, als Fürstbischof von Breslau, in: H Jgg. 5 (1978) Nr. 2, 20–23. – *H. Hoffmann,* Bruderschaftsleben im barocken Breslau, in: A 6 (1941, Neudruck 1971) 207–242. – *ders.,* Schlesische Priester als Freimaurer, in: A 8 (1950) 205–211. – *ders.,* Friedrich II. von Preußen und die Aufhebung der Gesellschaft Jesu (= Bibliotheca Instituti Historici SJ, Vol. XXX) (Rom 1969). – *H. Jedin,* Zur Geschichte des Breslauer Direktoriums, in: A 5 (1940) 197–205. – *U. Krömer,* Johann Ignaz von Felbiger. Leben und Werk (Freiburg–Basel–Wien 1966). – *J. Kumor,* Die Subdiakonatsweihe des Breslauer Bischofs Franz Ludwig von Pfalz-Neuburg (1664–1732) im Jahre 1687 in Köln und ihre Bedeutung, in: A 32 (1974) 127–141. – *ders.,* Acht Breslauer Bischöfe als Domherren in Köln (1618–1801), in: A 33 (1975) 47–67. – *G. Münch,* Das letzte Lebensjahr des Breslauer Bischofs Franz Ludwig von Pfalz-Neuburg (1683–1732), in: A 22 (1964) 311–315. – *ders.,* Jugend und Aufstieg Anton Michael Zeplichals. Ein Beitrag zur Geschichte der schlesischen Jesuitenprovinz im 18. Jahrhundert, in: GE (1969) 382–415. – *L. v. Pastor,* Geschichte der Päpste, Bd. 16,1 (Freiburg/Br. 1931) 353–402: Benedikts XIV. Sorge für die schlesischen Katholiken. – *ders.,* Geschichte der Päpste, Bd. 16,2 (Freiburg/Br. 1932) 303–318: Fortbestehen des Jesuitenordens in Preußen. – *W. Roesch,* Die Geschichte der Kapelle auf der Schneekoppe im Riesengebirge und ihre Beziehungen zu dem reichsgräflichen Hause Schaffgotsch, in: A 8 (1950) 105–116. – *A. Rose,* Abt Bernhard Rosa von Grüssau (Stuttgart 1960). – *A. Sabisch,* Bistum Breslau und Erzbistum Gnesen, vor allem im 16. und 17. Jahrhundert, in: A 5 (1940) 96–141. – *K. Schindler,* Angelus Silesius – Mittler zwischen Ost und West, in: SP 2 (1961) 102–122, – *P. Schinke,* Der Breslauer Bischof Kurfürst Franz Ludwig im Lichte zweier Leichenreden, in: A 13 (1955) 290–295. – *ders.,* Der Panegyrikus des Mainzer Jesuitenkollegs auf Kurfürst Franz Ludwig bei seiner Besitznahme von Kurmainz am 6. April 1729, in: A 14 (1956) 257–261. – *ders.*, Die Jugendzeit des Fürstbischofs Kurfürst Franz Ludwig im Licht des Neuburger Prinzenspiegels v. J. 1666, in: A 15 (1957) 260–264. – *A. Schirdewahn*, Ignaz Franz, ein schlesischer Kirchenliederdichter, in: A 4 (1939) 253–278. – *A. A. Strnad*, Wahl und Informativprozeß Erzherzog Leopold Wilhelms von Österreich, Fürstbischof von Breslau (1655–1662), in: A 26 (1968) 153–190. – *ders.*, Der Kampf um ein Eligibilitätsbreve. Römische Quellen zur Breslauer Bischofswahl des Kardinals Philipp Ludwig von Sinzendorf (1732), in: A 33 (1975) 68–124. – *G. Siegmund*, Kaplan Andreas Faulhaber-Glatz († 1757), in: GE (1969) 366–375.

9. Kapitel Das 19. Jahrhundert: Säkularisation, Wiederaufbau, Kulturkampf (1795–1886)

Melchior Kardinal von Diepenbrock. Fürstbischof von Breslau. Gedenkschrift, bearb. v. *E. Bröker* (Bocholt 1953). – *K. Engelbert*, Beiträge zur Biographie des Breslauer Bischofs Heinrich Förster (1853–1881), in: A 7 (1949) 147–188. – *ders.*, Briefe an den späteren Fürstbischof von Breslau Josef Knauer, in: A 15 (1957) 241–249. – *J. Gottschalk*, Übertritt, Tod und Grabstätte des ehemaligen Breslauer Fürstbischofs Graf Leopold von Sedlnitzky, in: A 5 (1940) 206–213. – *E. Hegel*, Deresers Berufungen nach Preußen und seine Wirksamkeit in Breslau, in: A 10 (1952) 200–225. – *H. Hoffmann*, Pfarrer Fietzek im Kampf gegen den Alkoholismus, in: A 9 (1951) 228–234. – *ders.*, Fürstbischof Heinrich Förster (1853–81), in: A 12 (1954) 257–262. – *ders.*, Anton Theiner. Ein Beitrag zur schlesischen Kirchengeschichte in der ersten Hälfte des 19. Jh., in: A 9 (1951) 74–143; 10 (1952) 226–278; 11 (1953) 169–209; 12 (1954) 199–232; 13 (1955) 228–267. – *H. Jedin*, Kirchenhistoriker aus Schlesien in der Ferne, in: A 11 (1953) 243–259. – *ders.*, Von Sedlnitzky zu Diepenbrock. Briefe von Ignaz Ritter an Augustin Theiner von 1841–1847, in: A 29 (1971) 173–204. – *ders.*, Briefe des Breslauer Alumnatsrektors Joseph Sauer an seinen Schulfreund Augustin Theiner in Rom (1839–1851), in: A 30 (1972) 157–170. – *ders.*, Augustin Theiner. Zum 100. Jahrestag seines Todes am 9. August 1874, in: A 31 (1973) 134–176. – *ders.*, Ein neuer Beitrag zur Biographie und Charakteristik Augustin Theiners, in: A 37 (1979) 270–271. – *E. Kleineidam*, Die Katholisch-Theologische Fakultät der Universität Breslau 1811–1945 (Köln 1961). – *J. Köhler*, Ein Predigtereignis für Schlesien, in: A 23 (1965) 149–174. – *ders.*, Die Tätigkeit Heinrich Försters auf der Versammlung der deutschen Bischöfe in Würzburg 1848, in: GE (1969) 474–489. – *K. Fürst zu Löwenstein*, Vom Anteil Schlesiens an der Entwicklung der deutschen Katholikentage, in: SP 5/6 (1966) 6–21. – *J. Negwer* (hrsg. v. *K. Engelbert*), Geschichte des Breslauer Domkapitels im Rahmen der Diözesangeschichte vom Beginn des 19. Jahrhunderts bis zum Ende des Zweiten Weltkrieges (Hildesheim 1964). – *A. Nowack*, Fürstbischof Heinrich Förster als Mäzen der bildenden Künste, in: A 2 (1937) 207–218. – *J. Overath*, Die Katholisch-Theologische Fakultät Breslau und das Erste Vatikanische Konzil (1869–1870), in: A 35 (1977) 227–237. – *ders.*, Joseph Ignaz Ritter (1787–1857). Sein Wirken als Kirchenpolitiker und seine Bedeutung als Kirchenhistoriker (Diss. Bonn 1978). – *ders.*, Zwischen Hermes und Hermesianismus. Briefe des Breslauer Kirchenhistorikers Joseph Ignaz Ritter an den Kölner Erzbischof Ferdinand August Graf Spiegel 1830–1835, in: A 37 (1979) 131–155. – *A. Perlick*, Weiteres zur Diepenbrock-Forschung, in: A 11 (1953) 210–242. – *J. H. Reinkens*, Briefe an seinen Bruder Wilhelm (1840–1873), hrsg. v. *H. J. Sieben*, 3 Bde. (Köln–Wien 1979). – *A. Sabisch*, Johann Heyne. Zur 100. Wiederkehr seines Todes am 28. Oktober 1871, in: A 29 (1971) 238–247). – *H. Schiel*, Zur Situation der Breslauer Katholisch-Theologischen Fakultät unter Fürstbischof Heinrich Förster, in: A 34 (1976) 133–170. – *P. Schinke*, Anfang und Ende der altkatholischen Kirchengemeinde Hirschberg (Riesengebirge), in: A 19 (1961) 305–307. – *J. Seipolt*, Erinnerungen an die Schlesische Volkszeitung 1869–1944, in: A 36 (1978) 205–232; 37 (1979) 107–129. – *A. A. Strnad*, Relatio Status Ecclesiae Wratislaviensis 1883. Ein Bericht von Fürstbischof Robert Herzog über den Stand seiner Diözese an den Papst, in: A 28 (1970) 183–215. – *ders.*, Die Verleihung des erzbischöflichen Palliums an Fürstbischof Heinrich Förster (1875), in: A 31 (1973) 187–200. – *S. Sudhof*, Die Berufung J. M. Sailers nach Breslau, in: A 16 (1958) 325–331. – *G. Webersinn*, Zwölf Laien in der Kulturkampfgalerie des Breslauer Diözesanmuseums, in:

Fotonachweis

Herder-Institut, Marburg: 2–4, 6–11, 13, 14, 16–20, 22, 23, 25, 30–34, 38–45, 47, 49, 50, 53–55, 58, 61, 62, 68–70, 72

Kath. Arbeitsstelle (Nord) f. Heimatvertriebene e.V., Düsseldorf: 12, 15, 21, 27–29, 35, 37, 48, 51, 52

Die Karten auf dem Vorsatz und im Text zeichnete Christa Eckert, Stuttgart.